Nouvelle Mythologie Comparée

New Comparative Mythology

Nouvelle Mythologie Comparée

New Comparative Mythology

n°4

2018

LINGVA

La déesse et la mort du taureau

Bernard Sergent*

*CNRS - Paris

Abstract: *Three myths from Western Eurasia share many similarities, the most notable being the killing of a bull after the decision of a goddess, who had not foreseen it. The paper examines the reports of these three myths (those of Ištar in Mesopotamia, Dionysus in Greece, Medb in Ireland) and shows that those of Greece and Ireland are, independently of each other, linked to the Mesopotamian myth. The explanation for this relationship lies in the Neolithic expansion from Syria-Palestine.*
Keywords: *Gilgameš, Ištar, Hera, Titans, Zagreus, Dionysos, Medb, bull, sacrifice.*
Résumé: *Trois mythes d'Eurasie occidentale offrent de nombreux points communs, le plus notable étant la mise à mort d'un taureau en raison de la décision d'une déesse, qui pourtant ne l'avait pas prévue. L'article étudie les rapports de ces trois mythes (ceux d'Ištar en Mésopotamie, de Dionysos en Grèce, de Medb en Irlande), et montre que ceux de Grèce et d'Irlande sont, indépendamment l'un de l'autre, liés au mythe mésopotamien. L'explication de cette parenté réside dans l'expansion du néolithique, à partir de la Syrie-Palestine.*
Mots-clés: *Gilgameš, Ištar, Hera, Titans, Zagreus, Dionysos, Medb, taureau, sacrifice.*

Trois mythes de l'Eurasie occidentale présentent la mort d'un taureau comme la conséquence indirecte d'une exigence de la part d'une déesse.

Ces trois mythes sont:

- en Mésopotamie ancienne, celui du Taureau céleste, dont l'arrivée sur terre était une exigence d'Ištar, et qui fut mis à mort par Enkidu et Gilgameš;

- en Grèce ancienne, celui de la mise à mort de Zagreus, par les Titans, sur l'ordre d'Hèra. Cette mise à mort se produit lorsque Zagreus, malgré ses tentatives d'échapper aux Titans en changeant de forme, prend celle d'un taureau;

- dans les textes de l'Irlande médiévale, la reine Medb déclenche une guerre pour s'emparer d'un taureau. Finalement elle réussit, mais cela met face à face deux taureaux, celui que possédait son mari et celui qu'elle a détourné, et ce sont eux qui s'entretuent.

Outre ce motif central de la déesse causant indirectement la mort d'un taureau, les trois mythes ont deux autres points communs notables:

- la déesse est une collectionneuse de partenaires sexuels; ou bien, véritable inversion, ce n'est pas elle, mais son époux;

- les trois récits comprennent une énumération. Ce qui est énuméré de l'un à l'autre est tout différent, mais tout se passe comme si la notion même d'énumération était un invariant du groupe de mythes.

Par ailleurs, il arrive que les mythes aient des points communs précis, pris deux à deux.

On va exposer ici ces récits, dans l'ordre chronologique qui est aussi l'ordre géographique (d'est en ouest), on approfondira ainsi leur comparaison, puis on tirera quelques conclusions de cela.

Ištar et le taureau céleste

Le récit est le plus complet se trouve dans ce qu'on appelle la version assyrienne, de loin la plus développée, de l'histoire de Gilgameš. Mais du fait qu'on a trouvé des allusions à l'épisode en divers endroits (par exemple à Emar) et antérieurement, on considère que le mythe devait déjà être sumérien, et que déjà alors il devait s'intercaler entre deux épisodes majeurs du récit : la victoire d'Enkidu et de Gilgameš sur Huwawa à la Forêt des Cèdres, et la mort d'Enkidu [1].

Comme il ne s'agit, en dehors de la version assyrienne, que d'allusions, c'est la première qu'on va suivre ici.

Au retour de l'expédition à la Forêt des Cèdres [2], Gilgameš se lave et se fait tout beau. Il est, censément, un roi, un être humain, mais cela n'empêche pas la déesse de l'amour, Ištar, de jeter les yeux sur lui, de le trouver à son goût, et de lui proposer le mariage. Première énumération : Ištar fait miroiter à Gilgameš les avantages qu'il tirera de cette union. Il obtiendra de la déesse un char aux roues d'or, attelé de bêtes fougueuses, de grands mulets, la soumission du clergé et des autres rois, les produits de l'étranger, des brebis et des chèvres fertiles, des chevaux vainqueurs à la course. Gilgameš refuse énergiquement, et c'est l'occasion d'une nouvelle énumération : il énumère ce qu'il devrait lui payer, des parfums et vêtements, des breuvages royaux, une cape… Puis, seconde énumération de la part du héros, dénonçant l'ambiguïté et le caractère malfaisant de la déesse, il la compare successivement à un fourneau éteint, une porte branlante, un palais qui s'écrase, un éléphant qui jette à bas son harnachement, une outre qui se vide sur son porteur, un bloc de pierre à chaux qui fait tomber le mur, un bélier de siège qui se tourne contre les villes alliées, une chaussure qui blesse son porteur. Et ce n'est pas tout : Gilgameš entame ensuite une litanie des amants d'Ištar, telle que ce discours livre une matière mythique peu connue, l'union avec Tammuz (la première citée) étant seule bien documentée par ailleurs, et les autres amants d'Ištar, dont Gilgameš rappelle qu'ils ont tous connu un triste sort, sont le Rollier

---

1. Bottéro, 1992, 46.
2. Rappelons que celle-ci n'est sûrement pas le Liban : c'est *notre* évidence, pas celle des Mésopotamiens. Il faut regarder plutôt du côté du Zagros, qui borde la Mésopotamie à l'est.

(?), le Lion, le Cheval, le Pâtre/Berger-Chef, qu'elle a finalement changé en loup, le jardinier Išullānu, changé en un animal au nom *hapax* que l'on traduit hypothétiquement par « Crapaud ».

On comprend la fureur d'Ištar devant ces injures et ces accusations. Elle décide immédiatement de se venger. Elle demande à son père, le dieu du ciel Anu, de faire descendre sur terre le Taureau céleste. Anu la met en garde : s'il fait cela, il s'ensuivra sept années de famine sur la terre. Elle le rassure (sans doute mensongèrement) : elle a prévu des réserves pour la durée de ces sept années. Alors Anu lui remet la longe du Taureau. Elle mène celui-ci jusqu'en plein centre d'Uruk, la ville sur laquelle règne Gilgameš. « Au premier ébrouement du Taureau/ S'ouvrit une crevasse, / Et deux cents, trois cents habitants d'Uruk y furent précipités » ; il en est de même au second ébrouement ; au troisième, c'est Enkidu qui tombe dans la crevasse, jusqu'à la ceinture. Alors il bondit et saisit le Taureau par les cornes, puis conseille à Gilgameš de lui planter un couteau entre cou, cornes et (?) nuque. Ce qui a lieu. Ensuite, les deux héros arrachent son cœur au Taureau abattu, et vont le consacrer à Šamaš, le Soleil, en son temple.

À présent Ištar, des murailles d'Uruk, déplore la mort du Taureau. Alors Enkidu, arrachant une des pattes de celui-ci, la lui lance. La déesse a une curieuse réaction : elle rassemble « Prostituées, Courtisanes et Filles-de-Joie / pour faire une déploration devant la patte de taureau » - ce qui est certainement la fondation d'un rite [3].

Il est patent qu'à la lettre du récit Ištar ne voulait pas la mort du Taureau, puisqu'elle a fait venir celui-ci sur terre pour se venger de Gilgameš. Il n'empêche que la trame du récit est bien que le Taureau a été mis à mort après que la déesse l'ait amené du ciel sur terre, ce qui n'était pas sa place naturelle, et soulevait la méfiance d'Anu. Par son action, la déesse a apporté le Taureau divin à des sacrificateurs, et elle fonde par là des rites liés au sacrifice de taureau - le cœur donné au Soleil, et une des pattes aux prostituées -, tout comme dans le récit de ses amours chaque épisode est étiologique (du sort du lion, du sort du cheval, de celui du loup, etc.).

Il est temps de passer au second récit – qui a bien de curieux points communs avec le précédent.

Hèra et Zagreus

Un mythe grec, présenté comme orphique par les auteurs de la basse Antiquité qui le racontent en entier, est celui du dieu Zagreus, souvent considéré comme le « premier Dionysos ». De fait, il mourut et ressuscita, et cette résurrection

---

3. Bottéro, 1992, 122-132.

l'identifie à ce dernier dieu. Selon le récit, Zeus s'unit à Perséphone (sa propre fille!) sous la forme d'un serpent, et il en naquit Zagreus. Selon un motif courant dans la mythologie grecque, Zeus souhaitait que son épouse ignore cette naissance adultérine, et pour cela camoufla le bébé en le confiant à Apollon et aux Kourètes qui allèrent le cacher dans la forêt du Parnasse (domaine dionysiaque, dominant Delphes). Mais Hèra, l'épouse jalouse, ne tarde pas à le découvrir. Elle charge les Titans de le tuer. Ils capturent l'enfant, dont la mise à mort va prendre la forme d'un sacrifice. Selon une version, pour opérer, les Titans se camouflent, se couvrant leur visage de gypse ou de plâtre [4]. En tout cas, motif récurrent (car on le trouve aussi dans les mythes de Thétis, de Protée…), pour essayer d'échapper aux Titans, Zagreus se livre à toute une série de métamorphoses. Comme l'écrit alors Nonnos, auteur tardif mais qui a parfaitement compris la légende de Dionysos, Zagreus, « faisant du terme de sa vie le début d'une vie recommencée » [5], se change d'abord en adulte agitant l'égide comme Zeus, puis en vieillard lançant la pluie comme Kronos, ensuite en nourrisson, en jeune garçon à la première barbe, puis il passe aux métamorphoses animales, le lion d'abord, ensuite le cheval, puis un dragon cornu qui enserre de ses plis la tête d'un des Titans, il devient après cela tigre, et enfin taureau - forme sous laquelle il est sacrifié par le coutelas des Titans, et découpé [6].

Zagreus/Dionysos est donc bel et bien mort. Les Titans le mangent, en partie cru, en partie cuit. Or, cet être mort et dévoré va néanmoins renaître. Il y a plusieurs versions à l'événement: soit Athèna sauva le cœur, qui palpitait encore, soit Apollon rassembla les restes, ou encore ce fut Déméter. Finalement Zeus fait manger le cœur à Sémèlè, et celle-ci sera la mère de Dionysos [7].

Je disais que ce récit a beaucoup de points communs avec le précédent: non pas dans la lettre, car ce sont des histoires toute différentes, mais dans nombre de détails:

- comme dans le mythe mésopotamien, la déesse n'est pas directement

———————

4. Harpokr., *s. v. apomátton* p. 48.5 Dindorf (= *Orph. fr.* T 205 Kern) ; Nonnos, VI, 169-170.

5. *Id.*, v. 175.

6. *Id.*, 177-205.

7. Outre les sources citées, Diodore de Sicile, III, 62 et 64; Ovide, *Métam.*, VI, 114; Hygin, *Fable* 155; Plut., *Questions Grecques*, XII; Clément d'Alexandrie, *Protreptique*, II, 17, 2 - 18, 1; Firmicus Maternus, *De errore*, VI, 1-4; Macrobe, *Songe de Scipion*, I, 12, 2; *Mythologies Vaticanes*, III, 12, 5; inscription métrique de Smyrne, dans Sokolowski, 1969, 188, n° 84, 16; *Schol.* à Pindare, *Isthmiques*, VII, 3; Olympiodore, à Platon, *Phèdre*, I, 3 (p. 41 Westerlink) ; Damascius, à Plat., *Phèdre*, I, 3; Plutarque, *De esu. carn.*, 1, 7 (*Mor.*, 996 b) ; *Argonautiques Orphiques*, 17-20, 429-430; Tzetzès, à Lykophron, *Alexandra*, 355; Proklos, à Plat., *Timée*, 200 d; Hésykhios et la *Souda*, *s. v. Zagreús*.

responsable du sacrifice d'un taureau. Sa consigne, donnée aux Titans, était de mettre à mort le petit enfant Zagreus. Elle ne « prévoyait » pas les métamorphoses de l'enfant, ni que ce serait finalement lorsqu'il aurait pris la forme d'un taureau qu'il serait mis à mort ;

- pas plus que dans l'histoire précédente, la déesse n'a mis elle-même le taureau à mort ;

- dans les deux cas, c'est une collectivité masculine qui abat le taureau : réduite à deux personnes, Enkidu et Gilgameš dans le mythe mésopotamien, le groupe des Titans dans le mythe grec. Il y a évidemment là une différence (une inversion) : les sacrificateurs grecs sont les *délégués* de la déesse ; les sacrificateurs d'Uruk agissent *malgré* la déesse ;

- dans les deux cas, le cœur est extrait de l'animal : il est remis à Šamaš, dans la version assyrienne ; il est sauvé par Athèna, dans le récit grec, et donné à manger à Sémèlè. Cela assure sa renaissance. Le récit mésopotamien ne parle pas explicitement de renaissance, mais le Soleil est un être qui meurt et renaît chaque jour. Y a-t-il une autre inversion ? Donner le cœur au Soleil, c'est l'offrir à un être céleste ; faire manger le cœur à Sémèlè, c'est le donner à un être chthonien, puisque le nom de Sémèlè, qui n'a pas d'étymologie grecque, a été expliqué par un mot (thrace ?) apparenté au slave *zemlia*, la « terre » [8] ;

- il y a une curieuse homologie entre la liste des *amants* d'Ištar et celle des *métamorphoses* de Zagreus. Ces dernières comprennent successivement, dans la version de Nonnos, quatre formes humaines, puis les formes animales suivantes : lion, cheval, dragon ; tigre, taureau ; les amants d'Ištar, dans la litanie qu'en donne Gilgameš, comprennent trois formes humaines (Tammuz, le Pâtre, le Jardinier) et trois formes animales, ce à quoi s'ajoute que deux des amants humains ont été changés en animaux, le Pâtre en loup et, le Jardinier (peut-être) en Crapaud [9]. Or, les animaux se correspondent étroitement : on a le lion et le cheval dans les deux séries, le dragon évoque l'animal dont l'on a traduit le nom avec hésitation par « crapaud », et, dans les carnivores, le tigre du mythe grec répond au loup du récit mésopotamien ;

- mais il y a une autre chose, qui complique le schéma comparatif, et qui pourtant est indéniable : le mythe de Gilgameš met donc en scène une séductrice ; déesse de l'amour, Ištar, selon lui, a multiplié les amants, et Gilgameš s'oppose

---

8. Depuis Hehn, 1870 (éd. de 1911, 580), étymologie reprise par Kretschmer (1890, 19, 1896, 226, 1936, 46, n. 1), puis par Wilamowitz (1932, II, 61) ; Jeanmaire, 1951, 336 ; Lévêque et Séchan, 1990, 286 et 304, n. 17 ; Chantraine, 1968, *s. v.* ; Detschew, 1964, 429, a essayé de préciser : d'un i.-e. *g'hđem*-, proviendraient vieux phrygien *Zemelō*, « Mère, Terre », v. bulg. *zemlja*, « Terre », apparenté à hl. *khamaí*, « à terre », etc.

9. Bottéro, 1992, 127.

implicitement à elle - lui n'a rien d'un collectionneur de femmes. À cela, la Grèce répond, de manière spectaculaire, en inversant le thème : le mythe de Zagreus est l'un des nombreux mythes adultérins de Zeus. En Grèce, c'est Zeus le collectionneur de femmes, tandis que sa compagne, Hèra, symbole de l'épouse au foyer, lui est imperturbablement fidèle. Entre Mésopotamie et Grèce s'opère un basculement : c'est la déesse la collectionneuse dans la première, c'est Zeus, le grand dieu céleste, le collectionneur, dans la seconde ;

- se produit alors une nouvelle rencontre entre les deux grands mythes. Zagreus ne s'est nullement métamorphosé en oiseau dans la série de ses changements de forme, et cela manquait dans la comparaison avec les amants d'Ištar, ci-dessus. Or, parmi les innombrables amours de Zeus, il y en eut un où il se métamorphosa en oiseau : dans sa relation, célèbre, avec Lèda, il prit la forme d'un cygne. Dans une version, remontant à ce qu'on appelle les *Chants cypriens*, ce n'est pas à Lèda qu'il s'unit alors, mais à la déesse Némésis, qui avait pris la forme d'une oie. La relation d'Ištar avec le rollier (identification conjecturale du nom d'oiseau *allatu* de l'akkadien) étant inconnue par ailleurs, on ne peut savoir comment cela s'est passé, mais Ištar est parfaitement capable d'avoir pris la forme d'un oiseau [10].

Notons que la métamorphose de Zeus en oiseau dans le mythe de la naissance des Dioscures est un *unicum* ; tout comme est un *unicum* sa métamorphose en serpent dans le mythe de la naissance de Zagreus.

Medb et le Brun de Cúalnge

Le thème du célèbre récit intitulé la *Táin Bó Cúalnge*, « Razzia des Vaches de Cualnge », est le suivant : Medb et son époux Ailill entreprennent un jour, en terme de challenge, de comparer leurs biens. À chaque assertion d'Ailill, Medb répond qu'elle a autant que lui. Puis, Ailill fait état de son taureau merveilleux, le Blanc-Cornu d'Ae - et là Medb n'a rien à proposer d'équivalent. Mais elle sait qu'un taureau aussi merveilleux appartient aux voisins et rivaux, les Ulates. Dès lors, c'est une évidence pour elle : il lui faut s'emparer de ce taureau, pour égaler Ailill.

Tel est le point de départ de la « Razzia », qui comprend la mobilisation de quatre des cinq provinces d'Irlande contre la cinquième, l'Ulster, la marche de l'armée vers la frontière ulate, où, au gué de Murthemne, les attend le jeune

---

10. Ce qu'atteste surtout sa forme occidentale, Astarté ; en Arabie : Fahd, 1968, 170 ; en Syrie, Diodore de Sicile, II, 4, sur Derketô et Sémiramis, étroitement liées aux colombes - Sémiramis est élevée et nourrie par des colombes, et se change en colombe à la fin de sa vie ; c'est pourquoi les Assyriens « révèrent la colombe comme une divinité immortalisant Sémiramis ».

Cúchulainn, l'équivalent irlandais d'Achille [11]. La bataille se résout en une série de duels au gué, et à chacun Cúchulainn gagne. Finalement l'armée des coalisés abandonne le terrain, et cela résonne comme une grande victoire ulate [12].

Pourtant, dans une suite quelque peu confuse, Medb parvient à s'emparer du taureau, « avec cinquante vaches autour de lui », donc, faut-il penser, en l'ayant attiré en lui présentant des femelles. Chose curieuse, Medb a alors besoin d'uriner - « Medb répandit son urine et elle en fit trois grandes fosses, si bien que chaque fosse aurait pu contenir un moulin » [13].

La fin de l'histoire est le combat des deux taureaux, le Blanc-Cornu d'Ae et le Brun de Cualnge, qui, lorsqu'ils sont réunis, s'entretuent. C'est un spectacle :

> « En ce qui concerne Medb ici maintenant : les hommes d'Irlande furent assemblés par elle et conduit à Cruachan [sa capitale], afin qu'ils vissent le combat des taureaux.
>
> En ce qui concerne le Brun de Cúalnge ici maintenant : il vit la belle terre inconnue, il poussa à voix haute ses trois discours de mugissement. Le Blanc-Cornu d'Ae l'entendit. Aucun animal du pays n'osait pousser un mugissement si ce n'est un appel retenu entre les quatre gués [marquant le territoire]. Il releva lourdement la tête, et il se dirigea vers Cruachan pour s'approcher du Brun de Cúalnge.
>
> Les hommes d'Irlande discutèrent alors [pour savoir] qui serait le témoin [du combat] des taureaux. Ce qu'ils dirent tous, c'est que ce serait Bricriu, fils de Carbad »,

car il a toute raison d'être neutre. Il en mourra néanmoins, car « les sabots des taureaux l'enfoncèrent à une coudée d'homme dans la terre ». Enfin, se poursuivant à travers toute l'Irlande, les deux taureaux se blessent, reviennent à la charge, se blessent encore, et s'effondrent [14].

Comme dans les deux récits précédents, l'héroïne féminine, Medb, n'avait pas pour but la mise à mort d'un taureau. Son but explicite était d'équilibrer les biens d'Ailill en s'emparant du seul autre taureau merveilleux existant en Irlande.

Néanmoins, le taureau des Ulates est à peine arrivé qu'on installe les hommes d'Irlande au spectacle, pour assister au combat des taureaux. Comme si le *rite* s'impose au *récit*. Et ce rite amène inéluctablement la mort d'au moins un des deux animaux. Dans la version, antérieure, du *Lebor na hUidre*, le taureau détourné est amené là où se trouve l'autre, et aussitôt commence leur combat [15].

Ce récit a de nombreux points communs avec les deux autres, le mésopotamien

---

11. Sur quoi Sergent, 1999, 101-200.
12. Version du Leinster : Guyonvarc'h, 1994, 263.
13. *Id.*, 264.
14. *Id.*, 266-269.
15. Guyonvarc'h, 1963, 226.

et le grec - et, singulièrement, bien plus avec le premier qu'avec le second, malgré les distances géographiques.

Le premier point commun est que la responsable, indirecte, peut-être involontaire, de la mort des taureaux est une déesse - ainsi Ištar, ainsi Hèra. Certes, à la lettre du récit, Medb est une femme, une reine. Mais déjà, par examen interne du matériel irlandais et par comparaison avec un rite de *hiéros gamos* sumérien, R. Thurneysen avait reconnu en Medb une déesse [16], et cela est confirmé par le travail remarquable de Georges Dumézil, comparant Medb et l'indienne Mādhavī [17] : toutes deux sont l'Ivresse divinisée. Le confirme aussi le fait que l'épigraphie gallo-romaine a livré le nom d'une déesse *Meduna, Meduana*, sous la première forme en pays trévire, à Bertrich (Allemagne) [18], la seconde en Espagne ; on a aussi à Avila, toujours en Espagne, une dédicace à *Maiduanae* ; ces noms sont apparentés à celui de *Medb*, issu de **Medʰu-ā* [19], la seule différence étant qu'on a ajouté à ce radical le suffixe -*no*, qui forme des noms divins dans l'occident européen.

J'ai mentionné les énumérations, qui sont caractéristiques tant du mythe mésopotamien que du mythe grec. Elles ne manquent pas dans le mythe irlandais. Lors de la dispute avec son mari, Medb aligne des titres de noblesses, la liste de ses prétendants, puis la dispute porte sur les biens maternels. Alors

> « on leur apporta leurs seaux et leurs cuveaux, leurs récipients de fer, leurs cuves et leurs cuvettes. On leur apporta leurs anneaux et leurs bracelets, leurs objets d'or et leurs vêtements, soit pourpres, soit bleus, noirs et verts, jaunes, bariolés, gris, bruns, tachetés et rayés. On leur amena leurs nombreux troupeaux de moutons des champs, des prairies et des plaines… On leur amena leurs chevaux, leurs attelages et leurs troupeaux des prairies et des pâturages… On leur amena aussi leurs nombreux troupeaux de porcs des forêts, des vallées retirées et des taillis… On leur amena leurs troupeaux de vaches, leur cheptel et leur bétail des forêts et des lieux sauvages de la province », et c'est alors, en évaluant les poids, la taille, le nombre, qu'on découvre qu'Ailill dispose du taureau Findbennach (« Blanc-Cornu ») - et « il sembla à Medb qu'elle ne possédait pas un penny en propre si

---

16. Thurneysen, 1930, 1931-1932. Nombreuses références sur ce dans Sergent, 2006, 10, n. 55. En son premier article, le grand celtisant remarque surtout le nombre de toponymes déterminés par *Medba*, « de Medb » : Bile (« Grand arbre »), Áth (« Gué »), Digma (« Colline) »), Ráith (« Forteresse ») ; de plus, son amant Fergus ayant un immense pénis, il voit en lui un ancien dieu de la fertilité.

17. 1971, 331-353.

18. *CIL*, XIII, 7667 : *De(abus) Vercane et Medune*.

19. *Cf.* Sterckx, 1998, 106-107 ; 2005, II, 309 ; Delamarre, 2001, 188 ; De Bernardo Stempel, 2003, 61.

elle n'avait pas un taureau semblable dans son troupeau [20]. »

La structure des trois principales énumérations est alors à comparer :

- dans le mythe mésopotamien, Gilgameš donne la liste des amants d'Ištar : le taureau est à part, puisque c'est un animal apporté ensuite du ciel par Ištar ;

- dans le récit grec, Zagreus se livre à toute une série de métamorphoses : celle en taureau est finale, et remarquable, puisque c'est celle qui permet aux Titans de le saisir et de le mettre à mort ;

- dans le récit irlandais, le taureau est ce qui manque finalement à la liste, et qui enclenchera le conflit, la guerre entre quatre provinces de l'Irlande et l'Ulster.

La structure est donc trois fois la même, ou du moins elles sont proches : on a deux fois une série + le taureau, une fois la série s'achevant par le taureau, lequel est en situation remarquable.

Medb, comme Ištar, est une collectionneuse d'hommes. Non seulement elle eut quatre ou cinq maris, mais des amants, le plus important étant Fergus. Dans le même récit de la *Táin*, Medb tâche tout d'abord d'obtenir le taureau souhaité auprès de son possesseur particulier, Dáre, fils de Fiachna. Et elle manque de réussir : car elle lui promet divers avantages, dont « l'amitié de ma propre cuisse », et, lorsque les neuf envoyés arrivent chez lui et annoncent qu'il recevra entre autres « l'amitié de la hanche de Medb », « il s'agita si bien que les montants de son lit de plumes craquèrent sous lui ». Mais un des envoyés, Mag Roth, fait capoter la transaction.

Il faut alors voir que l'Irlande et la Mésopotamie s'accordent, malgré les kilomètres, pour faire de la figure féminine la collectionneuse. Face à cet accord des marges, la version centrale, grecque, est innovante : ce sont les Grecs qui ont basculé la notion en faisant du dieu masculin le collectionneur.

Mais le récit irlandais a d'autres points communs bien singuliers, disais-je, avec le récit mésopotamien.

Dans ce dernier, le Taureau céleste, amené à Uruk, se livre à trois ébrouements successifs, et cela crée trois fosses, qui engloutissent les habitants par groupes de deux ou trois cents. Or, tous ces éléments se retrouvent dans le récit irlandais, mais autrement distribués :

- aux trois ébrouements du Taureau à Uruk répondent les trois mugissements du Brun de Cúalnge ;

- aux trois fosses crées par ces ébrouements du Taureau céleste répondent les trois fosses crées par Medb lorsqu'elle urine, cela au cours de l'épisode même de la capture du taureau ;

---

20. Guyonvarc'h, 1994, 56-57.- La version du *Lebor na hUidre* ignore tout ce motif initial ; *cf. Id.*, 1963, 142

- aux gens d'Uruk morts par enfouissement dans les fosses répond dans le récit irlandais le motif de Bricriu enseveli et tué par le martèlement des sabots des taureaux;

- quelques soient leur origine, les fosses sont de dimensions colossales : celles créées par l'urine de Medb pourrait engloutir chacune un moulin, celles crées par le Taureau céleste engloutissent un nombre d'habitants compté par centaines;

- et, plus curieux encore, l'urine de Medb, abondamment évoquée dans un paragraphe du récit irlandais, a un correspondant dans le récit mésopotamien : le Taureau, lorsqu'Enkidu le saisit par les cornes, se met à baver par-devant et par-derrière, « [laissant choir] de la bouse » [21]. Ainsi, le motif des déjections est commun au récit assyrien comme au récit irlandais, mais il concerne la déesse dans un cas, le taureau dans un autre.

Enfin, si la Grèce répondait à la Mésopotamie en parlant du cœur du taureau (ci-dessus), c'est l'Irlande qui lui répond en parlant de la patte de l'animal : dans la version du *Lebor na hUidre*, « la patte du Brun de Cualnge resta attachée à la corne de son compagnon. Pendant un jour et une nuit il ne mit pas une patte devant l'autre si bien que Fergus l'excita en jouant avec une baguette contre son flanc… Là-dessus, (le taureau) lança sa jambe en avant si bien qu'il se brisa le mollet, et que la corne sauta de l'autre jusqu'à sur la montagne à côté de lui » [22].

On se rappelle que dans le récit assyrien, Enkidu arrache une patte au Taureau et la lance sur Ištar. Il y a donc lancement d'une patte dans l'un et l'autre mythe. L'une est attachée, l'autre se brise.

Inversement, autant le récit irlandais rencontre le récit mésopotamien sur une série de points précis, autant il est éloigné du récit grec, et n'offre avec lui aucun point commun précis. C'est chacun séparément que le récit grec et le récit irlandais ont de nets points communs avec le récit mésopotamien.

La structure des apparentements est donc :

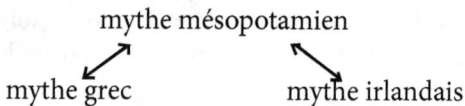

mythe mésopotamien

mythe grec   mythe irlandais

On doit noter que, dans la comparaison entre version mésopotamienne et version irlandaise, la cohérence, à la fois logique et narrative, est du côté de la première : côté logique, on s'attend davantage à l'ébrouement d'un taureau pour

---

21. Bottéro, 1992, 131.
22. Guyonvarc'h, 1963, 226.

creuser des fosses qu'à l'urine, même royale, et, côté narratif, les trois fosses que crée ainsi Medb ne servent strictement à rien, alors que les trois fosses créées par le Taureau servent à montrer sa puissance colossale, et la troisième, qui engloutit Enkidu jusqu'à la ceinture, est la « provocation » qui amène celui-ci à le saisir par les cornes et à dire à Gilgameš de le tuer. La version assyrienne, antérieure de quelque deux mille ans à l'autre, est assurément beaucoup plus proche de ce que devait être le mythe initial.

Que s'est-il passé ?

J'ai exposé le phénomène qui est en cause dans ces diffusions de motifs dans un article de 2006. Je résume. Depuis les travaux de Jacques Cauvin, qui synthétisait des résultats de fouilles au Proche-Orient, on sait que durant le Khiamien, vers - 10 000, puis durant le PPNB (Néolithique Pré-céramique B), jusque vers - 8000, les peuples de la région Palestine-Jordanie-Israël ont adoré une grande déesse et un taureau. En tout cas, leurs petites statuettes, dans les débuts de chaque site, ne représentent qu'une figure féminine et un bovin.

Ce double culte est antérieur à la naissance de l'agriculture, et Cauvin a donné les raisons de penser que c'est précisément la nature de ce culte qui avait amené la naissance de l'agriculture. Dans l'Eurasie occidentale, la culture néolithique s'est répandue de proche en proche à partir du Proche-Orient, et il est naturel que les cultes profondément liés à cette nouvelle économie se soient répandus en même temps qu'elle.

Dans ce cadre général – mais qui englobe un nombre considérable de faits, mythiques et religieux –, je comparais déjà, en 2006, le mythe de Medb et des taureaux avec le mythe d'Inanna/Ištar et du Taureau céleste. La comparaison se faisait dans un cadre plus général qu'ici même, et j'abordais un autre matériel qu'aujourd'hui - en particulier un mythe Buryat (de Mongolie !) qui a deux points communs avec le mythe irlandais : le combat de deux taureaux - dont un céleste - et la déjection humaine, lorsqu'une jeune fille souille un des deux taureaux avec son sang menstruel. L'émission « par en bas » apparaît donc un élément récurrent du groupe de mythes (urine en Irlande, bouse en Mésopotamie, sang menstruel en Mongolie).

Je notais aussi que le mythe néolithique proche-oriental a pénétré au moins trois fois en Grèce, à des époques et par des voix différentes : une première, en Crète minoenne, et il en résulte l'histoire du taureau merveilleux né dans les troupeaux du roi Minôs, du Minotaure, du fil d'Ariane qui permet à Thésée de tuer ce dernier. Une seconde fois, en se mêlant à la mythologie (d'origine indo-européenne [23]) de Dionysos : on en voit précisément un exemple dans le mythe de Zagreus raconté plus haut. La troisième, avec l'arrivée du culte de Kubèlè et Attis, principalement à l'époque hellénistique.

C'est aussi une différence de temps et de voies qu'il faut envisager dans le dossier présentement traité. Le mythe grec de Zagreus et le mythe irlandais ont chacun des points communs avec le mythe mésopotamien, mais ce ne sont pas les mêmes ; la Grèce n'est donc en aucune manière l'intermédiaire entre Mésopotamie et monde celtique. Il faut considérer qu'un important mythe proche-oriental, dont la mythologie suméro-akkadienne est la meilleure héritière [24], s'est répandu avec l'expansion du néolithique, il a pu atteindre la Grèce par la voie crétoise [25], tandis qu'il a dû arriver en Irlande par la voie dominante du néolithique européen, par l'Anatolie, les Balkans, l'Europe centrale. C'est peut-être là que le motif de la déesse et du taureau sacrifié s'est joint à la mythologie de l'ancêtre (celtique) de Medb : car, si Mādhavī a avec Medb les nombreux points communs que Dumézil a soulignés, elle n'a en revanche aucune relation avec des taureaux. La mythologie de Medb représente alors une synthèse, une superposition et une intégration de mythes, l'un, indo-européen, qui connote l'Ivresse en relation avec la royauté, l'autre, néolithique de Palestine, donc non indo-européen, qui connote la relation entre une déesse et le sacrifice du taureau.

Par ailleurs, le matériel apporté ici permet d'envisager des paramètres que je n'avais pas vus en 2006.

La souillure en est un - et il implique une antique réflexion sur les déjections humaines et animales, ce qui est rare de ce côté du monde -, mais, plus important

---

23. *Cf.* Sergent, 2016.

24. En particulier une statuette du PPNG d'Aïn Ghazal PPNG montre un taureau dont l'avant du corps est traversé en biais par un éclat de silex : c'est pratiquement l'image de ce que fait Gilgameš avec son coutelas. En l'état actuel de nos sources, le premier torero est celui qui a sacrifié un taureau comme on le voit à Aïn Ghazal, le second est Gilgameš… environ cinq mille ans plus tard.

25. Zagreus a de puissantes affinités crétoises : le dieu figure sur les monnaies de Priansos, en Crète orientale, et le culte de Dionysos-Zagreus est associé à celui de Zeus de l'Ida. Euripide mentionne les prêtres crétois de Zagreus. Si une tradition dit que Zagreus était enterré à Delphes, ce qui paraît une donnée ancienne (l'*Alkméonide* paraît le nommer dans une liste de divinités delphiques), l'*Hymne Homérique à Apollon* dit que le temple de Delphes a été fondé par un groupe de marins crétois. Enfin, l'étymologie du nom de Zagreus de loin la plus solide est celle proposée par Dumézil (1935, 88, n. 1) selon qui le nom de Zagreus « recouvre un nom méditerranéen du bovidé » (peut-être spécialement du jeune bovidé), qu'on repère en comparant le basque du Labour *sokor*, « veau mâle d'un an et au-delà », guipuzcoan *chekor*, « bovillon », le berbère targui *azger*, « bœuf, taureau », etc., enfin en caucasien du Sud le géorg. *c'ib'ara*, « génisse de deux ans », le mingrélien *jakéli*, « génisse ». La Crète pouvait connaître un mot de ce groupe.

sans doute, dans le cadre du dépècement du taureau [26], les rôles précis attribués à son cœur et à sa patte. Cette dernière a dû être au centre de rituels (la version ninivite de l'histoire de Gilgameš le dit explicitement, le mythe irlandais, en la version du *Lebor na hUidre*, le suggère, car l'endroit où tombe la patte du taureau en tire un nom), tandis que le cœur paraît avoir été au centre de représentations de résurrection (c'est un élément central du mythe grec, et le récit mésopotamien, avec sa consécration au Soleil, s'y accorde).

Un autre est la royauté. Dumézil a insisté sur le rôle de Medb et de Mādhavī comme donneuses de royauté. Medb elle-même est reine, mais une « autre » Medb, celle du Leinster, ne tolérait aucun roi à Tara (capitale mythique de l'Irlande) à moins qu'il ne la prît pour femme, et elle était de surcroît fille d'un nommé Conán Cualann, qui envoyait de la bière (boisson alcoolisée) à ceux qu'il estimait en droit de devenir roi d'Irlande [27]. Dumézil incluait ce dossier dans celui de la mythologie indo-européenne comparée, les héroïnes Medb étant irlandaises, et Mādhavī indienne. Mais il n'y a pas que cette mythologie, interne à une famille linguistique, car Inanna/Ištar a eu dès les plus hautes époques un rapport avec la royauté, qui s'est évidemment accru avec le développement de cette institution - elle est ainsi reine des cieux, elle protège Sargon (premier unificateur de la Mésopotamie, au IIIe millénaire) et sa dynastie ; sur la Stèle des Vautours elle élève et prend sur son giron les futurs rois, elle protège les rois d'Uruk, d'Ur, d'Isin, trois villes de Sumer, elle reçoit d'eux des hymnes royaux, tout comme plus tard à Babylone sous Nabuchodonosor 1er, et les textes mentionnent le mariage sacré, par lequel Ištar légitime les souverains [28] : on est très proche ici des conceptions celtiques, puisque l'intronisation d'un roi irlandais comprend son union avec la Terre d'Irlande, et c'est en cela que déjà Thurneysen avait vu un tel équivalent aux données irlandaises qu'il confirmait ainsi que Medb dut être une déesse.

Cela ne retire rien aux conclusions de Dumézil sur la royauté indo-européenne, mais souligne que, là encore, des idées indo-européennes ont pu interférer avec des idées d'origine proche-orientale : Mādhavī ne se livre à aucun « mariage sacré », tandis que certaines des unions de Medb peuvent être qualifiées ainsi.

Dès lors, on voit qu'un puissant courant idéologique, issu du Proche-Orient, lié à l'expansion même du Néolithique, a interféré avec la mythologie indo-

---

26. Explicite dans le récit irlandais du *Livre de Leinster* : le combat des taureaux les amène à laisser des morceaux de leur corps un peu partout en Irlande, ce qui est l'origine d'un certain nombre de toponymes ; et dans l'histoire de Zagreus : les Titans dispersent les fragments de son corps.

27. Dumézil, 1971, 334 et 340.

28. Kramer, 1983 ; Jouannès, 2001, a et b.

européenne. Selon les peuples, selon les lieux, selon les époques, cette influence a été plus ou moins importante. Elle a agi plusieurs fois sur la Grèce ; elle n'a peut-être agi qu'une seule fois sur les Celtes, lorsqu'ils forgeaient leur ethnie en Europe centrale ; mais alors elle fut forte, et informa le matériel idéologique, que nous ne connaissons plus, parmi les Celtes, que par les textes irlandais.

Bottéro, Jean, 1992 : *L'Épopée de Gilgameš. Le grand homme qui ne voulait pas mourir*, traduit de l'akkadien et présenté par -, Paris, Gallimard, coll. L'aube des peuples.

Cauvin, Jacques, 1994 : *Naissance des divinités. Naissance de l'agriculture*, Paris, éd. du CNRS (rééd. 2010).

Chantraine, Pierre, 1968 : *Dictionnaire étymologique de la langue grecque. Histoire des mots*, Paris, Klincksieck.

De Bernardo Stempel, Patrizia, 2003 : « Die sprachliche Analyse keltischer Theonyme », *Zeitschrift für celtische Philologie*, 53, 41-69.

Delamarre, Xavier, 2001 : *Dictionnaire de la langue gauloise*, Paris, Errance.

Detschew, Dimitri, 1964 : *Die thrakische Sprachreste*, 2e éd., Vienne, Verlag der österreischichen Akademie der Wissenschaften.

Dumézil, Georges, 1935 : « Τιτυός », *Revue de l'Histoire des Religions*, 111, 66-88.

– 1971 : *Mythes et épopée II. Types épiques indo-européens : un héros, un sorcier, un roi*, Paris, Gallimard.

Fahd, Toufic, 1968 : *Le panthéon de l'Arabie centrale à la veille de l'Hégire*, Paris, Geuthner.

Guyonvarc'h, Christian-Joseph, 1963 : « La razzia des vaches de Cooley. Version du *Lebor na hUidre* », traduction du moyen-irlandais, *Ogam*, 15, 139-230.

– 1994 : *La Razzia des vaches de Cooley*, traduit de l'irlandais ancien, présenté et annoté par -, Paris, Gallimard, coll. L'aube des peuples.

Jouannès, Francis, 2001 a : « Ištar », dans *Dictionnaire de la civilisation mésopotamienne*, Paris, Laffont, coll. Bouquin, 421-424.

– 2001 b : « Mariage sacré », dans *Id.*, 507-509.

Hehn, Victor, 1911 : *Kulturpflanzen und Haustiere in ihrem Übergang von Asien nach Grichenland und Italien sowie das übrige Europa, Historischlinguistische Skizzen*, Berlin, Borntraeger, 8e éd. (traduction angl. de James P. Mallory, *Cultivated Plants and Domesticated Animals, in their Migration to Europe, Historico-Linguistic Studies*, Amsterdam, J. Benjamins, 1976).

Jeanmaire, Henri, 1951 (réimpr. 1970) : *Dionysos, recherches sur le culte de Bacchus*, Paris, Payot.

Kramer, Samuel Noah, 1983 : *Le mariage sacré à Sumer et à Babylone*, traduit de l'anglais par Jean Bottéro, Paris, Berg International.

Kretschmer, Paul, 1890 : « Semele und Dionysos », dans *Aus des Anomia, archaologische Beitrage, zur Erinnerung von Carl Robert*, Berlin, éd. par l'université d'Heidelberg.

- 1896 : *Einleitung in die Geschichte der griechischen Sprache*, Göttingen. Vandenhoek & Ruprecht.

Lévêque, Pierre, et Séchan, Louis, 1990 : *Les grandes divinités de la Grèce*, 2ᵉ éd., Paris, Colin.

Sergent, Bernard, 1999 : *Celtes et Grecs* 1. *Le livre des héros*, Paris, Payot.

- 2006 : « Le taureau et la déesse », *Bulletin de la Société de Mythologie Française*, 222, 3-20.

- 2016 : *Le dieu fou. Dionysos et Śiva*, Paris, Les Belles Lettres.

Sokolowski, Franciszek, 1962 : *Lois sacrées des cités grecques*, Paris, de Boccard.

Sterckx, Claude, 1998 : *Sangliers père & fils. Rites, dieux et mythes celtes du porc et du sanglier*, Bruxelles, MSBEC 8.

- 2005 : *Taranis, Sucellos et quelques autres. Le dieu souverain des Celtes, de la Gaule à l'Irlande*, Bruxelles, MSBEC 22-23-24.

Thurneysen, Rudolf, 1930 : « Göttin Medb ? », *Zeitschrift für celtische Philologie*, 18, 108-110.

- 1931-1933 : « Zur Göttin Medb », *Id.*, 19, 352-353.

Wilamowitz, Ulrich von, 1932 : *Der Glaube der Hellenen*, Berlin, Weidmann, t. II.

Khannās and Kaca: threefold death and the elements

Nick Allen

Oxford

Abstract: *To explain how evil came to be implanted within humanity a twelfth-century Sufi hagiographer tells a story about Adam and Eve, the 'Satanic' Iblīs, and the latter's son Khannās, who undergoes three deaths and two resuscitations. As was argued in a previous paper, the story is cognate with that of Kaca in* Mahābhārata *Book 1: in connection with the war of the gods and demons, Kaca undergoes three deaths and three resuscitations. The present paper compares the three modes of death in the two stories, with special reference to how the well-established 'Indo-European triple death motif' relates to the elements. Elsewhere in the Sanskrit epic the triadic frame is transcended in that there are five deaths (or equivalent events). In one such story each of the five deaths is related to one of the five elements, which themselves can be analysed in terms of the pentadic theory of Indo-European ideology.*

Keywords: threefold death motif; Islamic Adam and Eve; Sufism; Mahābhārata*; Indo-Iranian comparatism; five elements; pentadic theory.*

Résumé: Afin d'expliquer comment le mal a été implanté dans l'humanité, un hagiographe soufi du XIIe *siècle a raconté une histoire au sujet d'Adam et Ève, du «satanique» Iblīs et du fils de ce dernier, Khannās, qui a subi trois morts et deux réanimations. Comme nous l'avons dit dans un article précédent, cette histoire est comparable à celle de Kaca (*Mahābhārata*, 1): en lien avec la guerre entre les dieux et les démons, Kaca subit trois morts et trois réanimations. Le présent article compare les trois modes de mort dans les deux histoires, en insistant particulièrement sur la manière dont le motif indo-européen bien connu de la «triple mort» est lié aux éléments. Ailleurs dans l'épopée sanscrite, le cadre triadique est transcendé par le fait qu'il y a cinq décès (ou événements équivalents). Dans l'une de ces histoires, chacun des cinq décès est lié à l'un des cinq éléments, qui peuvent être analysés selon les termes de la théorie pentadique de l'idéologie indo-européenne.*

Mots clés: motif de la triple mort, Adam et Ève dans l'Islam, Soufisme, Mahābhārata, comparatisme indo-iranien, cinq éléments, théorie pentadique.

Khannās is the son of Islamic Iblīs, who corresponds roughly to Christian Lucifer or Satan. His story is attributed to the ninth-century Sufi saint al-Tirmidī of Nishapur (in north-east Iran) – an attribution made, for instance, in the telling of the story by the popular late twelfth-century mystic and hagiographer, Farīd al Din 'Aṭṭār (of the same city). According to 'Aṭṭār 2005, the purpose of the original teller was to explain how Iblīs came to be implanted within humanity. The story came to my attention when Harry Neale translated and discussed 'Aṭṭār's text in JIES 2007, presenting it as an instance of the Indo-European threefold death motif. I was struck by the similarities it showed with the story of Kaca in the *Mahābhārata* (*Mbh*) – a story that I had met in Dumézil (1971:

160-66). Dumézil does allude to the threefold death of Kaca, but so fleetingly that the allusion could easily be missed. Although the Critical Edition (CE) of the epic only gives Kaca two deaths, other versions (which we shall follow) describe as many as three killings of Kaca, '*ce qui est conforme à un moule bien connu de ce genre de narrations.*' However, Dumézil's aim was to compare the Indian Kāvya Uśanas and the Iranian Kavi Usan (seen as sorcerer-like figures positioned between gods and demons), and he does not take account of Khannās (whose story is indeed not very widely known within Islam).

This gap led me to draft an article (Allen 2018), which copied out Neale's translation and referred to those of other orientalists (some of whom are cited below). The original draft also discussed the relationship between the threefold death story and the elements, but that section was omitted from the article for reasons of length, and forms the basis of the present paper. However, in order to contextualise the issues, a little repetition will be needed of what I said before. The motif of the threefold death is reasonably well known in the Indo-European comparativist literature – it is perhaps enough to cite Ward (1970) and Miller (1997). The motif consists in the grouping of three different modes of death, taken from a list that may include hanging, burning, use of a weapon (for instance in decapitation), drowning, burial alive, or serpent bite. Sometimes the different modes apply to different victims, but not always: in both our two cases they are inflicted on a single individual, who is resuscitated between one death and the next. The motif is probably best known from Celtic materials (see e.g. Almagro-Gorbea 2012, who cites Neale's PhD dissertation), but instances have been recognised from many other IE-speaking groups. Though India has usually been ignored, the instances include, as Neale notes, one from the Bakhtiārī in south-west Iran. Like the triple death of Ḥallāj (also recounted by ʿAṭṭār in his hagiographic collection), the Bakhtiārī story is typologically close to the instances found in western Europe, and very different from the stories we shall be examining.

Kaca is a youth whose story is told in *Mbh* (CE) (1,71.5-73.1, trans. van Buitenen 1973, or Schaufelberger and Vincent 2005).[1] Kaca is the son of Bṛhaspati, priest of the gods, and is sent from heaven by the gods to study in the household of a priest/magician called Kāvya Uśanas or Śukra, who serves the demons. The lad's mission is to learn a spell that the magician uses to resuscitate demons killed by the gods; without it the gods are at a disadvantage in their ever-renewed battles against their rivals. Kaca settles down in the household of Śukra, whose daughter falls in love with him. Understanding the youth's purpose, the demons repeatedly kill him, but on all three occasions he is resuscitated by the magician's use of his spell. However, on the last occasion the demons induce Śukra to consume the

---

1. Material omitted from the constituted CE text is, however, provided in its footnotes, which are referred to with an asterisk. Such material is often translated by Ganguli (1993).

lad, and in the course of the resuscitation he learns the spell he seeks. Finally he returns to heaven, his mission achieved.

The Sufi story is set in the household of Adam and Eve. Adam is not at home when Iblīs arrives. Claiming to have business elsewhere, Iblīs persuades Eve to look after his child Khannās for a while; but when Adam returns, he is angry with his wife and kills the child. When Iblīs returns and learns what has happened, his call resuscitates his son. Very much the same happens on the second occasion. However, on the last occasion the ancestors of humanity cook and consume Khannās. In this way the representative of Iblīs becomes implanted in the human race – as Iblīs had intended from the start.

Even on a quick reading one can recognise not only the triple death motif but also, at the climax of the story, forms of cannibalism – Śukra consumes his pupil, Adam and Eve consume the child Khannās. But, as I argued in my previous paper, one can also recognise a similar set of seven roles: the Winners; the Victim of the triple killings; the Victim's father; his Killer(s); the Resuscitator; the Consumer of the Victim; and one Female (respectively Śukra's daughter and Adam's wife). The comparison between the two stories is complicated by the fact that the roles are differently distributed among the participants (six of them in the Sanskrit, four in the Persian). However, both stories take place in a domestic setting, and both are about evil, whether it is embodied collectively in the demons (who fail) or individually in Iblīs and son (the Winners).[2]

Thus, despite differences of many types, the similarities suffice to suggest a historical connection between the two stories, and of the various possibilities the most plausible connection seems to be common origin in early Indo-Iranian tradition. If one hypothesises that the Sanskrit story is closer to the common origin, the divergences could be explicable by the religious history of Persia – first the rise of Zoroastrianism, then Islamisation.

Neale's approach to the history of the Khannās story runs roughly as follows (2007: 278). 'Aṭṭār started from the basic premise of al-Tirmiḏī's idea of the Devil's physical presence in man, and elaborated it 'by drawing on oral folklore, which he then adapted to the story he wanted to tell in order to elucidate *sūra* 85 in the Qur'ān. Thus, 'Aṭṭār was responding to an IE element, to wit, a variant of the threefold death motif, that had survived in the local culture of Khurasan.' Neale assembles instances of the IE motif, firstly from Germanic and Celtic pre-Christian ritual (linking them to Dumézil's trifunctionalism), and secondly (citing Brednich 1964: 138-145) from various other traditions. No doubt the recognition of a triple death story in the Sanskrit tradition adds a new element to the picture and could lead to a revision of Neale's account; but that is not my purpose here. My aim is simply to look closely at the three forms of death in each

---

2. Triple death stories are sometimes associated with ritual, but this does not apply to our Indo-Iranian material.

of our stories and consider their relationship to the five elements. We must start by assembling the data.

First death. Kaca is cut into pieces the size of sesamum seeds (which are particularly small), and fed to jackals (and wolves, in Ganguli's translation). Khannās is cut into pieces, each of which is hung from the bough of a tree.[3] The common factor is fragmentation of the body.

Second death. Kaca is pounded into a paste (*piś-* 'crush, bruise, grind') and mixed with the water of the ocean. Khannās is cremated and the ashes are dispersed half into water and half into the wind.[4] Common factor: reduced to paste or ash, the body is submerged in water.

Third death. Kaca is cremated, but the ashes (which would still contain remnants of charred bone) are reduced to powder, which is mixed with the wine that the demons give to Śukra. Khannās is cooked into a stew (implying use of fire and water), and consumed half by Adam, half by Eve.[5] Common factors: use of fire, and consumption.

This one-by-one comparison, resulting in the recognition of the common factors, has to be complemented by comparison of each triad viewed as a whole. A distinction is now needed between two stages in the disposal of the corpse, its initial reduction (A) and its subsequent distribution (B).

SANSKRIT		PERSIAN	
A	B	A	B
1. reduce to tiny pieces	feed to beasts	dismember	hang on branches
2. pound	into sea	cremate	scatter in water/ wind
3. cremate, mix in wine	Śukra drinks	make into stew	primal humans consume

In both traditions the B column moves from the natural world in rows 1 and 2 to the human world in 3, but otherwise none of the triads shows a particularly clear internal structure. What is striking is the variability within each tradition and between them. Persian entries 1B and 2B vary even between works of a single author, as well as between authors. The second subepisode, including the second death, is completely missing from many of the Sanskrit manuscripts – which explains its relegation to the notes of the Critical Edition. In the A columns cremation is present in both traditions but in different positions. Altogether the

---

3. Variants: the pieces are scattered in desert (Boyle 1976: 283-5), or scattered 'willy-nilly in a field' (Neale 2007 fn. 4; cf. also Ritter 2003: 553-4); or the body is cut into four pieces and cast on mountain tops (Lawrence 1992: 164-5).

4. Variants: ashes flung into the wind or scattered in a river (Lawrence).

5. Variants: Adam prepared a meal [of the child] (Boyle); since Khannās was in the form of a sheep, Adam killed, cooked, and ate him – no reference is made to Eve sharing the meal (Lawrence).

variability implies that this part of the story is notably unstable and so should be approached with caution. Nevertheless, unless our whole comparison is misconceived, even if the earliest written version in India only contained two subepisodes (as the CE implies), the oral prototype surely contained three.[6]

So far we have recognised in both traditions three subepisodes, three modes of reducing the corpse, and three destinations for it. In addition there are three accounts by the resuscitated Kaca of what happened to him: 700* (nine lines), 701* (line 4), 1,71.42-3. In the Persian Khannās hardly ever speaks (he may be too young)[7], but accounts of the three deaths are given by Eve to Iblīs. In both traditions these accounts repeat what the reader already knows from the narrator, and in both the second account is only mentioned, rather than being presented in direct speech. These clearly attested triads encourage us to look for others that may be less obvious.

After his first death Kaca reappears 'tearing open the bodies of the wolves', and after his third he tears open the belly of Śukra. One wonders if bodies were ever torn open after the second, and indeed one manuscript has just this: Kaca tore open the bodies of 'fish and the like' (presumably other aquatic beings). In each case the verbal root involved is *bhid-* 'split, rend asunder'.[8] Conceivably the scribe himself or one of his predecessors simply invented the fish, guided by the same feeling for the triadic patterning that prompts us to raise the question. But it seems more likely that a triad of Consumers (wolves, fish, anthropomorphs) was present from at least as far back as the story contained the motif of victim as herdsman (the cattle would attract wolves).

In other cases one can only express suspicions. Consider the process of reduction of Kaca's corpse. At the first death he was 'made like sesamum seeds' (*tilaśaḥ kṛtam*) and at the third the demons make him 'like powder' (*kṛtvā cūrṇaśaḥ*). Possibly an adverb in *-śas* has dropped out in the second subepisode. Or consider Kaca's motive for going to the woods. It is unlikely that for centuries Indian narrators were satisfied with Devayānī *twice* sending Kaca for flowers: more likely, versions existed having three distinct motives for Kaca's trips. Similarly as regards the

---

6. It is interesting that Dumézil's interest in modes of death as forming a structure goes back to an essay, *Le noyé et le pendu*, which focuses primarily on two rather than three modes. Originally published in 1953, the latest version appears in Dumézil 2000: 91-120. The connection with triads is made via the often-mentioned commentaries to Lucan's data on Celtic sacrifices (ibid. p. 117).

7. The exception is in Lawrence 1992. After the consumption Khannās answers from the heart of Adam: 'At your service, at your service.' 'Stay there!' commanded Iblīs. 'That was my design from the beginning.'

8. The wordings show other minor similarities. First death: *bhittvā bhittvā śarīrāṇi vṛkāṇām* (699*). Second: *bhedayitvā śarīrāṇi matsyādīnām* (702*, ms K4 only). Third: Kaca can only appear by *kukṣer bhedana*, and he does indeed emerge *bhittvā kukṣiṃ* (1,71.44, 49). The verb root is *bhid-* (causative *bhedayati*), and *bhedana* is the corresponding verbal noun.

repetition of the 'half-and-half' motif in Persian deaths 2 and 3: were the remains of the corpse originally given two separate destinations in death 1?

The Persian material on death 2 suggests a further line of thought. This subepisode involves the three elements, fire for the initial cremation, then the destinations water and wind. These are the three mobile elements (as distinct from the essentially immobile earth and ether), and at least two of them – fire and water (implying cremation and drowning) – are very common in Indo-European threefold death contexts. A common third member of such lists is hanging, which can reasonably be related to air/wind since it takes place in air and involves blocking the passage of air into the lungs. But this mode of death (combined with dismemberment) occurs in the first subepisode of the Persian; so perhaps some versions of the story associated each death with a different element, e.g. in the sequence air, water, fire.[9]

This idea finds a measure of support in the fact that Kaca too mentions a tree, in connection with his first death: he was attacked by the demons when, burdened with firewood and ritual *kuśa* grass, he was resting under a banyan (*vaṭa*) tree, which also gave shade for the cattle (700*). The present Sanskrit texts contain no hint of hanging, but if earlier versions did so, this could explain the reference to a tree that otherwise seems pointless. However, this is not the only possible linkage between deaths and elements. In some Persian versions of the first death the dismembered corpse is laid on a field, desert or mountain, i.e. on earth; three other elements are linked with the second death; and the third death might be regarded as transcendent, somewhat as is ether among the elements. I do not pursue this speculation, but raise it for its relevance to the notion of Indo-European functions. The literature on IE triple deaths has connected them with trifunctionalism ever since Dumézil's 1953 essay, where hanging was linked with the first function and drowning with the third. But there are many reasons for recognising a split fourth function in IE ideology – hence an englobing pentadic schema, and I have argued that, in a culture ancestral to those of classical Greece and Sanskritic India, the five elements were closely linked to the pentadic ideology (Allen 2005). So perhaps the 'threefold death motif' ultimately represents a compression of a longer series of deaths.[10] The compression could be ascribed to the mechanics of oral narrative (which at least in Indo-Europaea tends to favour triads) or to the shrinkage of the pentadic ideology (which arguably tends to fall

---

9. In place of hanging many lists have falling (sometimes being thrown), but this too involves air. The element is most naturally associated with birds, and one can toy with the idea of versions containing birds, whose bodies would burst open in the course of the resuscitation. The relevance of the vertical dimension is noted by Dumézil (2000: 108-9): hanging is a form of elevation, drowning a form of descent.

10. As is mentioned by both Neale and Almagro-Gorbea, Juan Ruiz (the fourteenth-century Archpriest of Hita) tells a story involving five modes of death for a single prince: stoning, burning, falling, hanging, drowning.

back on its triadic core), or to both processes. In any case, some such trend might help to explain the variability of the Indo-European as well as of our Indo-Iranian material (the variability affects even the standard list order of the elements, which differs in India and Greece).

Two other Sanskrit stories

Since the relevance of the elements is not particularly obvious in our stories, it is worth supporting the idea by considering two other passages from the *Mahābhārata*.

After the Great War, Yudhiṣṭhira grieves at the slaughter he has caused, and Kṛṣṇa tries to console him. Yudhiṣṭhira, he says, does not understand that an enemy is present within his own body (*śatrum...śarīrastham* 14,11.5). To back up his point, Kṛṣṇa tells a story about Indra, a 'religious mystery' (*dharma-rahasyam*), which (as we are told at the end, 14,11.20) he learned from the sages to whom Indra related it. It narrates in unfamiliar form the ancient battle between Indra and Vṛtra – the duel that, in a sense, from the ṚgVeda onwards, epitomizes the conflict of gods and demons. Vṛtra pervades the earth, and Indra uses his thunderbolt against him, killing or striking him (*vadhyamāna* can have either meaning). Vṛtra now enters the waters and Indra reacts as before. The same happens when Vṛtra successively enters light, wind and ether. The different milieux here certainly represent the elements: they appear in the normal Sanskrit list order and, on being entered by Vṛtra, each element loses its characteristic property – smell, taste, colour/form, touch, sound); and these are the properties correlated with the elements in Sāṃkhya philosophy (e.g. Larson 1979: 236). When Vṛtra is driven from the ether, he enters Indra himself, taking away the god's sense of reality – inducing *moha*. The priestly sage Vasiṣṭha awakens him from this condition by a chant (14,11.18), and Indra reacts by hurling his 'invisible' bolt at the demon who is within his body (*śarīrastham* again).

In this relatively straightforward episode several familiar themes will be recognised. Kṛṣṇa is explaining the presence of something undesirable within a particular human, much as 'Aṭṭār is explaining something undesirable within humanity: Adam has been penetrated by Khannās, Yudhiṣṭhira by a nameless entity. As in the story of Kaca, the context is gods under Indra opposing demons, even if each party to the conflict is represented only by a single champion. We can probably recognise the roles of Winner = Killer and demonic Victim. The Victim dies and resuscitates himself (or is wounded and recovers) several times, each death (or 'death') being associated unambiguously with an element. The series of subepisodes culminates when the story moves from nature to the quasi-human sphere, i.e. when the Victim enters the body of the more or less anthropomorphic deity. Indra is not exactly a Consumer, even unconsciously, but he undergoes a bodily penetration, which at first seems disastrous – the *moha* recalls Śukra's initial bewilderment on finding that he has been penetrated by Kaca. The situation is only restored when Vasiṣṭha sings the god a *sāman*, using the *rathaṃtara* chant ('the brahmin chant', Smith 1994: 300-301) – compare Śukra's use of his spell. Perhaps one can compare the intervention of the brahmins (especially Bṛhaspati and Kaca, but also perhaps Śukra) in the military conflict between gods and demons. However, the main reason for including Kṛṣṇa's story here is the emphatic connection it makes between the multiple deaths and the five elements. My second comparison is with a different episode in the career of the same sage (1,166.1-168.13), as recounted to the Pāṇḍavas by a Gandharva. Vasiṣṭha is involved in a feud with a rival sage Viśvāmitra, and in the course of it he loses his eldest son Sakti and Sakti's one hundred brothers – they are all eaten by a king who is possessed by a *rākṣasa* demon and has thus become a cannibal. In his distress Vasiṣṭha decides to commit suicide, and he makes five separate attempts. He jumps from a mountain peak; he enters a fire; he throws himself into the sea with a heavy stone tied to his neck; he binds himself with a rope and jumps into a great river, and finally into a stream infested by crocodiles. In each case his suicide is thwarted by miracles, and he realises that he cannot die. But then he hears the sound of Vedic recitation coming from the womb of Sakti's widow. Knowing that he will have a descendant, he now recovers from his despair, and all ends happily.

In this case the familiar motifs include the following. (i) The rivalry of the two sages (cf. Bṛhaspati versus Śukra). (ii) Sons who are consumed in an act of cannibalism, whether the consumption is deliberate (Sakti consumed by the *rākṣasa* king) or inadvertent (Kaca consumed by Śukra). (iii) Towards the end of the story, a voice that is heard issuing from within the body of an older adult. (iv) A single individual associated with a sequence of different modes of death. Vasiṣṭha's 'modes of death' are his failed attempts at suicide, while Kaca's are those of an involuntary victim targeted by demons. But the most relevant point here is where Vasiṣṭha makes each attempt. (v) Implicitly, each attempt relates to one element. The sequence is air, fire, water – first salty water, then two forms of fresh water.

The 'modes of death' we have been discussing are really modes of killing, including killing oneself; but the topic lies close to that of corpse disposal. Apart from being cremated (fire) or buried (earth), corpses can be simply cast into rivers (water), and when a corpse is exposed for vultures to consume, the action can be thought of as disposal into air. Finally, it might be worth comparing modes of death with modes of birth and marriage – the latter very plausibly reflect pentadic theory (Allen 1996), as do the elements. The Khannās-Kaca comparison has many potential ramifications.

Allen, N.J. 1996: "The hero's five relationships: a Proto-Indo-European story", *in* Julia Leslie (ed.) *Myth and Myth-making: continuous evolution in Indian tradition*, London, Curzon, 1-20.

–, 2005. "Thomas McEvilley: the missing dimension", *International Journal of Hindu Studies*, 9, 59-75.

–, 2018. "Khannās and Kaca: an Indo-Iranian comparison", [Festschrift in Honor of Olga (Holly) Davidson] www.TheHollyfest.org

Almagro-Gorbea, Martín, 2012: « El rito de la 'triple muerte' en la Hispania céltica : De Lucano al *Libro de Buen Amor* », *Ilu, Revista de Sciencias de las Religiones*, 17, 17-39.

'Aṭṭār, Farīd al-Dīn, 1383/2005: *Taḏkiratu'l-'awliyā'*, ed. M. Isti'lami, Tehran, Intišārat-i Zavvār (*non vidi*).

Boyle, J.A. (trans.), 1976: *Ilāhī nāma, or Book of God of Farīd al-Dīn 'Aṭṭār*, Manchester, University Press.

Brednich, Rolf W., 1964: "Volkserzählungen und Volksglaube von den Schicksalsfrauen", *Folklore Fellows Communications*, No. 193, Helsinki, Academia Scientiarum Fennica.

Buitenen, J.A.B. van (trans., ed.), 1973: *The* Mahābhārata: *I The Book of the Beginning*. Chicago, University of Chicago Press.

Dumézil, Georges, 1982: *Mythe et épopée II³ : types épiques indo-européens : un héros, un sorcier, un roi*, Paris, Gallimard.

–, 2000: *Mythes et dieux de la Scandinavie ancienne*, Paris, Gallimard.

Ganguli, K.M, 1993 [orig. 1883-96] (trans.): *The Mahābhārata*, Delhi, Munshiram Manoharlal.

Larson, Gerald James, 1979 [orig. 1969]: *Classical Sāṃkhya: an Interpretation of its History and Meaning*, Delhi, Motilal Banarsidass.

Lawrence, Bruce R. (trans.), 1992: *Nizam ad-din Awliya : morals for the heart*, Mahwa, NJ: Paulist.

Miller, Dean A., 1997: "Threefold death", *in* J.P. Mallory and D.Q. Adams (eds) *Encyclopaedia of Indo-European culture*, London, Fitzroy Dearborn, 577-578.

Neale, Harry, 2007: "Iblīs and the threefold death motif in a medieval Persian hagiography, *Journal of Indo-European Studies*, 35, 275-284.

Ritter, Hellmut, 2003 (trans. John O'Kane from German original, 1955): *The ocean of the soul: Man, the world and God in the stories of Farīd al-Dīn 'Aṭṭār*, Leiden, Brill.

Schaufelberger, Gilles and Vincent, Guy (trans., notes), 2005: *Le Mahābhārata, tome III : Les révélations*, Québec, Les presses de l'Université Laval.

Smith, Brian K., 1994: *Classifying the Universe: the Ancient Indian varṇa System and the Origins of Caste*, New York, OUP.

Ward, Donald J., 1970: "The threefold death: an Indo-European trifunctional sacrifice?" *in* Jaan Puhvel (ed.) *Myth and law among the Indo-Europeans: studies in Indo-European comparative mythology*. Berkeley, University of California Press, 123-142.

Le membre greffé, l'eau et les herbes guérisseuses
Du dioscurisme indo-européen aux saints jumeaux
À propos de Raven et Rasyphe

Daniel Gricourt et Dominique Hollard*

*Bibliothèque nationale de France

Abstract: *A recent study denies any dioscuric nature to the saints Raven and Rasyphe, reputed to have been martyred in the 5th century in Macé (Calvados). In addition, the Norman hermits are considered in another study as the equivalent, within the Irish tradition, of the two therapist brothers Miach and Oirmiach, sons of the god-doctor Diancecht and with whom they intoned magical incantations around the spring of Health. This interceltic connection is not only relevant and well-founded, but also takes on its full dimension within the framework of Indo-European comparativism. Indeed, the myth of Núada and his severed arm, who, after receiving a silver prosthesis placed by Diancecht, had a human arm successfully grafted thanks to the use of herbs by Miach, can be compared, on the one hand, with that of the iron leg granted to Viśpálā by the twin gods Aśvin of the Vedic religion, and on the other hand, with the healing by plants given by Amərətāt, one of the geminated abstract entities of mazdean Iran, the other one, named Haurvatāt, being associated with the waters. In addition, the heirs of the Greco-Roman Dioscuri Kastór/Castor and Poludeukès/ Pollux, represented by the famous Christian twin brothers Cosmas and Damian, patrons of doctors and surgeons (among others), were renowned among many miracles for having transplanted on a man with a gangrenous leg, a black-coloured one taken from the corpse of a Moor, to whom, in reverse, they attached the limb of the patient. In the light of these various related instances, there is no doubt that Rasyphe, succumbing after all his limbs had been cut off, forms a dioscuric couple with Raven – who resurrected him and whose right arm was amputated – near the fountain where they survived by eating medicinal herbs. This couple, in all likelihood, taking into account the continental context, is similar to the type of Celtic divine Twins «Lugian» and «Cernunnian» that we have been studying for nearly fifteen years.*

Keywords: *Ravennus and Rasyphus, Aśvin, Miach and Oirmiach, Cosmas and Damian, Graft of a limb, Indo-European medicine.*

Résumé: *Une récente étude dénie toute nature dioscurique aux saints Raven et Rasyphe, réputés martyrisés au Vᵉ siècle à Macé (Calvados). Par ailleurs, le couple d'ermites normands est considéré dans une autre contribution comme l'équivalent, au sein de la tradition irlandaise, des deux frères thérapeutes Miach et Oirmiach, fils du dieu-médecin Diancecht et en compagnie duquel ils entonnent des incantations magiques autour de la source de Santé. Ce rapprochement interceltique s'avère non seulement pertinent et fondé, mais prend aussi toute sa dimension dans le cadre du comparatisme indo-européen. En effet, au mythe du bras coupé de Núada qui subit, après celle de la prothèse d'argent que lui avait placée Diancecht, une greffe d'un bras humain réalisée avec succès grâce au recours des herbes par*

Miach, peuvent être rapprochés, d'une part, celui de la jambe de fer qu'accordent à Viśpálā les dieux gémellaires Aśvin de la religion védique, d'autre part, les soins par les plantes que prodigue Amərətāt, l'une des Entités abstraites géminées du domaine de l'Iran mazdéen, la seconde nommée Haurvatāt se trouvant associée aux eaux. De surcroît, les héritiers des Dioscures gréco-romains Kastôr/Castor et Poludeukès/Pollux que représentent les célèbres jumeaux chrétiens saints Côme et Damien, patrons des médecins et des chirurgiens (notamment), sont réputés parmi de nombreux miracles pour avoir transplanté sur un homme à la jambe gangrenée celle de couleur noire ôtée du cadavre d'un Maure, auquel ils ajustent du reste à l'inverse le membre clair du malade. À la lumière de ces différents cas apparentés, il ne fait aucun doute que Rasyphe, succombant après qu'on lui ait tranché tous les membres, forme avec Raven – qui le ressuscite et dont lui-même a le bras droit amputé – un couple dioscurique auprès de la fontaine où ils survivent dès lors en se nourrissant de simples. Un duo lié, selon toute vraisemblance, compte tenu de l'environnement continental, à celui du type des Jumeaux divins celtiques « lugien » et « cernunnien » que nous étudions depuis près de quinze ans.

Mots-clés : *Raven et Rasyphe, Aśvin, Miach et Oirmiach, Côme et Damien, greffe d'un membre, médecine indo-européenne.*

Nous avons, il y a une dizaine d'années, consacré une monographie aux saints jumeaux gallo-romains et du haut Moyen Âge, à partir de l'exemple représentatif des frères Lugle et Luglien, supposés princes irlandais du VIIᵉ siècle, martyrisés par des brigands dans des conditions étranges aux environs de Ferfay (Pas-de-Calais)[1]. L'étude de ce dossier a permis de montrer que ces pieux personnages, sans réalité historique et dont les noms consonants renvoient à celui du plus grand dieu des Celtes (Lugh en Irlande, Lleu au Pays-de-Galles, Lugus sur le continent), représentent les épigones des Dioscures celtiques et que d'autres cas similaires de duos fraternels chrétiens, répartis sur l'ancien territoire gaulois, sont également porteurs d'un tel héritage.

Dans ces couples de saints gémellaires, nous avons inclus Raven et Rasyphe, frères martyrs honorés particulièrement dans une partie de la Normandie : Macé (Orne), Bayeux et Saint-Vaast-sur-Seules (Calvados). Ces athlètes de Dieu subissent d'abord un supplice différentiel : Raven, prêtre, est amputé de son bras droit, tandis que Rasyphe, simple diacre, s'avère démembré ou percé sur tous ses membres. Puis, après que Rasyphe soit temporairement ressuscité par la grâce divine à la suite des prières pressantes de son frère, ils agonisent de concert durant trois semaines et meurent pieusement dans la pratique du jeûne, les 23 (Rasyphe) et 24 (Raven) juillet, dans la mouvance de la fête celtique de *Lugnasad* (1ᵉʳ août) dédiée au dieu lumineux. Nous avons relié – en parallèle avec d'autres exemples – le sort de l'amputé au thème du « long bras » ou « bras agile » de l'apollinien Lugus,

---

1. Gricourt et Hollard, 2005. La présente étude constitue le nécessaire développement argumenté découlant de notre bref exposé liminaire sur ce thème annoncé dans Gricourt et Hollard, 2017, p. 131-132, n. 327.

alors que l'acharnement sur les membres de son jumeau renvoyait à un trépas (suivi d'une résurrection) conçu, dans notre analyse, comme « dionysiaque », c'est-à-dire attaché à Cernunnos dans un contexte celtique[2].

L'étude de ces deux personnages en est restée là, faute de temps, lors de la remise à jour en 2015 de notre ouvrage, par ailleurs augmenté de façon sensible[3]. Récemment cependant, Patrice Lajoye, fin connaisseur des traditions mythologiques et hagiographiques normandes, a repris le dossier des martyrs en examinant avec soin l'ensemble des sources littéraires et du contexte cultuel et archéologique local[4]. Nous ne pouvons que souscrire à cette démarche d'approfondissement que notre traitement, beaucoup plus large, de l'héritage chrétien du dioscurisme celtique ne nous a pas permis de porter à ce point de précision.

Toutefois, au terme de son analyse, notre collègue en arrive à une conclusion largement divergente de la nôtre et, surtout, foncièrement négative. En effet, s'il reconnaît l'emploi par les hagiographes de motifs celtiques épars montés en une sorte de « patchwork », il récuse l'héritage d'un mythe spécifique, tout autant que le caractère dioscurique du couple formé par les frères martyrisés[5].

Nous ne pouvons, pour notre part et dans ce cas précis, nous résoudre à un tel rejet de la présence sous-jacente de mythèmes liés aux jumeaux divins. Ceci d'autant plus qu'un autre celtisant, Guillaume Oudaer, commentant l'étude de Patrice Lajoye et partant donc du même exposé des sources, en arrive à une vision bien différente qu'il vaut de citer littéralement :

> « Cependant, de cette analyse, il nous semble qu'il s'en dégage un mythe en particulier, celui qu'on peut supposer être attaché à l'équivalent gaulois des dieux Míach et Ormíach : c'est le premier membre de ce couple fraternel de dieux-médecins qui se fait tuer par son père à la suite de la greffe du bras de Núadu, comme nous l'avons vu précédemment. Míach y est le médecin principal, aidé par son frère, comme Raven l'est par Rasiphe. Des différentes articulations et tendons du cadavre de Míach poussent alors des herbes médicinales. La mort de Raven suite à la mutilation de son bras nous semble être une transposition inverse de la guérison du bras par Míach, tandis que les blessures fatales de Rasiphe démembré ou percé de multiples plaies selon les versions pourrait avoir un lien avec les multiples points du corps dont sont issues les herbes qui poussent sur la tombe de Míach. Notons au passage que la résurrection de Raven par Rasiphe et

---

2. *Ibid.*, p. 42-43, 90, 94. Sur la nature dionysiaque de Cernunnos, voir Gricourt et Hollard, 2010 ; Sergent, 2016, p. 154 et 393-400.

3. Gricourt et Hollard, 2015, p. 46-47, 115, 123 et 139.

4. Lajoye, 2016.

5. *Ibid.*, p. 227-228.

leur alimentation faite d'herbes, auprès d'une fontaine, avant qu'ils ne meurent définitivement nous rappelle que, plus loin dans le même récit de la bataille de Mag Tured, Míach – parfaitement en vie semble-t-il – et Ormíach se trouvent auprès de la source de santé des dieux, dans laquelle ils lancent des herbes en entonnant des incantations »[6].

Nous souscrivons pleinement à ce rapprochement éclairant que nous n'avions pas envisagé faute de l'avoir cherché, dans un domaine irlandais où les paires fraternelles à résonance dioscurique sont bien moins présentes que dans le domaine celtique continental et l'île de Bretagne. Néanmoins, et c'est le propos de cette étude, il nous paraît qu'aussi pertinent que soit le parallèle établi par notre confrère, il mérite d'être précisé, d'autant qu'il ne prend toute sa dimension que replacé dans un contexte plus large, comparatiste, prenant en compte le domaine indo-iranien, mais aussi le monde gréco-romain à travers un prolongement chrétien de Castor et Pollux depuis longtemps reconnu.

Miach et Oirmiach/Octriuil et le bras coupé de Núada

Avant d'aborder le mythe irlandais il convient de préciser le statut des protagonistes, le dieu médecin des Túatha Dé Dánann Diancecht disposant d'une descendance nombreuse aux contours parfois obscurs[7]. D'une part, il passe pour le géniteur d'un trio masculin aux connotations guerrières : Ceithearn, Cian et Cú, dont le second membre n'est autre que le père du grand dieu polytechnicien Lugh. Par ailleurs, il se révèle le procréateur d'un ensemble d'enfants présentant des capacités thérapeutiques manifestes. C'est le cas de Miach et d'un autre fils Oirmiach intervenant conjointement au premier dans le mythe examiné ci-après et dont nous ignorons s'il convient ou non de le confondre avec Octriuil qui n'apparaît pour sa part qu'autour de la source Santé utilisée par la famille des divins médecins. Deux filles viennent compléter le tableau : Airmed, spécialiste des herbes curatives et Éadaoin guérisseuse aux dons poétiques[8]. Cette lignée bien fournie rappelle celle de l'Asklépios grec[9], mais laisse aussi clairement entrevoir

6. Oudaer, 2016.

7. Voir en dernier lieu sur ce sujet : Sterckx, 2009, p. 125-137.

8. Éadaoin a été, suivant la tradition, violée par Abcan, le poète et harpiste de Lugh, ce qui a permis l'engendrement de Senbecc. Ce fils, harpiste lui-même, échappera à Cúchulainn sans payer de rançon, en endormant le héros par son jeu musical (Gray, 1982, p. 117-118 et 124).

9. La tradition mythologique lui prête en effet une nombreuse progéniture : deux garçons Machaon et Podaleiros, lesquels interviennent conjointement comme thérapeute et chirurgien dans l'*Iliade* auprès des Achéens, ainsi qu'à basse époque un troisième appelé Akésis ou Télesphore, d'une part, leurs trois sœurs nommées Hygie, Panakei et Iaso, d'autre part (selon Lévêque et Séchan, 1990, p. 229). À ce trio des filles d'Épioné,

un mythème dioscurique de praticiens jumeaux, comme le démontre l'examen de l'intervention chirurgicale autour du membre supérieur de Núada.

L'épisode de la perte du bras de Núada/Núadu, roi mythique des Túatha Dé Dánann, de la double greffe y remédiant et des développements dramatiques subséquents est bien connu. Il est rapporté dans l'une des versions de la *Seconde Bataille de Mag Tured* (la 1re dans l'édition française de Christian-Jacques Guyonvarc'h), lors de l'affrontement cosmique qui permet aux dieux de l'Irlande celtique de vaincre leurs démoniaques adversaires, les Fomoré. Rappelons le texte, retouché avec les apports de la traduction d'Elizabeth A. Gray[10], avant de le commenter :

« § 11. C'est dans cette bataille, alors, que fut coupé le bras de Nuada, à savoir que Sreng, fils de Sengann, le coupa et que Diancecht le médecin lui mit un bras d'argent ayant le mouvement de chaque bras. Credne l'artisan l'aidait…

§ 33. Or Nuada était dans sa maladie et Diancecht lui mit un bras d'argent avec, en lui, le mouvement de chaque bras. Cela ne parut pas bien à son fils aîné Miach. Il alla au bras coupé de Nuada. Il dit « jointure sur jointure » et « nerf sur nerf », et il le guérit en neuf jours et neuf nuits. Pendant les trois premiers jours il mit le bras contre son côté et il fut recouvert de peau. À la deuxième série de trois jours il le mit contre sa poitrine. À la troisième série de trois jours, il enleva les faisceaux blancs de roseaux sombres qui avaient été noircis au feu[11].

§ 34. Cette guérison sembla mauvaise à Diancecht. Il brandit une épée au-dessus du sommet de la tête de son fils si bien qu'il coupa la peau jusqu'à la chair de la tête. Le garçon guérit en mettant en œuvre son art. Il le frappa à nouveau : il coupa la chair et atteignit l'os. Le garçon guérit encore par la même mise en œuvre de son art. Il le frappa d'un troisième coup et il atteignit la membrane de son cerveau. Le garçon guérit encore par la même mise en œuvre de son art. Il frappa alors un quatrième coup si bien qu'il atteignit la cervelle et que Miach mourut. Diancecht dit qu'aucun médecin ne l'aurait guéri de ce coup[12].

---

l'épouse d'Asklépios, Grimal, 1951, col. 54b et 142b, lui adjoint deux autres : Aeglé et Acéso.

10. Gray, 1982, p. 24-25 et 32-33.

11. Nous avons complété la traduction de Christian-Jacques Guyonvarc'h, lacunaire à cet endroit, à partir de Gray, 1982, p. 32-33, § 33, et des éléments précieux fournis par Pettit, 2013, p. 169. Celui-ci démontre en effet que la réparation du bras de Núada avait nécessité l'emploi du roseau de type *Typha latifolia* (massette à large feuilles), espèce endémique en Europe autour des étangs qui présente une inflorescence foncée caractéristiques et contient de longue fibres très blanches riches en amidon.

12. *Cf.* Gray, 1982, p. 32-33, § 34. Ce meurtre, qui ressort de la conception de la présence de l'âme et de la vie dans le tissu cérébral et son prolongement par la moëlle épinière, trouve un parallèle assez étroit chez les saints jumeaux amiénois, Ache et Acheul, qui, lors de leur martyr, sont d'abord battus avec des verges avant de succomber le crâne fendu à coups de latte de bois (Gricourt et Hollard, 2015, p. 60). Une telle forme particulière

§ 35. Puis Miach fut enterré par Diancecht, et des plantes au nombre de trois cent soixante-cinq poussèrent sur sa tombe, identiques au nombre de ses jointures et de ses nerfs. Airmed ouvrit son manteau et rangea ces plantes d'après leurs qualités. Mais Diancecht vint à elle et mêla les plantes, si bien qu'on ne connaît pas leurs effets propres, à moins que le Saint-Esprit ne l'ait révélé par la suite. Et Diancecht dit : « Si Miach n'est plus, il reste Airmed »[13].

Notons au passage que l'intervention de Miach n'est pas ici qu'une affaire de magie incantatoire. Elle met aussi en œuvre une plante aquatique fibreuse spécifique – le jonc – dont d'autres textes – certains christianisés – indiquent l'usage traditionnel aux fins de ressouder des chairs coupées en conjonction avec l'emploi de formules magiques[14]. C'est donc un savoir-faire très complet, incluant un recours à une plante qui permet de couturer un membre auquel à recours le jeune thérapeute divin.

Concernant la sanglante « punition » que vaut à son auteur cette prouesse chirurgicale, il importe de relever deux points. D'une part, diverses variantes de ce mythème ont existé, puisqu'un autre texte irlandais, *Le dialogue de Fintan et du faucon d'Aichill*, indique que les *deux frères* thérapeutes moururent à la suite de cet épisode, et non le seul Miach[15]. D'autre part, l'affaire aurait pu s'arrêter là mais, plus avant dans le cours de la terrible bataille, le fils occis réapparaît, assumant pleinement son rôle guérisseur auprès des combattants blessés ou tués lors des affrontements journaliers :

« § 123. On fit alors ceci : mettre du feu dans les guerriers qui avaient été blessés là afin qu'ils fussent plus brillants le lendemain matin. C'est pour cette raison que Diancecht et ses deux fils et sa fille, c'est-à-dire Octriuil, Airmed et Miach, chantaient des incantations sur la source dont le nom est Santé [Sláine]. Leurs hommes blessés mortellement y étaient cependant jetés tels qu'ils avaient été frappés. Ils étaient vivants quand ils en sortaient. Leurs blessures mortelles étaient guéries par la force de l'incantation des quatre médecins qui étaient autour de la fontaine...

§ 126. [...] Un autre nom de cette fontaine est cependant lac des Plantes [Loch Luibe] car Diancecht y mettait un plant de chacune des herbes qui poussaient en Irlande »[16].

---

de mise à mort, inusitée en hagiographie, pourrait bien être l'écho d'une tradition gallo-romaine parallèle au mythe irlandais.

13. Guyonvarc'h, 1980, p. 47 et 49, repris dans Guyonvarc'h, 1997, p. 235.

14. Pettit, 2013, p. 169-171. Voir en particulier la spectaculaire intervention de saint Berach, ressoudant la tête d'un moine décapité par des voleurs au moyen de tels joncs.

15. Guyonvarc'h, 1980, p. 171, § 46. « C'est par lui [le bras de Núada] que furent abattus Miach et Oirmedh, bien que ce fut un besoin ». Selon nous, dans ce passage le membre royal doit être compris comme la cause – et non l'instrument – du meurtre des divins médecins.

16. Guyonvarc'h, 1980, p. 55-56 ; 1997, p. 238 ; Gray, 1982, p. 54-57.

Un point mérite ici d'être souligné. Il semble exister un parallèle entre les 365 herbes issues du cadavre de Miach, c'est-à-dire autant que l'année compte de jours, autrement dit une *totalité*, et le fait que Diancecht dispose dans la fontaine de Santé un plant de *chacune* des herbes poussant en Irlande, là encore une complétude cette fois d'ordre phytothérapique. On doit donc se demander si nous n'avons pas affaire-là à la version irlandaise de l'idée qui, en Grèce, à travers le concept de remède universel (παν-ακής), s'incarne dans la figure de *Panákeia* (Panacée), fille d'Asklépios opérant par les plantes.

La même greffe spectaculaire qui vaut tant de déboires à Miach nous est présentée, d'une façon différente mais complémentaire, dans *La mort tragique des enfants de Tuireann* :

« § 1. Un roi aimable et de naissance libre s'empara de la souveraineté et de l'autorité sur les Túatha Dé Dánann à la belle couleur ; il avait pour surnom Nuadha au Bras d'Argent, fils d'Echtach, fils d'Ordan, fils d'Allaoi. Ce roi avait alors un bras d'argent et son portier avait un œil.

§ 2. Un jour, ce jeune guerrier alla au dehors des murailles de Tara et il vit deux hommes, beaux, jeunes, à la belle stature, s'approchant de lui sur le terre-plein. Ils le saluèrent et ils reçurent de même une salutation. Le portier leur demanda des nouvelles : 'D'où venez-vous, ô jeunes gens à la belle forme ?', dit-il. 'Nous sommes de bons médecins', dirent-ils. 'Si vous êtes bons médecins', dit-il, 'vous mettrez un œil à la place de mon propre œil'. 'Je mettrai le propre œil de ce chat à la place de ton œil', dit l'un d'eux. 'J'en serai content', dit le portier. Ils mirent l'œil du chat à la place de l'œil du jeune guerrier. Cela lui convint et ne lui convint pas. Car lorsqu'il voulait dormir ou se reposer, l'œil s'ouvrait au cri des souris ou au vol des oiseaux ou au mouvement des roseaux ; mais quand il désirait surveiller une troupe ou une assemblée, c'est alors qu'il avait envie de dormir et de se reposer.

§ 3. Il entra et dit au roi que de bons médecins étaient venus à Tara, 'car ils ont mis un œil de chat à la place de mon œil', dit-il. 'Fais-les entrer', dit le roi. Quand ils entrèrent, ils entendirent un soupir lamentable et pitoyable. Miach, l'un des médecins, dit : 'J'entends le soupir d'un guerrier'. Oirmiach, l'autre, dit : 'Vois, si ce n'est pas le soupir d'un guerrier avec un bousier qui lui noircit le côté'. Le roi fut donc emmené de l'endroit où il était et ils l'examinèrent. L'un d'eux lui enleva le bras du côté et ils lièrent le bousier sorti de lui tout au long de la forteresse. Les hommes de la maison du roi vinrent et ils tuèrent le bousier.

§ 4. Miach chercha un autre bras d'égales longueur et grosseur pour le lui mettre. On chercha parmi tous les Túatha Dé Dánann et on ne trouva pas de bras qui lui convint, si ce n'est le bras de Modhan le porcher. 'Les os de son bras vous conviendront-ils ?', dit chacun des médecins. 'C'est ce que nous préférerions', dirent-ils. Un homme le prit avec lui, l'apporta à Tara et il fut apporté à Miach. Miach dit à Oirmiach : 'Préfères-tu mettre le bras ou aller chercher des herbes pour y mettre de la chair ?'. 'Je préfère mettre le bras'. Miach partit donc chercher des herbes et il les apporta : le bras fut mis sans aucun défaut »[17].

Nous nous trouvons ici, semble-t-il, loin du drame familial narré dans la *Seconde Bataille de Mag Tured*, mais il n'existe pas en fait de réelles contradictions entre les deux récits. On peut admettre en effet que la jalousie meurtrière de Diancecht va se déchaîner ultérieurement – et avec vraisemblance contre son couple de fils – lorsqu'il apprendra le succès de la chirurgie réparatrice appliquée au souverain et le remplacement par un membre de chair du bras d'argent qu'il a mis en place et qu'avait entre-temps infecté un bousier[18].

La véritable nouveauté vient de ce que les deux fils de Diancecht agissent ici de concert (c'est d'ailleurs Oirmiach qui remet le bras), qu'ils sont présentés comme « beaux, jeunes à la belle stature », et que le second porte désormais un nom dérivé de celui du premier. La beauté est, en Inde, une caractéristique première des dieux jumeaux de troisième fonction et on verra plus loin que l'allitération des noms constitue un marqueur de la gémellité. Nous pouvons donc déjà en déduire que Miach et Oirmiach forment non seulement un « duo fraternel » de divins thérapeutes mais, de surcroît, une paire dioscurique.

Par ailleurs, le texte de la *Seconde Bataille de Mag-Tured* nous présente un mythe étiologique, celui de l'origine des plantes médicinales et du savoir limité que les hommes en possèdent. Miach ou, plutôt, son cadavre, fournit en la circonstance à l'humanité la pharmacopée végétale, de même que, dans *La mort tragique des enfants de Tuireann*, c'est encore lui qui va chercher les simples indispensables à la prise du greffon. Pour ce qui concerne le premier récit où il est tué, la maîtrise de la phytothérapie est transmise à sa sœur. Enfin, il faut noter que l'origine du membre greffé diverge. Selon cette même source, le bras tranché de Núada est reconstitué pour lui être remis, alors que, dans l'autre, l'intervention de Miach et Oirmiach requiert une allogreffe par prélèvement sur le porcher des dieux, lequel, apparemment, s'y prête de bonne grâce.

17. Guyonvarc'h, 1980, p. 106 ; 1997, p. 240.

18. Par ailleurs, la curieuse cohabitation du roi manchot avec un portier borgne doit être relevée, ce que ne manque pas de faire Christian-Jacques Guyonvarc'h en pensant y déceler « l'explication définitive du thème indo-européen... dont Dumézil a longtemps cherché, en vain, l'équivalent celtique » (Guyonvarc'h, 1997, p. 240). Voir toutefois depuis lors, notamment, l'étude comparatiste de Paul-Louis van Berg qui, mettant l'œil/puissance terrifiante du regard et le bras/force physique en rapport avec la violence, principalement guerrière, relative à la deuxième fonction, associe dans cette perspective pour le domaine celtique deux paires antithétiques : Núada - Lugh, d'une part, Sreng - Balor de l'autre (Van Berg, 1986, p. 292-294). Voir aussi, naturellement, le parallèle initial Núada (manchot) - Lugh (« monoculaire ») établi par Dumézil, 1948, p. 179-188.

Mais c'est, avant toute chose, le nom même des protagonistes qui est porteur de sens. Celui de Diancecht, « Prise rapide », renvoie vraisemblablement à l'efficacité immédiate de ses interventions[19]. Octriuil, qui offre une désignation bien moins évidente à comprendre[20], semble être dans le second récit nommé Oirmiach. Avec Miach, héros malheureux d'une première chirurgicale, et leur sœur Airmed, maîtresse de l'herboristerie, ceux-ci sont respectivement « Grand Boisseau », « Boisseau » et « Mesure »[21], trois termes sémantiquement apparentés, aux résonances signifiantes autant qu'archaïques.

En effet, dans son article fondateur intitulé « La doctrine médicale des Indo-Européens », Émile Benveniste a relevé que l'acte de « traiter médicalement une maladie » est lié en latin comme en avestique à une racine *med-, aux profondes connotations :

> « Une première indication nous est fournie par l'une des formes nominales de *med- en latin, qui éclaire le mieux l'ensemble des faits : c'est *modus*. Nous avons ici la notion de 'mesure', mais autrement conçue que dans *metior, mensura*. C'est une mesure *imposée* aux choses et qui suppose connaissance, réflexion, autorité ; non une mesure de mensuration (comme dans *mensis*), mais une mesure de *modération* (cf. *modus* : *moderor*), appliquée à ce qui viole ou ignore la règle. C'est pourquoi *modus* a un sens moral qui ressort bien dans son dérivé *modestus*, en même temps qu'un sens de 'réflexion', prouvé par le fréquentatif *meditōr*, et qu'une valeur d'autorité, apparente dans le verbe *moderari* »[22].

On conçoit qu'au fil du temps et dans un contexte bien différent – celui de la société celtique insulaire d'Irlande – les diverses acceptions du terme « mesure » se soient quelque peu recouvertes ou confondues et que du *modus* on ait glissé au *modius*. Il n'en demeure pas moins que trois des membres du groupe médical gaélique sont désignés par des vocables renvoyant aux racines de la pensée indo-européenne autour de l'acte de soigner. On notera d'ailleurs dans le même esprit que Diancecht a laissé son nom à un vieux traité de médecine, les *Breatha*

---

19. Le Roux, 1968, p. 395, n. 83 ; Le Roux et Guyonvarc'h, 1986, p. 381. Sur la place et le rôle de cette importante figure théologique dans le panthéon irlandais, se reporter à Sterckx, 1982, p. 84-86 ; 2005, I, p. 42-43 ; Ó hÓgáin 2006, p. 168-169.

20. Sterckx, 2009, p. 135, propose sous toutes réserves la traduction « Vingt-Quatre Cris ». Le site Internet https://storyarchaeology.wordpress.com/page/19/ souligne que le nom, délicat à analyser, contient le nombre huit et peut signifier huit voyages (ou tentatives), mais aussi huit bandages (ou gaines/fourreaux) : « *Ochttríuil* is a bit tricky to analyse. Here are two possibilities : < *ocht tríall*, eight journeys / attempts / guidings ; < *ocht trúaill*, eight coverings {bandages?} / sheaths / scabbards ».

21. Guyonvarc'h, 1968, p. 351-352.

22. Benveniste, 1945, p. 5-6.

Déinchéachta, dans lequel l'étendue des blessures est *mesurée en grains de blé*[23] !

Mais ce n'est pas tout. Émile Benveniste a également pu montrer, à partir des données iraniennes et grecques, que les pratiques curatives se classent, dans la pensée indo-européenne, selon trois espèces, déterminées en fonction de la nature du mal à traiter et associées originellement aux classes sociales[24]. Ainsi, le charme ou l'incantation constitue une voie thérapeutique électivement liée aux prêtres-magiciens. La chirurgie au moyen du couteau procède de la condition guerrière. Enfin, les plantes qui sustentent et guérissent relèvent d'une médication attachée à la troisième fonction, agricole et abondante[25].

Ces divers aspects transparaissent dans le récit mythique irlandais, comme l'a très bien observé Calvert Watkins[26]. La chirurgie associée aux blessures martiales est présente dans la greffe du bras de métal opérée par Diancecht sur Núada, avant que Miach (et Oirmiach), procédant par une voie plus subtile, n'obtienne(nt) du membre mort qu'il accepte de se revitaliser, puis de se rappareiller au corps royal, dans un cas par l'emploi de plantes médicinales. Lesquelles plantes, conformément au concept i.-e. de leur provenance d'un sacrifice (primordial)[27], pullulent à partir du cadavre de Miach, au nombre des jours d'une année (365)[28],

23. Sterckx, 2009, p. 132.

24. Émile Benvéniste s'efforce également de répartir, dans l'Inde ancienne, les maladies selon une grille de lecture trifonctionnelle, mais les exemples qu'il propose à partir d'un hymne védique dédié aux Aśvin (*RV* X, 39, 3) : la cécité – qui serait un « mal divin » de 1re fonction – ; l'amaigrissement, une affection de 3e fonction ; la fracture, une blessure de 2e fonction, ont été réfutés par Dumézil, 1986, p. 36-38 (repris dans Dumézil, 1994, p. 210-213). Dans ce cas, les différents maux soignés par les Jumeaux thérapeutes s'inscrivent en réalité dans des actions plus larges des dieux secourables, lesquelles sont énoncées au début de la même strophe. Ils sont la « chance » des célibataires, donnant contre toute espérance un conjoint aux vieux garçons et aux vieilles filles et le terme employé, *bhágaḥ* (le « lot »), renvoie à la première fonction. Ensuite, ils portent secours, ils sont les aides (*avitārā*) de celui « qui n'a pas de vitesse », le dernier d'une course, d'une compétition (version euphémisée, pacifiée de l'affrontement guerrier) qui a pour moyen la force physique et relève donc de la seconde fonction. Enfin, les Aśvin sont bien *Bhiṣájā* « médecins » au sens strict du terme, donc du troisième niveau, pouvant remédier à la gamme des altérations de santé illustrées par les trois exemples cités plus haut, mais qui ne sont pas, en eux-mêmes, fonctionnellement caractérisés (*Ibid.*, p. 211-213).

25. Benveniste, 1945, p. 7-11. Pour une mise au point synthétique sur la question, se reporter à Sergent, 1995, p. 243-244, § 207, « Classifications tripartites des remèdes ».

26. Watkins, 1995, p. 539.

27. Sur ce sujet, voir en dernier lieu l'importante étude de Patrice Lajoye qui réunit toutes les occurrences du mythe indo-européen du démembrement du géant cosmique comme origine des éléments naturels, dont les plantes (Lajoye, 2013).

28. Un beau parallèle a été décelé par Bruce Lincoln dans le domaine indien où, sacrifié, Prajāpati, le dieu du Temps cyclique, de l'Année, voit son corps restauré par

un comput qui vaut dans le cas présent totalité de cette classe de médecine. Enfin, les incantations – conjointes à l'immersion dans la source de Santé – constituent le moyen de remettre en état et, même, de ramener à la vie les occis du jour. La connexion aux catégories sociales n'est dans ce contexte plus vraiment d'actualité, les dieux médecins ressortissant par essence à la troisième fonction[29]. Un autre point doit être abordé. Les enfants soigneurs de Diancecht composent un trio significatif. Airmed, sœur éplorée et auxiliaire dévouée, apparaît lors de *Seconde Bataille de Mag Tured* inséparable des garçons – Diancecht souligne d'ailleurs que « si Miach n'est plus, il reste Airmed » –, et ensemble, ils semblent porteurs d'un écho dioscurique.

Des frères (jumeaux) thaumaturges d'une grande beauté, la greffe d'un membre, les plantes curatives et l'eau salvatrice, tels sont les motifs que nous allons retrouver, en combinaisons variables, dans les domaines grec et indo-iranien.

Les Aśvin et la jambe de fer de Viśpálā

Les Aśvin/Nāsatya en tant que dieux jumeaux guérisseurs des plus anciens textes de l'Inde, ceux compilés dans les hymnes du *Rig Veda*, maîtrisent les trois médecines citées plus haut et constituent un recours suprême pour les affections de toutes sortes. Ils sont ainsi invoqués par l'hymne *RV* X, 39, 3 : « C'est vous, ô Nāsatyas, qu'on appelle guérisseurs à la fois de qui est aveugle, de qui est amaigri, de qui a une fracture »[30].

---

l'utilisation de toutes les herbes et médecines (Lincoln, 1986, p. 108 et p. 211, n. 30-31). Par ailleurs, dans le domaine iranien, selon le *Zāstpram* 3.42-47 que l'auteur compare au texte de la *Seconde Bataille de Mag Tured* (*Ibid.*, p. 66 et 108), le meurtre du Bœuf primordial par l'archidémon Ahra Manyu (Ahriman) amène la pousse à partir de son cadavre – entre autres – de douze espèces de plantes médicinales, un nombre rapproché à juste titre de celui des mois de l'année (*cf.* Sergent, 1995, p. 245, § 208, « Sacrifice et thérapie » ; Robreau, 2012, p. 154).

29. Comme le réaffirme Dumézil, 1986, p. 38 (repris dans Dumézil, 1994, p. 217), après avoir démonté le raisonnement de Jaan Puhvel distribuant les classes de remèdes selon les agents qui les appliquent et interprétant de la sorte le comportement meurtrier de Diancecht vis-à-vis de Miach par une différence de niveau fonctionnel entre les deux praticiens. Selon lui, en effet, le père qui avait exercé sur Núada une médecine chirurgicale à l'aide du couteau (2ᵉ f.) n'aurait pas supporté la thérapie par les herbes (3ᵉ f.) qu'a prodiguée avec succès son fils : *cf.* Puhvel, 1970, p. 379. Les sources littéraires issues de la tradition védique confirment le point de vue, que défendait Georges Dumézil, de l'appartenance de la médecine à la troisième fonction : voir à cet égard Zysk, 1992, p. 330-333, où il met au passage l'accent sur l'*étroite association* dans plusieurs hymnes entre les plantes et l'eau comme facteurs thérapeutiques.

30. Benveniste, 1945, p. 10.

Médecins des dieux, les jumeaux sont tout autant secourables aux humains circulant parmi eux en se dissimulant sous diverses apparences, une action que leur reproche vertement, dans le *Mahābhārata*, le royal Indra qui ne les considère pas comme dignes de recevoir le sacrifice du *soma* réservé aux immortels : « Ce sont deux médecins, deux artisans ; revêtus des formes qu'ils veulent, ils circulent dans le monde des mortels… : comment seraient-ils dignes du *soma* ? »[31]. En plus des exploits les plus fameux des divins thérapeutes, tel le rajeunissement du vieillard Cyāvana (voir par ex. *RV* VII, 68, 6), les textes rituels mentionnent un acte tout à fait singulier intervenu dans un contexte de combat ou de course. C'est le cas en particulier de *RV* I, 116, 15 : « Quand son pied avait cassé comme si ce fût la plume de l'oiseau *khelá*, lors de la compétition, à l'aube, vous avez immédiatement restitué une jambe à Viśpálā, lui en mettant une de métal, pour qu'elle pût courir une fois l'enjeu donné »[32].

D'autres passages mentionnent de manière allusive la même spectaculaire intervention. Ainsi, *RV* I, 112, 10 : « Les secours par lesquels vous avez rendu courage à Viśpálā… lors du combat (/ de la compétition) dont la récompense (à la victoire consistait en un butin / prix fait) d'un millier (de têtes de bétail)… »[33], ou encore *RV* I, 117, 11 : « Ô Aśvin, parce que vous fûtes chantés par (Agastya) fils de Māna, ô actifs/remuants, que vous avez ouvert la voie de la richesse à l'enthousiaste, une fois que chez Agastya, vous vous fûtes invigorés grâce à la formule, ô Nāsatya, vous avez rétabli Viśpálā »[34]. De même, *RV* I, 118, 8 : « Sayu en détresse, vous avez jadis gorgé de lait sa vache ; ô Aśvin vous avez libéré Vartika de l'angoisse et restitué sa jambe à Viśpála »[35]. Enfin, *RV* X, 39, 8 : « Vous avez donné une vigueur juvénile au sage Kali quand la vieillesse s'approchait. Vous avez secouru Vandana et l'avez soulevé de la fosse, et, en un instant, donné à Viśpálā le pouvoir de se mouvoir »[36].

L'identité du personnage mythique de Viśpálā reste ambiguë. Est-elle femme ou jument ? De même, la bataille où elle perd un membre semble parfois conçue plutôt comme une course – un affrontement rituel donc. Georges Dumézil a évoqué à son propos un possible parallèle avec la romaine Palès, déesse des bergers et protectrice des troupeaux, car lors de sa fête, les *Parilia* célébrés le

---

31. Dumézil, 1968, p. 286 ; 1994, p. 41.

32. Trad. Pirart, 1995-2001, I, p. 182.

33. *Ibid.*, I, p. 140.

34. *Ibid.*, I, p. 214.

35. Varenne, 1967, p. 102. La traduction d'Éric Pirart s'avère similaire : « Pour Śayu Pūrvya qui était en détresse, ô Aśvin, vous avez gonflé de lait sa vache. Vous avez délivré Vartikā de l'angoisse. Vous avez rendu une jambe à Viśpálā (Pirart, 1995-2001, I, p. 240).

36. *Apud* trad. Griffith, 1971, II, p. 437.

21 avril, également jour de la fondation de Rome par Romulus, on sacrifiait un *curtus equus*, un cheval mutilé auquel manquait donc un membre ou une partie :
« Quant au nom de la divinité, il n'a pas d'étymologie claire. La mutilation du cheval, *curtus equus*, que requiert un de ses rites, son rapport avec la légende des jumeaux et avec l'habitat romain m'ont amené à la rapprocher d'une figure de la mythologie védique, malheureusement à peine connue, *Viśpálā*, c'est-à-dire « la **Palā* de la *viś* ou des *viśaḥ* » – *viś* étant, on le sait, le principe de la fonction des éleveurs-agriculteurs et, au pluriel, le nom même des clans entre lesquels se distribue la population. Elle appartient au cycle des dieux jumeaux et il semble qu'elle soit conçue comme une jument qui, dans une course, perd une jambe que les jumeaux lui remplacent… »[37].

Si le contexte de l'intrigue garde donc une partie de son mystère, le mode d'action des dieux secourables est en revanche bien décrit par les sources. On retrouve ici la rapidité d'action salutaire qui doit à l'irlandais Diancecht son nom de « Prise rapide » et, surtout, une double similarité : un membre tranché lors d'une bataille (ou d'une course, affrontement symbolique qui s'appuie sur la force et relève de la seconde fonction) et son prompt remplacement par une prothèse de métal, le fer se substituant ici à l'argent du bras du souverain des Túatha Dé Dánann.

Il faut noter dans cette perspective que la voie du comparatisme entre l'Inde et l'Irlande a déjà été ouverte par Philippe Jouët qui, dans un paragraphe intitulé « la 'guérison' de l'année et les Dioscures » au sein de son premier essai sur la mythologie celtique, met en parallèle les deux Aśvin et le duo irlandais Miach/Oirmiach, faisant de ces derniers « une attestation celtique du couple des jumeaux divins… dans leur rôle de médecins du ciel »[38]. De plus, comme l'a évidemment bien perçu l'auteur, le temps représenté ici de manière flagrante par les 365 plantes/jours de l'année, joue un rôle majeur dans le mythe[39]. Moins évidente mais tout aussi éloquente constituerait sous ce même rapport la mention des « trois fois neuf jours » nécessaires à Miach pour soigner Núada. En effet, selon lui, ceux-ci représentent cette fois 27 jours du mois lunaire, une unité de temps qui, avec le cycle solaire annuel, offre une vertu curative[40], l'auteur étayant son propos de la sorte : « Cela rappelle l'histoire indienne de la jument Viśpalā (RV, I.116.15) qui, ayant perdu une jambe, fut dotée d'une prothèse de fer par les Aśvins. La

---

37. Dumézil, 1974, p. 389.

38. Jouët, 1993, p. 208. Se reporter aussi à Jouët, 2007, p. 205 et 231, où il développe sa pensée en avançant que le Ciel-diurne qu'incarne Núada est guéri par les « deux fils dioscuriques de Dían Cécht, d'un bousier qui lui 'noircissait le côté' » ; 2012, p. 337.

39. Voir à cet égard *supra* note 28, les analogies respectives des traditions indienne et iranienne.

40. Jouët, 2007, p. 322.

comparaison du membre coupé avec une aile d'oiseau se trouve tant dans le récit indien que dans le mythe irlandais. Les commentateurs du Véda admettent que la jambe de fer est le premier quartier, *pāda*, de la nouvelle lune, moins brillante que la première lune, et cela doit être rapproché des vingt-sept jours au terme desquels le bras vivant de Núada est remis en place »[41].

Haurvatāt et Amərətāt : l'eau et les plantes

Si l'acte chirurgical chanté par les hymnes védiques correspond à l'intervention de Diancecht complétée dans un esprit différent par l'action de Miach, c'est dans le secteur de l'Iran mazdéen que nous retrouvons clairement un nouveau parallèle avec l'activité thérapeutique des praticiens gaéliques.

Selon l'analyse de Georges Dumézil, les divinités de l'ancienne religion indo-iranienne commune seraient remplacées, lors de la réforme zoroastrienne, par l'unique figure souveraine Ahura Mazdā auxquelles sont soumises plusieurs Entités abstraites positives nommées Aməša Spənta (« Immortels bienfaisants »), elles-mêmes opposées à des adversaires funestes et démonisés tout aussi conceptuels (les Daiva)[42]. À l'appui de ce raisonnement, un certain nombre de dieux fonctionnellement répartis du panthéon antérieur transparaissent encore, plus ou moins discernables, derrière ces deux catégories d'hypostases. Si cette vision a été sérieusement remise en question il y a quelques années sur de multiples points par Éric Pirart dans un ouvrage fondamental auquel nous renvoyons le lecteur[43], à commencer et surtout par la soi-disant « réforme » zoroastrienne qui pourrait plutôt constituer « l'aboutissement d'une évolution graduelle »[44], pour

41. *Ibid*, p. 424, n. 55.

42. Sur le panthéon mazdéen, se reporter à l'exposé clair et concis de Pirart, 2006a, p. 19-32. Les Aməša Spənta (Amr̥ta Spanta dans la transcription de l'auteur), qui appartient à la catégorie d'êtres surnaturels « bons (*vahu*, masculin ou neutre, et *vahvī*, féminin), les Vahu, représentent les aspects fondamentaux... du processus sacrificiel même par lequel le culte est rendu aux Yazata » (autre classe parmi les bonnes entités formant le blanc des honneurs sacrificiels), tandis que les Daiva qui constituent l'un des nombreux ensembles d'êtres « funestes » (*aka*), les Aka, forment le mauvais rituel dont les Draujana expriment pour leur part les aspects (*Ibid.*, p. 25-26).

43. Pirart, 2007.

44. Mollé, 1963, p. 5, au sein d'une phrase interrogative pertinente toute d'actualité. Lire dans cette perspective les propos de Pirart, 2007, p. 104-106, § 4.4, « Les mirages de la réforme », où il considère le personnage de Zarathustra non comme « un fondateur de religion, mais plutôt... un spécialiste réactualisateur comme l'étaient les r̥ṣi védiques ou les docteurs auxquels les *Brāhmaṇa* et les *Upaniṣad* donnent la parole... » (p. 105). Encore n'écarte-t-il pas complètement l'éventualité d'une figure réelle, à la différence de son collègue Jean Kellens qui va jusqu'à en nier l'historicité : voir à cet égard Kellens,

autant le schème des Jumeaux divins secourables commun à tous les systèmes théologiques indo-européens n'en est pas moins perceptible dans celui de l'Iran pré-islamique.

C'est ainsi qu'aux Aśvin/Nāsatya correspondent deux Abstractions personnifiées féminines et géminées aux noms allitérants, mentionnées généralement au duel, un couple dont les appellations mêmes ainsi que le mode d'action ont valeur de programme. Haurvatāt, « Santé » (litt. « Intégrité, Exhaustivité »), et Amərətāt, « Immortalité » (ou « Non-Mort »), sont associées étroitement par les légendes et les rituels. Toutefois, il faut relever que la première patronne les eaux, alors que la seconde est associée aux plantes. Les démons qui leur sont mis face à face, dans un dualisme cosmique, s'appellent dans un cas « Faim » et dans l'autre « Soif », créatures du pervers Ahra Mainyu, le grand adversaire d'Ahura Mazdā[45]. Leur action salvatrice est ainsi décrite par le *Yašt* 19, 96 : « Haurvatât et Ameretât frapperont la faim et la soif ; Haurvatât et Ameretât frapperont la faim mauvaise, la soif mauvaise. Añgra-Mainyu, l'artisan du mal, plie et s'enfuit, frappé d'impuissance »[46]. Mais leur rôle est plus profond, comme le souligne le *Yašt* 1, 25 : « Voici Haurvatât et Ameretât, qui sont la récompense des justes qui ont quitté le corps ; mes créatures, ô Zarathoustra ! »[47]. Sans doute faut-il ici comprendre que ces aimables entités procurent à leurs adorateurs l'accès à l'immortalité du Paradis, une fonction qu'on qualifierait dans un autre contexte de « psychopompe ».

On retrouve ainsi, sur un mode plus large, l'intervention des dieux médecins irlandais qui soignent et ressuscitent (donnant une existence prolongée, faute

---

2006, où, notons-le en passant, il clôt la conclusion de son essai, p. 154, par cette citation de James Darmesteter parue dès 1875 : « Le mazdéisme est au même titre que le védisme un développement spontané et libre de la religion indo-iranienne, se transformant sans secousse, et sans qu'il est besoin d'invoquer une invasion étrangère, ou une révolution intérieure ».

45. Sur ces entités secourables, comparables aux *Nāsatya*, voir Dumézil, en dernier lieu 1994, p. 59-66, où il les considère donc à tort comme des substituts hérités de la religion védique. En outre, comme le précise Pirart, 2007, Faim et Soif, qu'il est impossible de considérer comme de « nouvelles fabrications » (voir à cet égard p. 43-44), ne sont que deux hypostases des jumeaux négatifs : d'autres existaient qui ne doivent pas être confondues avec elles... (p. 55).

46. Darmesteter, 1892-1893, II, p. 640. Haurvatāt, qui est aussi « la totalité, l'exhaustivité » et patronne l'élément eau (tandis que le végétal l'est par Amərətāt : *cf.* par ex. Puhvel, 1987, p. 98 ; Pirart, 2006b, p. 122, n. 76), devait être à l'origine « la seconde des deux jumelles divines », s'opposant logiquement à son adversaire « Soif » citée en deuxième position (Pirart, 2007, p. 54).

47. Darmesteter,1892-1893, II, p. 342.

d'une vie éternelle) par la vertu complémentaire des eaux salutaires (*cf.* celles « de la source dont le nom est Santé ») et des plantes, dont la capacité première en Iran est de maintenir le corps en état, cousines sur ce plan des herbes médicinales que mentionnent les textes irlandais.

L'action de ces Émanations bénéfiques, qui patronnent chacune les deux mois à cheval sur mai-juin (Haurvatât) et juillet-août (Amərətât)[48], prend une dimension calendaire et pourvoyeuse par la maîtrise du temps et de l'abondance, conçue sous l'angle des besoins d'une société pastorale. Le *Yašt* 2, 3, leur adresse ainsi les louanges suivantes : « Haurvatât, le maître ; le Bonheur des saisons ; les années, maîtres de sainteté ; Ameretât, le maître ; graisse et troupeau, et l'abondance des grains… »[49]. Ce double rapprochement fait évidemment sens. L'une des entités apparaît en affinité avec les cycles saisonniers et annuels, l'autre avec la fécondité des plantes, la fertilité et la corpulence des animaux[50].

Il faut également souligner qu'aussi solidaires soient-elles, Haurvatât et Amərətât ne sont pas seules à représenter au sein du système zoroastrien la troisième fonction dumézilienne, portée dans l'Inde la plus ancienne par les Aśvin. Un autre personnage leur est associé. Il s'agit de Spantā Ārmaiti, « Savante Déférence (envers le Ciel) »[51], assimilée à la Terre. Georges Dumézil avait mis en valeur l'articulation entre le recours à un doublet de créatures divinisées et l'association d'une troisième, même s'il ne faut plus tenir compte de l'illusoire filiation entre la religion védique et celle de l'Iran ancien qu'il professait :

> « On s'est souvent demandé pourquoi, à l'Immortalité (cf. sk. *amrta),* la théologie iranienne a joint si intimement l'Intégrité, dont on a beaucoup de peine à trouver l'équivalent dans de rares formules védiques ; c'est qu'*il fallait un couple* pour prendre exactement la place des jumeaux Nâsatya, ces Dioscures indo-iraniens… Des légendes populaires qui ont vécu dans l'Iran en marge de la théologie et qui se sont transmises au folklore musulman soulignent ce caractère de Haurvatât-Amərətât : les anges Hârût-Mârût — anges mâles — dont parle le Coran forment un couple que M. A. H. Krappe a pu sans violence faire entrer dans sa collection de Dioscures… »[52].

---

48. Pirart, 2006a, p. 32.

49. Darmesteter, 1892-1893, II, p. 347.

50. C'est sous cet angle sans doute que doivent être comparés aux Aśvin védiques «les énigmatiques Aspin ('qui dispose de chevaux') et Yavin ('qui dispose de grains') » (Pirart, 2006a, p. 29) du culte zoroastrien. Sur ces êtres divins bénéfiques, qui sont rangés dans le *Sīh-rōzag* parmi les collaborateurs d'Amərətât, voir Pirart, 2007, p. 39, 44, 89, 101 et 103.

51. Pirart, 2006a, p. 26 ; 2007, p. 37-38, n. 28, et p. 40, n. 35. Georges Dumézil traduit l'expression par « la Pensée (religieusement) correcte, la Piété, la Dévotion » (ainsi Dumézil, 1947, p. 39 et 60).

52. Dumézil, 1945, p. 91.

« Le rapport des trois Entités du second groupe avec la fécondité, la vie, la nourriture, c'est-à-dire avec la troisième fonction sociale et cosmique, est évident : les valeurs concrètes sont la Terre (et, on l'a vu, déjà dans les Gâthâ, la terre-*pâturage*), les Eaux et la boisson, les Plantes et la nourriture. Si le nom d'Armaiti donné à la terre est mystérieux et témoigne d'un effort pénible vers l'abstraction, du moins cette valeur 'terre' est-elle, à travers toute la littérature, et dans l'emprunt arménien *Spandaramet* aussi bien que dans l'Iran même, un des éléments essentiels du personnage, lequel sera d'autre part l'image idéale de la 'dame', de la *mater familias* iranienne… »[53].

C'est donc dans le cadre d'une forme de complétude de la troisième fonction : la Terre-Mère nourricière[54] s'ajoutant aux eaux désaltérantes et fécondantes et aux plantes nutritives et curatrices, qu'il faudrait comprendre la présence d'Ārmaiti. De son côté, l'irlandaise Airmed – dont le vocable, par une curieuse paronymie, se rapproche de celui de la Terre zoroastrienne[55] – apparaît comme l'assistante de ses frères avec un mode d'action spécifique, modeste bien que considérable (la phytothérapie). Les deux figures ne peuvent donc être directement comparées par leur importance ou leur orientation. Toutefois, il est nécessaire de se demander si elles n'occupent pas, topologiquement en quelque sorte, une place similaire, celle de la déesse accompagnant le duo inséparable des divinités secourables : d'une part, Haurvatāt – Amərətāt, homologues féminisées des Nāsatya, de l'autre, Miach - Oirmiach/Octriuil, « couple fraternel de dieux-médecins » selon l'expression employée par Guillaume Oudaer. Et comme l'écrit encore Georges Dumézil, « c'est un des traits ordinaires du couple de « Dioscures » que leur association avec une déesse ou une héroïne qui est tantôt leur mère, tantôt leur femme ou leur maîtresse, tantôt leur sœur »[56].

Côme et Damien et la jambe du Maure

Parangons des saints thaumaturges et patrons des médecins, des chirurgiens, des apothicaires, des dentistes, des barbiers et des coiffeurs, entre autres professions[57], les deux frères que, dans son *Liber in gloria martyrum*,

---

53. *Ibid.*, p. 89.

54. Donneuse de maternité (Dumézil, 1947, p. 61), elle représente la mère des dieux d'Iran (Pirart, 2007, p. 53).

55. Une ressemblance déjà notée par Piette, 1948, p. 7. Ne manquons pas de signaler sous cet angle, ainsi que l'observe Éric Pirart, l'existence dans le Véda d'une déesse *Arámati* au nom strictement semblable à celui porté par la figure iranienne et, de surcroît, quasiment accompagné de la même épithète (Pirart, 2007, p. 37 et n. 28).

56. Dumézil, 1947, p. 62-63, précisant par ailleurs : « M. A. Haggerty Krappe a même vu là un des éléments constitutifs du type dioscurique…, et l'on connaît les études qui ont été faites à ce sujet, sur le domaine grec, par M. Charles Picard et M. F. Chapouthier… ».

57. Du Broc de Ségange 1887, II, p. 288-291 ; Réau, 1958-1959, I, p. 334.

Grégoire de Tours qualifie de jumeaux[58], sont supposés avoir vécu au IIIe siècle en Arabie[59]. Passés maîtres dans la science médicale, ils parcourent la Cilicie, soignant inlassablement les maux du corps comme ceux de l'âme sans jamais se faire rétribuer, d'où leur surnom d'*anargyres* (« sans argent »). Repérés et arrêtés dans la cité portuaire d'*Ægae/Aeges* (auj. sans doute Yumurtalik) par les autorités romaines sous la direction du tribun Lysias au début de l'*imperium* associé de Dioclétien et de Maximien, ils professent leur christianisme en refusant de sacrifier aux idoles. Condamnés à la peine capitale, on tente en vain de les noyer en mer. Bien qu'enchaînés, ils sont sauvés des flots. De même, essaie-t-on sans succès de les brûler vifs, puis de les crucifier et lapider et, enfin, de les percer de flèches. Rien n'y faisant, ils ont finalement la tête tranchée le 27 septembre 286[60].

Leurs noms, tous deux grecs, connotent pour le premier (procédant de *kósmos*), les idées d'ordre supérieur, de discipline, de parure et, pour le second (dérivant du verbe *damázo*), celles de dresser, de dominer, de dompter. Ce double champ sémantique renvoie ainsi d'une part à l'immensité du monde (cosmos) et à la beauté (cosmétique), d'autre part au vocabulaire du dressage, de la maîtrise des animaux sauvages. Or, en Inde, les Nāsatya sont des parangons de beauté et Pollux (Poludeukès) porte dans son nom la lumière[61], donc une notion céleste, alors que le terme de « dompteur » convient à merveille à Castor qui excelle dans le dressage des chevaux et passe pour le créateur de l'équitation. Notons également la formule de Grégoire de Tours : « … *in caelestibus sunt coniuncti, multa miracula incolis ostendentes* »[62], cette « conjonction céleste » des martyrs rappelant évidemment la métamorphose des Dioscures en astres inséparables, les deux principaux du groupe stellaire des *Gemini*.

---

58. Krusch, 1885, p. 103, § 97 : « *Duo vero gemini..., Cosmas scilicet et Damianus...* ».

59. L'église orthodoxe célèbre *trois couples* de saints des mêmes noms, censés être différents bien que pratiquant tous la médecine *gratis pro Deo*. Côme et Damien (1) : originaires d'Asie Mineure, fils d'une sainte femme du nom de Théodote, ils moururent en paix, furent enterrés dans un lieu nommé Féréman et sont fêtés le 1er novembre ; Côme et Damien (2) : originaires de Rome, ils furent tués par leur maître jaloux et méchant et sont célébrés le 1er juillet ; enfin Côme et Damien (3) : venus d'Arabie, ce sont ceux reconnus à Rome et qui moururent martyrisés à *Aeges*, leur fête s'inscrivant le 26 septembre (anc. 27) en Occident et le 17 octobre en Orient. L'invraisemblable triplement semble renforcer le fait que ces frères thaumaturges ont commodément remplacé en de nombreux lieux les services attendus auparavant des Dioscures.

60. Selon donc leur légende dite « arabe » (Bénédictins de Paris, 1935-1959, IX, p. 552). Sur celle-ci, voir par exemple Guérin, 1885, IX, p. 439-442.

61. Sergent, 1992, p. 231.

62. Krusch, 1885, p. 104, § 97.

Le culte des saints praticiens se développe rapidement en Orient durant les siècles suivants, au point que Constantinople compte jusqu'à six églises qui leur sont consacrées, la plus célèbre apparaissant celle du monastère du *Cosmidion*, bâtie en bordure de mer dans la première moitié du Vᵉ siècle sur une hauteur fortement escarpée de l'estuaire de la Corne d'or et ainsi désignée d'après son éponyme. Plus ou moins délabrée à l'époque de Justinien (527-565), elle est agrandie et embellie par cet empereur qui y avait guéri par incubation[63]. À ce sanctuaire se rapportent les récits de quarante-huit miracles de Côme et Damien qu'a édités Ludwig Deubner[64]. Le corpus qui en ressort est formé de six séries progressivement agrégées entre la première moitié du VIIᵉ et la fin du XIIIᵉ siècle[65]. Les saints opèrent pendant l'incubation des malades qui, à la mode antique, dorment dans le sanctuaire et auxquels ils se montrent en songe, pour leur prodiguer des soins directs ou leur dicter des prescriptions.

Certains des prodiges prêtés aux saints thaumaturges témoignent de façon claire, voire ouverte, d'un héritage dioscurique qui n'a nullement échappé à leur attentif éditeur[66]. Ainsi, les miracles 44 et 45 voient l'intervention des bienheureux frères pour secourir dans un cas un mousse et, dans l'autre, un navire de la tempête. On retrouve ici l'activité notoire de « sauveurs en mer » reconnue dans l'Antiquité aux Dioscures. Le miracle 9 est on ne peut plus explicite, puisqu'il s'avère constitué par la « guérison et conversion d'un païen qui croyait s'adresser à Castor et Pollux »[67]. Notons-le aussi, alors que la persécution historique des chrétiens par Dioclétien débute en 303, les hagiographes placent le martyre des frères secourables au tout début de la Dyarchie, c'est-à-dire le règne conjoint de Dioclétien et Maximien, le double pouvoir des souverains qui se partagent l'Empire portant également une résonance gémellaire.

Fréquemment, les saints opèrent par l'intermédiaire de nourritures (miracle 2 : viande de porc ; miracle 3 : viande d'agneau ; miracle 6 : bouillie d'orge) ou de boissons (miracle 8 : jus de silphion mêlé de menthe ; miracle 11 : huile de

---

63. Festugière, 1971, p. 86-87.

64. Deubner, 1907.

65. Festugière, 1971, p. 85-86.

66. Deubner, 1907, notamment p. 58 : « Mais cela est clair une fois de plus : les Dioscures furent habillés par l'Église en costume chrétien ; seuls les noms de Côme et de Damien étaient neufs sur les figures des saints » (*Das aber ist nun von neuem klar : die Dioskuren sind von der Kirche in christliches Gewand gekleidet worden, nur die Namen Kosmas und Damian sind an den Gestalten des Heiligen etwas Neues*). Sur Côme et Damien comme successeurs des Dioscures, voir également MacMullen, 1991, p. 192-195.

67. Julien, 1974, p. 289 ; pour le texte exhaustif traduit d'après l'édition de Ludwig Deubner, *cf.* Festugière, 1971, p. 110-112.

cèdre ; miracle 15 : eau mêlée de poudre d'une peinture représentant les saints ; miracle 16 : *kèrôtè*, mélange d'huile et de cire du sanctuaire). De tels éléments les rapprochent des « archanges » avestiques. On constate aussi (miracle 14) que l'un des saints intervient aux thermes, prenant l'aspect d'un garçon de bain, où il rend sa mobilité à un prêtre paralytique. Une autre fois (miracle 19), c'est un inconnu qui, sous l'inspiration des saints, opère une femme hydropique. On constate ici une capacité à changer d'apparence en se fondant parmi les hommes, un trait déjà attribué aux Aśvin, comme signalé plus haut[68].

Mais c'est le 48e et dernier miracle qui nous intéresse au premier chef et, précision importante, provient probablement d'une *Vita* des deux thaumaturges, et non d'une manifestation *post mortem* témoignant de leur sainteté[69]. Il est sobrement résumé comme suit par Pierre Julien : « Les saints prélèvent sur un mort, dans son tombeau, son pied droit afin de remplacer à un homme son propre pied, infecté par une écharde, et ils remettent ce dernier au mort »[70].

Ce miracle singulier, une greffe donc entre un cadavre et un vivant au membre abîmé, va connaître une large diffusion en Occident où il ressurgit, transposé à Rome, dans la *Légende dorée*, son caractère spectaculaire lui valant de nombreuses figurations picturales avant et durant la Renaissance[71]. Examinons la version « latine » de l'exploit des saints chirurgiens narrée au XIIIe siècle par Jacques de Voragine :

> « Félix, pape, le huitième après saint Grégoire, érigea une belle église à Rome en l'honneur de saint Côme et saint Damien. Et un homme servait les saints martyrs en cette église, et un cancer lui avait dévoré toute une jambe ; et, tandis qu'il dormait, saint Côme et saint Damien lui apparurent, et ils portaient avec eux des instruments de fer et des onguents, et l'un dit à l'autre : 'Où prendrons-nous de la chair pour remplir la place d'où nous ôterons la chair pourrie ?' Et l'autre lui répliqua : 'Un Éthiopien est aujourd'hui tout fraîchement enseveli au cimetière de Saint-Pierre-ès-Liens ; apporte-nous de sa chair pour mettre ici'. Et alors il alla au cimetière et il apporta la jambe de ce mort, et ils coupèrent la jambe du malade et ils mirent en place celle du mort, et oignirent la plaie avec soin, et portèrent au mort la jambe du malade. Et quand il s'éveilla et qu'il se sentit sans douleur, il mit

---

68. Ce fait rappelle aussi en premier lieu l'habitude des Dioscures de se présenter incognito, comme le narre par exemple Pausanias III, 16, 2-3, à propos d'une légende spartiate.

69. Deubner, 1907, p. 32 ; Festugière, 1971, p. 86.

70. Julien, 1974, p. 290 ; sur ce, *cf.* Festugière, 1971, p. 211-213.

71. On notera dans cette iconographie, en sus de plusieurs œuvres anonymes, une peinture de Fra Angelico, une autre du maître de Los Balbases et une de Fernando del Rincon. Pour quelques autres noms d'artistes des XVe et XVIe siècles, se reporter à Réau, 1958-1959, I, p. 337-338.

la main à sa jambe et il ne sentit nul vestige de son mal ; et il prit la chandelle, et quand il ne vit nulle trace de sa plaie, il crut d'abord qu'il n'était plus lui-même et qu'il était devenu autre ; et quand enfin il eut repris ses sens, il tomba de son lit dans l'excès de sa joie, et il raconta à tous ce qui lui était advenu en dormant, et comment il avait été guéri. Et ils envoyèrent en hâte voir au tombeau du Maure, et ils trouvèrent la jambe du mort coupée, et la jambe de l'autre déposée dans le tombeau... »[72].

Ce qui était implicite dans la liste du *Cosmidion* apparaît ici ouvertement exposé. La jambe vivante et rongée par le mal se voit remplacée par une autre morte et en bon état, mais d'un aspect bien différent, en l'occurrence recouverte de la peau noire de son propriétaire (un Maure ou un Éthiopien). Ce changement de pigmentation – en réalité double, puisque le défunt est volontiers représenté affublé du membre clair du malade –, complaisamment mis en avant par les peintres, correspond au changement d'aspect des greffes opérées sur Núada (argent au lieu de peau humaine) et Viśpálā (fer au lieu de peau équine ou humaine). Apparaît ainsi préservé, au travers du filtre puissant de la christianisation, un marqueur indubitable du mode d'action archaïque de la « médecine du couteau »[73], un motif commun à l'Irlande, aux plus anciens Indiens, mais aussi donc à la Grèce.

Il convient enfin de souligner que, dans la « topographie sacrée » de Rome, la basilique dédiée à Côme et Damien s'insère dans un contexte dioscurique indubitable. Première à avoir été implantée sur l'emprise de forums impériaux, elle fut dédiée par le pape Félix IV (526-530), pour partie en recyclant le bâtiment du temple de Romulus[74], fils déifié de l'empereur Maxence et homonyme du jumeau fondateur de l'*Urbs*. Il faut aussi souligner que le sanctuaire consacré aux thaumaturges et anargyres se situe dans le voisinage immédiat de l'ancien temple dévolu à Castor et Pollux. Enfin, probablement au IXe siècle, les corps des saints Marc et Marcellien, venus de la voie Ardéatine, se trouvent transportés dans l'édifice où ils y furent redécouverts avec une inscription sous le pontificat de Grégoire XIII (1572-1585)[75]. Or, même si le sujet outrepasse le cadre de cette étude, tout dans leur dossier indique que ces frères martyrs, aux noms allitérants et acolytes de saint Sébastien, sont foncièrement dioscuriques. Pour ne donner qu'un indice, parmi d'autres, qui a valeur démonstrative, ils se voient condamnés à la peine capitale le 18 mai et, à l'échéance d'un sursis de « trente jours »[76], exécutés

---

72. Trad. Brunet, 1923, II, p. 155-156.
73. Benveniste, 1945, p. 7.
74. Voir déjà Leclercq, 1914, col. 2350-2357.
75. *Ibid.*, col. 2365 ; Leclercq, 1932, col. 1752.
76. Comme l'indique expressément le texte de leur *Vita* (*Acta Sanctorum*, 18 juin, IV, *De SS. Marco et Marcelliano*, p. 569, *Acta Martyrii...*, § 2).

le 18 juin, soit les dates bornant dans l'Antiquité romaine le signe zodiacal des Gémeaux.

Raven et Rasyphe, martyrs dioscuriques

Au terme de ce rapide tour d'horizon de la médecine dioscurique, en premier lieu de la pratique de la greffe visant à remplacer un membre tranché ou détruit, il revient d'examiner d'un regard neuf le petit dossier hagiographique évoqué en introduction. Patrice Lajoye oppose plusieurs arguments à l'approche que nous avons proposée en 2005, qui voit en Raven et Rasyphe des jumeaux à dimension dioscurique, l'un plus apollinien tenant de Lugus, l'autre plus dionysiaque apparenté à Cernunnos[77]. On peut condenser ainsi sa pensée :

1) quoique frères, rien n'indique dans les textes que les ermites de Macé soient jumeaux ;

2) si des éléments celtiques sont bien perceptibles dans leur *Vita* et les traditions afférentes, ces motifs ne procèdent nullement d'un seul mythe constitué ;

3) en particulier, d'une tradition qui mettrait en scène Lugus et son jumeau.

Chacune des objections soulevées doit donc être examinée avec quelque détail. En premier lieu, il est exact que les sources n'indiquent pas que Raven et Rasyphe soient nés le même jour, mais cette absence de précision – qui ne vaut pas démenti – constitue un cas assez fréquent dans ce qu'on pourrait appeler le « dioscurisme chrétien ». En réalité, un examen large de figures mythologiques, folkloriques, hagiographiques ou romanesques, qui sont ouvertement ou fonctionnellement gémellaires, montre que deux voies complémentaires caractérisent cet état particulier.

Soit les jumeaux sont d'emblée donnés comme tels par les textes, les frères concernés portant des noms dissemblables, en sonorité comme en sens. Ceux-ci peuvent même marquer par leur appellation une opposition de nature et de comportement. C'est ainsi le cas de Castor et Pollux et de leurs cousins Idas et Lynkeus, tout comme des fils d'Antiope : Amphion et Zéthos. Cela s'applique aussi aux fils épiques des Aśvin indiens : Sahadeva et Nakula, ou encore aux jumeaux des romans médiévaux français : Marin et Lovel, Valentin et Orson, Brac/Brice et Lïon/Martin.

Soit, à l'inverse, la fraternelle intimité utérine des protagonistes, proclamée ou non, est indiquée par la consonance du début ou de la fin de leurs noms. Il en va évidemment ainsi de Romulus et de Rémus, mais aussi des dieux auxiliaires

77. Lajoye, 2016, p. 217 et p. 227, où il écrit notamment : « L'impression finale donnée par la *Vie* des saints Raven et Rasiphe est celle d'un patchwork, un assemblage intime de motifs bien connus issus de la mythologie celtique, probablement soumis à l'influence de motifs venant de l'hagiographie classique, mais certainement pas d'un héritage direct d'un unique mythe celte qui serait celui de Lugus et de son jumeau... ».

latins protecteurs des nourrissons Picumnus et Pilumnus, des grecs Alopékos et Astrabakos, Héraklès et Iphiklès[78] ou encore des saints orientaux Sisinius, Sinès (et Sinodore)[79], des Ossètes de l'épopée Æhsar et Æhsærtæg ou du folklore Boudzi et Koudzi, des jumeaux arméniens Sanasar et Balthasar et des « archanges » iraniens Haurvatāt et Amərətāt, tout comme Cautès et Cautopatès associés au Mithra perso-hellénistique, les Vandales Rhaos et Rhaptos[80] et bien d'autres encore. Le même constat prévaut chez les saints de la Gaule romaine et du haut Moyen Âge : Crépin et Crépinien, Lugle et Luglien, Gulien et Gulcien, Donatien et Rogatien, Céréné et Cérénic, Ache et Acheul, Ferréol et Ferjeux, Florent et Florian, les trijumeaux lingons : Speusippe, Éleusippe et Méleusippe. L'Italie ne fait pas exception avec Protais et Gervais, Marc et Marcellien, etc. Raven/*Ravennus* et Rasyphe/*Rasiphus* relèvent bien, à notre avis, du même procédé linguistique.

Un autre élément, noté du reste par notre collègue normand, plaide également en faveur de la gémellité des anachorètes célébrés à Sées. La cathédrale de ce diocèse est en effet à l'origine consacrée aux jumeaux milanais Protais et Gervais, modèle latin de l'héritage dioscurique, à l'instar de ce que représentent Côme et Damien dans le christianisme oriental. Le même duo insubre se retrouve d'ailleurs à Soissons, cité des saints cordonniers géminés Crépin et Crépinien.

Le nom même de *Ravennus*, s'agissant d'un personnage en réalité légendaire, retient aussi l'attention. Est-il significatif ? De fait, la ville de Ravenne (*Ravenna*) regorge, on le sait, de célèbres mosaïques paléochrétiennes du VIe siècle, dont le rayonnement se révèle considérable en Europe durant tout le Moyen Âge. Or celle de Saint-Michel *in Af(f)ricisco* (ou *Ad Frigiselo*), église dédiée en 545

---

78. Ce couple formé par le héros et son frère, bien que peu cité parmi les exemples de dioscurisme (même si Meurant, 2000, le mentionne à quatre reprises : p. 35, n. 92 ; p. 55, n. 189 ; p. 59 ; p. 84, n. 299), en possède pourtant les traits principaux. Héraklès descend de Zeus, alors que son jumeau est fils du mortel Amphytrion. Si Héraklès n'est pas foncièrement médecin, des indices de sa fonction thérapeutique existent, puisque des « *Jasonica*, autels d'Héraclès Guérisseur, étaient signalés dans le golfe oriental de la mer Noire, où les Éoliens avaient établi des comptoirs commerciaux. Selon certains auteurs qui font autorité, Héraclès était le chef de l'expédition en mer Noire » (Graves, 1967, p. 456, § 12). De manière plus générale, l'examen approfondi des sources sur les jumeaux indo-européens, lorsqu'elles sont suffisantes, permet toujours de voir apparaître une notion thérapeutique dans leur action. Certains auteurs l'ont même perçue pour des paires qui ne sont pas ouvertement gémellaires. Ainsi, le cas d'Achille et de Patrocle, qui d'après Nick Allen, présente un comportement quasi dioscurique comprenant une fonction de thérapeutes (Allen, 2014, p. 14).

79. Perdrizet, 1922, p. 15-18. Ces personnages aux noms allitérants d'origine iranienne volent au secours de leur sœur Mélitène, dont les enfants sont massacrés par la démone Gyllou.

80. Dion Cassius LXXI, 12.

et consacrée en 547, porte la plus vénérable des représentations occidentales de Côme et Damien[81]. Raven étant donné comme le thérapeute majeur parmi les ermites ornais, ne peut-on penser qu'un hagiographe a choisi ou interprété son nom pour pointer discrètement vers les illustres praticiens orientaux, archétypes indépassables des saints thaumaturges ?

Passons à l'absence alléguée de mythe celtique clairement constitué derrière la *Vita Ravenni et Rasiphi*. Guillaume Oudaer a résumé, comme énoncé en introduction, l'essentiel d'une correspondance que nous pensons comme lui indubitable entre les éléments hagiographiques concernant les bienheureux frères macéens et l'action thérapeutique de la famille des divins soigneurs irlandais. Patrice Lajoye, qui a lui aussi examiné ce parallèle, n'en tire cependant pas les mêmes conclusions. Pas de mythe commun donc à son sens, mais en outre l'idée que « les jumeaux ne sont pas nécessairement de type 'lugien' et 'dioscurique', selon le modèle proposé par Daniel Gricourt et Dominique Hollard, mais peuvent aussi être des médecins »[82]. Ces deux questions, qui nous semblent en réalité liées, méritent un développement.

Précisons d'emblée que nous n'avons pas exposé les choses tout à fait comme Patrice Lajoye le présente. Pour nous, en effet, tout couple gémellaire s'inscrivant dans la tradition indo-européenne est, en soi, « dioscurique » au sens large du terme. De même, lesdits dieux jumeaux, qu'ils soient grecs, indiens, iraniens ou autres, présentent toujours – pour peu que l'on dispose de dossiers suffisamment fournis sur eux – une capacité guérisseuse et salutaire. C'est, comme nous l'avons rappelé tout

---

81. Le monument, qui reprend la configuration des sanctuaires des saints protecteurs de l'Empire byzantin, fut construit sur l'ordre de Julianus Argentarius auquel nous devons également Saint-Vital et Saint-Apollinaire-in-Classe. Sécularisé au temps des guerres napoléoniennes (1805), il est ensuite démoli pour une large part, conduisant notamment en 1842 à la dépose assez brutale de la mosaïque de l'abside qui ne fut réinstallée qu'en 1904, au terme de maintes péripéties qui la malmenèrent, au Kaiser-Friedrich-Museum (auj. Staatliche Museum) de Berlin : voir à ce sujet les propos très sévères de Leclercq, 1935, col. 224-226. Le programme iconographique de l'édifice se révèle amplement « oriental ». Outre les archanges Gabriel et Michel (celui-ci davantage célébré au Levant, l'église ravennate paraissant constituer l'un des premiers témoignages italiens) y figurent nos pieux thaumaturges. Saint-Michel in Affricisco reçut d'ailleurs des reliques de Côme et Damien provenant probablement de Cyrrhus en Syrie, ville qui leur est donnée comme patrie et où leurs ossements furent déposés (*cf.* Gardelles, 1974). La mosaïque de Berlin montre, de chaque côté du Christ flanqué de Michel et de Gabriel, les saints frères dont les portraits en pied ont désormais disparu. Si leurs noms figurent encore au-dessus des emplacements vides, leurs images originelles ne sont connues que par des clichés pris avant la seconde guerre mondiale. Voir, par exemple, le lien http://www.bildindex.de/document/obj20515832 .

82. Lajoye, 2016, p. 223-224.

au long de cette étude, naturellement le cas des Dioscures proprement dits, Castor et Pollux, et de leurs héritiers chrétiens, Côme et Damien, mais aussi des couples gémellaires indo-iraniens, les Aśvin/Nāsatya comme Haurvatāt et Amərətāt. Opposer les « jumeaux médecins » aux bessons de type dioscurique n'a donc guère de sens[83].

Pour en revenir aux sources, les correspondances entre les éléments mythologiques et hagiographiques peuvent être résumées de la sorte :

Irlande (version A) :

a) Miach greffe son bras d'origine à Núada.

b) Cet événement provoque la jalousie et la colère de Diancecht,

c) qui le frappe jusqu'à le tuer.

d) De son corps mouillé par les larmes de sa sœur germe une totalité phytothérapeutique (soit 365).

e) Revenu à la vie, il entonne avec ses frère, sœur et père, des incantations autour de la source de Santé,

f) laquelle soigne/ressuscite les guerriers blessés/morts qui y sont plongés.

Irlande (version B) :

a) Miach et Oirmiach retirent le bras d'argent de Núada, infesté par un bousier.

b) Ils se mettent en quête d'un nouveau bras parmi les Túatha Dé Dánann.

c) Ils choisissent le bras du porcher Modhan.

d) Oirmiach place le bras,

e) pendant que Miach va quérir les plantes nécessaires à la connexion du membre.

Vie de Raven et Rasyphe

a) Raven et Rasyphe vivent près d'une source.

b) Raven soigne de nombreux malades avec l'aide de son frère.

---

83. Avant d'en venir au sujet même qu'il veut traiter, c'est-à-dire le thème gémellaire romain dans la fondation de Rome, Meurant, 2000, opère un long préambule dans lequel il aborde notamment la « définition de la gémellité universelle » (chap. I, p. 15-51) et « La version indo-européenne du mythologème gémellaire » (chap. 2, p. 53-77). Jamais il n'y tente une quelconque différenciation entre ces deux soi-disant catégories. Bien avant lui, Krappe, 1930, p. 56, replaçant le dioscurisme occidental dans un cadre plus large, souligne qu'il « est pratiquement impossible de décider pour chaque cas si nous avons affaire à deux Dioscures indo-européens ou bien à des jumeaux indigènes ». Pour notre part, il nous semble que les couples mythiques et légendaires de jumeaux que nous avons pu étudier ne sont pas d'une nature foncièrement différente, mais se distinguent seulement par leur « degré » de dioscurisme, par exemple par la présence – ou non – d'une sœur (ou d'une épouse commune, ou d'une mère) qu'ils défendent ou libèrent, etc.

c) Les sicaires du seigneur qu'ils ont fui tranchent le bras de Raven

d) et coupent (ou percent) les membres de Rasyphe qui succombe.

e) Raven prie intensément et obtient la résurrection de Rasyphe.

f) Se nourrissant des herbes qui poussent autour de la fontaine, ils survivent trois semaines.

La comparaison interne de ces trois récits à la lumière de ce qui se passe dans les autres secteurs du monde indo-européen semble conduire à considérer que la légende autour des martyrs normands ne peut pas être indépendante du mythe irlandais. Les coïncidences s'avèrent trop nombreuses et portent sur les éléments les plus signifiants. Outre le bras coupé et la mort suivie de résurrection – ce dernier thème étant en réalité peu fréquent en hagiographie –, les moyens mis en œuvre sont similaires. Les intenses prières de Raven pour ramener son frère à la vie constituent le pendant chrétien des incantations que les médecins irlandais profèrent autour de la source nommée Santé qui réanime les guerriers tombés. Ladite fontaine a d'ailleurs sa correspondante macéenne, lieu de fixation des ermites. Les deux saints bénéficient d'un pieux sursis au cours duquel ils se sustentent des herbes qui y poussent[84]. Celles-ci sont homologues aux plantes médicinales classifiées par Airmed et aux végétaux supports de vie patronnés par Amərətāt. La « non-mort » qu'elles assurent est tout à fait de circonstance.

Mais si un modèle commun gouverne l'action et la mort – provisoire ou définitive – des frères en Irlande comme en Normandie, il n'implique toutefois pas que l'intrigue tissée par les hagiographes ou, plutôt, celle qu'ils ont décalquée des traditions gauloises puis gallo-romaines soit identique au mythe insulaire. De fait, des différences non négligeables apparaissent, qui relèvent de ce qu'en psychanalyse l'on dénomme « déplacement » et « condensation »[85]. Ainsi, le bras coupé n'est plus ici celui d'un patient amputé sur lequel opérerait le saint thérapeute, mais devient le membre même de Raven. Chez les Irlandais, l'auteur de la greffe réussie (Miach) est trucidé, alors que dans l'Orne, c'est le frère du médecin principal (Rasyphe) qui se révèle occis puis ressuscité par les prières, lesquelles, dans la *Seconde Bataille de Mag Tured*, régénèrent les guerriers morts. De même, les très nombreux coups portés

---

84. On peut se demander au demeurant si, à l'origine, les herbes ne leur servaient qu'à se nourrir, eu égard au rôle majeur que tient le jonc dans la consolidation de la greffe du bras de Núada ou dans la remise en place de la tête du moine « opéré » par saint Berach.

85. En psychanalyse, la condensation est un mécanisme psychique déplaçant la valeur et, finalement, le sens d'un élément signifiant. Ce mécanisme est particulièrement apparent lors du rêve où une seule représentation va en remplacer plusieurs autres. Dans le même contexte, le déplacement est une formation (inconsciente dans le psychisme, mais volontaire dans le travail hagiographique) aboutissant au décentrement du contenu manifeste par rapport au contenu latent qui reste alors masqué.

aux membres de Rasyphe correspondent aux multiples jointures et nerfs (c'est-à-dire aux tendons) du cadavre de Miach, d'où germent les plantes médicinales.

Ainsi, si l'on fait le bilan, le motif spectaculaire de la greffe disparaît, la perte du bras paraissant définitive ; alors que le second frère, qui apparaît plutôt comme assistant dans le récit insulaire, concentre sur sa personne le thème du multiple démembrement/percement[86] et celui du retour du monde des morts. Que signifient ces glissements et cette réorganisation de la matière mythique ? Il semble qu'ils traduisent bien l'influence d'un autre modèle plus proprement continental, celui associant Lugus et Cernunnos en une paire gémellaire. Le bras perdu de Raven correspond dès lors – par une inversion signifiante – à la dextre surpuissante de la première des deux figures théologiques. Patrice Lajoye rapproche d'ailleurs cette amputation de celle subie par le saint breton Budoc, dont le membre tranché devient une relique majeure, héritière christianisée de l'un des attributs du grand dieu lumineux[87].

Soulignons également un autre élément qui n'a pu que favoriser l'insertion de Lugus dans ce mythe dioscurique. En effet, en Irlande, dans *l'une* des généalogies divines présentant les relations de parentèle entre les Túatha Dé Dánann, Lugh est, d'une part, le petit-fils du Fomor Balor par sa mère Eithne et, d'autre part, celui de Diancecht par son père Cian[88]. Lugh a ainsi pour grand-père le principal dieu médecin et, donc, pour oncles Miach et Oirmiach/Octriuil. Nul doute que cette proximité explique les capacités thérapeutiques du grand dieu, tout comme, dans une autre généalogie, le fait qu'il soit le neveu de Goibhniu, le dieu-forgeron, justifie sa familiarité avec les activités métallurgiques.

Ce lien familial paraît d'ailleurs connaître un parallèle grec assez strict. En effet, Asklépios, le dieu de la médecine fils d'Apollon et de Coronis, engendre lui-même avec Épioné, « qui soigne les maux », deux garçons Podalire (*Podaleírios*) et Machaon (*Makháôn*), lesquels, dans l'*Iliade*, soignent les guerriers Achéens. Le premier est thérapeute, le second chirurgien, Jean Haudry percevant dans ces héros-médecins un couple « pré-dioscurique » complémentaire (celui d'un guerrier-chirurgien et d'un loup-garou-thaumaturge)[89]. En ce qui nous concerne,

---

86. Le verbe latin usité dans la *Vita* est *decerpere*, « détacher », « retrancher », qui correspond bien à l'idée de découpe des membres, mais d'autres sources fournissent une version alternative d'une multitude de blessures par lesquelles s'écoule le sang du saint : Lajoye, 2016, p. 225.

87. *Ibid.*, p. 223.

88. Guyonvarc'h, 1980, p. 51, § 55 ; Gray, 1982, p. 38-39, § 55.

89. Haudry, 1988-1989. L'auteur décèle un parallèle dans le cycle scandinave de Helgi et de son compagnon Sinfjötli, dont le nom, « aux pieds blancs », est proche pour le sens de celui de Podalire, « aux pieds de lis ».

relevons que ces personnages qui remplissent, chez Homère, les mêmes fonctions que Miach et Oirmiach lors de la *Seconde Bataille de Mag Tured*, incarnent les petits-fils d'Apollon, alors que Lugh représente de son côté celui de Diancecht, homologue d'Asklépios[90].

Pour ce qui est de Rasyphe, le glissement du motif de la mort suivie d'une résurrection et la confusion entre les blessures multiples et le démembrement nous semble de même impliquer des influences « cernunniennes ». Pour brève qu'elle soit, la seconde vie accordée à Rasyphe relève précisément de la capacité à revenir à la vie des personnages héritiers de l'archétype du dieu sauvage. C'est également d'un acharnement « sauvage » que procède la mise à mort infligée par les sbires au malheureux anachorète. Soit ils le percent de multiples coups, ce qui correspond, *mutatis mutandis*, aux nombreux articulations et tendons générateurs d'herbes curatives de Miach, soit ils le démembrent, une thématique le rapprochant cette fois de celle présente aussi bien dans la *Vie* des jumeaux Lugle et Luglien que dans la description donnée par Strabon des victimes sacrifiées au Dionysos maritime des Celtes[91].

En définitive donc, et malgré les réfutations avancées par Patrice Lajoye, il apparaît peu discutable que les pieux ermites guérisseurs martyrisés à Macé aient recueilli un héritage antique de type dioscurique, qu'on le conçoive au sens traditionnel du terme, comme l'illustre le récit parallèle mettant en scène les fils du dieu-médecin Diancecht, ou qu'on l'appréhende sous la forme d'un couple complémentaire « lugien »/« cernunnien » (ou, si l'on préfère, en termes grecs, apollinien/dionysiaque).

Conclusion

Nous avons rassemblé dans les lignes qui précèdent un faisceau concordant de données traitant des dieux-médecins jumeaux du monde indo-européen. La rencontre entre gémellité et fonction curative n'est certes pas univoque, nombre de dieux et de déesses qui ne sont pas liés par une naissance commune possédant d'évidents pouvoirs thérapeutiques. Toutefois, et au-delà du seul domaine indo-européen, les jumeaux semblent bien avoir une affinité particulière avec la médecine parmi d'autres capacités bienfaisantes.

---

90. Un autre rapprochement a été mis en lumière par John Shaw entre les domaines irlandais, grec et indo-iranien. Les dieux médecins sont fréquemment des tueurs de dragons/serpents. C'est le cas en Grèce, où Apollon trucide Python et où son fils Asklépios maîtrise un reptile pour le mettre à son service. Or, en Irlande, Diancecht occit le dragon Méiche, « au cœur triple », fils de la Morrígan. Parallèlement, le *Vṛtrahan indo-iranien paraît avoir cumulé les mêmes capacités de soigneur et de sauroctone d'un démon ophidien marqué par la triplicité (Shaw, 2006, en part. p. 171).

91. *Géographie*, IV, 4, 6 : *cf.* Gricourt et Hollard, 2015, p. 43-45.

Ils représentent en effet, par leur existence même, le témoignage d'une fécondité exubérante volontiers conçue comme surhumaine – en associant par exemple un père mortel à un géniteur divin. Les frères héritent alors des compétences de leur procréateur surnaturel et sont dotés d'une aptitude particulière dans les domaines de la fertilité et de la santé, ce que traduisent leurs capacités à rendre fécondes les femmes stériles, à faciliter les unions et les naissances[92], à restaurer la vigueur génésique et la jeunesse des hommes âgés[93]. D'une manière plus large, ils favorisent la multiplication des plantes et des bêtes et influencent le temps (en octroyant pluie et rosée) dont dépendent les récoltes et la sauvegarde des marins. Leur domaine s'étend à une maîtrise plus large encore, telles la prédiction de l'avenir (ils se montrent volontiers devins) et la protection lors des combats.

Sur ce cadre général se greffe une ventilation fonctionnelle des techniques curatives. Aux incantations qui relèvent du pouvoir magico-religieux de la première fonction vient s'adjoindre la chirurgie liée à l'univers guerrier, tant par les occasions de la mettre en œuvre que par l'outillage qu'elle nécessite. Enfin, l'usage des eaux et des plantes médicinales qui appartiennent à la troisième fonction complète le tableau.

Deux mythes apparentés semblent à l'œuvre dans les récits que nous avons rapprochés. L'un se révèle certainement archaïque, relevant du fonds indo-européen commun, alors que l'autre paraît être, à ce jour, seulement interceltique. Le premier concerne le remplacement d'un membre amputé par le recours à une prothèse en matériau métallique (Inde : fer ; Irlande : argent) ou, sous sa forme atténuée, une allogreffe organique (Grèce chrétienne) présentant une pigmentation cutanée différente. Le second mythe, apparemment propre aux Celtes, met en scène la transplantation du membre coupé par un thérapeute divin qui subit en retour une punition pour cet acte[94]. Bien que relevant en premier lieu de la « médecine du couteau » dont la restitution d'un bras ou d'une jambe fournit l'exemple le plus spectaculaire, l'action chirurgicale des jumeaux est ici complétée par le recours aux herbes, pour faire « prendre » la greffe, et aux incantations, pour ramener à la vie le soigneur tué.

L'absence de ce motif sous sa forme explicite dans le cas des saints Raven et Rasyphe provient apparemment d'une « contamination » par le thème du bras surpuissant de Lugh/Lugus dont l'amputation, sans qu'il ne soit question

---

92. Rendel Harris, 1913, p. 183-186, 255 et 384-388.

93. *Ibid.*, p. XV ; Hankoff, 1977.

94. Le recours, dans la version de *La mort tragique des enfants de Tuireann*, au bras du dieu-porcher pour réaliser la greffe pourrait constituer un écho du mythème antérieur, si ce membre rapporté était d'un aspect différent de celui de Núada (par le teint de la peau ou la pilosité). Le fait que le texte reste muet à ce propos ne permet pas de conclure.

de sa remise en place, vaut ici mutilation qualifiante. L'acharnement furieux des assassins sur les membres de Rasyphe, alors que Miach est de façon plus sobre tué par des coups répétés à la tête, s'éloigne du récit irlandais et relève de l'univers « ensauvagé » du démembrement qui renvoie à l'influence d'un modèle « cernunnien » plus proprement gaulois. Les saints normands, s'ils sont donc effectivement porteurs, comme l'a proposé Guillaume Oudaer, d'un mythe similaire à celui attesté pour Miach et Ormiach, ne doivent cependant pas être compris comme de simples équivalents continentaux christianisés des jumeaux médecins irlandais. Bien que présent, cet héritage celtique commun est largement gauchi par l'apport propre du thème des Jumeaux opposés et complémentaires. De ce point de vue, les pieux martyrs macéens se situent au point de convergence de deux strates de traditions dioscuriques différentes.

Nick Allen (2014), « Heroes and Pentads: or how Indo-European is Greek Epic ? », *Bulletin of Institute of Classical Studies*, 62, p. 1-19.

RR. PP. Bénédictins de Paris (1935-1959), *Vies des Saints et des Bienheureux selon l'ordre du calendrier avec l'historique des fêtes*. I-XIII, Paris, Éditions Letouzé et Ané.

Émile Benveniste (1945), « La doctrine médicale des Indo-Européens », *Revue de l'histoire des religions*, vol. 130, p. 5-12.

Gustave Brunet (1923), *La Légende dorée par Jacques de Voragine, traduite du latin et précédée d'une notice historique et bibliographique par M. G. B.* I-II, Paris, Librairie Garnier Frères, 1923 (1ère édition : Paris, librairie de Charles Gosselin, 1843).

James Darmesteter (1892-1893), Le *Zend-Avesta. Traduction nouvelle avec commentaire historique et philologique*. I-III, Paris, Ernest Leroux, éditeur.

Ludwig Deubner (1907), *Kosmas und Damian. Texte und Einleitung*, Leipzig et Berlin, Teubner.

Louis Du Broc de Segange (1887), *Les saints patrons des corporations et protecteurs spécialement invoqués dans les maladies et dans les circonstances critiques de la vie.* I-II, Paris, Librairie Bloud et Barral.

Georges Dumézil (1945), *Naissance d'archanges (Jupiter Mars Quirinus, III). Essai sur la formation de la théologie zoroastrienne*, Paris, Gallimard.

Georges Dumézil (1947), *Tarpeia. Essais de philologie comparative indo-européenne*, Paris, Gallimard.

Georges Dumézil (1948), *Mitra-Varuna. Essai sur deux représentations indo-européennes de la souveraineté*, 2e éd. corrigée, Paris, Gallimard.

Georges Dumézil (1968), *Mythe et Épopée. 1. L'idéologie des trois fonctions dans les épopées des peuples indo-européens*, Paris, Gallimard.

Georges Dumézil (1974), *La religion romaine archaïque, avec un appendice sur La religion des Étrusques*, 2e éd. revue et corrigé, Paris, Payot.

Georges Dumézil (1986), « La médecine et les trois fonctions », *Magazine littéraire*, n° 229, p. 36-39.

Georges Dumézil (1994), *Le roman des jumeaux et autres essais. Vingt-cinq esquisses de mythologie (76-100) publiées par Joël H. Grisward*, Paris, Gallimard.

André-Jean Festugière, O. P. (1971), *Sainte Thècle. Saints Côme et Damien. Saints Cyr et Jean (Extraits). Saint Georges*, Paris, Éditions A. et J. Picard.

Jacques Gardelles (1974), C. r. de « Peter Grossmann, *San Michele in Africisco zu Ravenna. Baugeschichtliche Untersuchungen*. Mayence, 1973 ; Ed. Philipp von Zabern, 27 x 34, 90 p., 40 planches », *Revue des Études Anciennes*, 76, p. 433-435.

Robert Graves (1967), *Les mythes grecs* (trad. Mounir Hafez), Paris, Fayard, 1967.

Elizabeth A. Gray (1982), *Cath Maige Tuired. The Second Battle of Mag Tuired*, Irish Texts Society, 52, Kildare.

Ralph Thomas Hotchkin Griffith (1971), *The Hymns of the Rgveda, translated with a popular commentary by R. T. H. Gr.* I-II (The Chowkhamba Sanskrit Studies, vol. XXXV), Varanasi, The Chowkhamba Sanskrit Series Office (2e éd. : Benares, E. J. Lazarus, 1896-1897).

Daniel Gricourt et Dominique Hollard (2010), *Cernunnos, le dioscure sauvage. Recherches comparatives sur la divinité dionysiaque des Celtes*, Paris, L'Harmattan.

Daniel Gricourt et Dominique Hollard (2015*), Les saints jumeaux héritiers des dioscures celtiques. Lugle & Luglien et autres frères apparentés*, 2e éd. revue et augmentée, *Mémoires de la Société belge d'études celtiques*, 25, Bruxelles (1ère édition : Daniel Gricourt et Dominique Hollard (2005), *Les saints jumeaux héritiers des dioscures celtes. Lugle et Luglien et autres frères* apparentés, MSBEC, 25, Bruxelles).

Daniel Gricourt et Dominique Hollard (2017), *Les Jumeaux divins dans le festiaire celtique*, Marseille, Terre de Promesse.

Pierre Grimal (1951), *Dictionnaire de la mythologie grecque et romaine*, Paris, Presses Universitaires de France.

Paul Guérin, Mgr (1885), *Les Petits Bollandistes. Vies des Saints.* I-XVII, 7e éd., Paris, Bloud et Barral libraires-éditeurs.

Christian-Jacques Guyonvarc'h (1968), « Notes d'étymologie et de lexicographie gauloises et celtiques XXXI », *Ogam*, XX, p. 351-380.

Christian-Jacques Guyonvarc'h (1980), *Textes mythologiques irlandais I. Volume I*, Rennes, Ogam – Celticum.

Christian-Jacques Guyonvarc'h (1997), *Magie, médecine et divination chez les Celtes*, Paris, Éditions Payot & Rivages.

Leon D. Hankoff (1977), « Why The Healing Gods Are Twins », *Yale Journal of Biology and Medicine*, 50, p. 307-319.

Jean Haudry (1988-1989), « Podalire et Machaon », *Lalies*, 10, p. 355-363.

Philippe Jouët (1993), *L'Aurore celtique. Fonctions du Héros dans la Religion cosmique*, Paris, Les Éditions du Porte-Glaive.

Philippe Jouët (2007), *Aux sources de la mythologie celtique*, Fouesnant, Yoran Embanner.

Philippe Jouët (2012), *Dictionnaire de la mythologie et de la religion celtiques*, Fouesnant, Yoran Embanner.

Pierre Julien (1974), « Quarante-huit miracles grecs des saints Côme et Damien », *Revue d'histoire de la pharmacie*, 62ᵉ année, n° 223, p. 288-292.

Jean Kellens (2006), *La quatrième naissance de Zarathushtra*, Paris, Éditions du Seuil.

Alexander Haggerty Krappe (1930), *Mythologie universelle*, Paris, Éditions Payot.

Bruno Krusch (1885), *Georgii Florentii Gregorii episcopi turonensis libri octo miraculorum, Monumenta Germaniae Historica, Scriptores rerum Merovingicarum* 1, Hanovre.

Patrice Lajoye (2013), « Purusa », *Nouvelle Mythologie Comparée*, 1, p. 25-58.

Patrice Lajoye (2016), « Raven et Rasiphe : des jumeaux mythologiques ? », in André-Yves Bourgès et Valéry Raydon, *Hagiographie bretonne et mythologie celtique. Recueil d'essais réunis par A.-Y. B. et V. R.*, Marseille - Croix, Terre de Promesse - Éditions du Cénacle de France, p. 215-228.

Henri Leclercq (1914), « Côme-et-Damien (Basilique des Saints-) », in *Dictionnaire d'archéologie chrétienne et de liturgie publié par le Rᵐᵉ dom Fernand Cabrol et le R. P. dom Henri L. Tome troisième, 2ᵐᵉ partie. Ciacconio — Cyzique*, Paris, Librairie Letouzey et Ané, col. 2350-2367.

Henri Leclercq (1932), « Marc et Marcellien », in *Dictionnaire d'archéologie chrétienne et de liturgie publié par le Rᵐᵉ dom Fernand Cabrol et dom Henri L. Tome dixième, deuxième partie. Mans (Le) — Maximin (Saint)*, Paris, Librairie Letouzey et Ané, col. 1749-1753.

Henri Leclercq (1935), « Mosaïque », in *Dictionnaire d'archéologie chrétienne et de liturgie publié par le Rᵐᵉ dom Fernand Cabrol et dom Henri L. Tome douzième, première partie. Mora Vocis — Noé*, Paris, Librairie Letouzey et Ané, col. 57-332.

Françoise Le Roux (1968), « La mythologie irlandaise du Livre des Conquêtes », *Ogam*, XX, p. 381-404.

Françoise Le Roux et Christian-Jacques Guyonvarc'h (1986), *Les druides*, 4ᵉ éd., Rennes, Ouest-France.

Pierre Lévêque et Louis Séchan (1990), *Les grandes divinités de la Grèce*, 2ᵉ éd. augmentée, Paris, Armand Colin.

Bruce Lincoln (1986), *Myth, Cosmos, and Society. Indo-European Themes of Creation and Destruction*, Cambridge (Massachusetts) et Londres, Harvard University Press.

Ramsay MacMullen (2011), *Christianisme et paganisme du IVᵉ au VIIIᵉ siècle*, Paris, Perrin.

Alain Meurant (2000), *L'idée de gémellité dans la légende des origines de Rome*, Louvain-la-Neuve, Académie Royale de Belgique.

Marijan Molé (1963), *Culte, mythe et cosmologie dans l'Iran ancien. Le problème zoroastrien et la tradition mazdéenne*, Paris, Presses universitaires de France.

Dáithí Ó hÓgáin, *The Lore of Ireland. An Encyclopaedia of Myth, Legend and Romance*, Woodbridge, The Boydell Press.

Guillaume Oudaer (2016), C. r. de « André-Yves Bourges et Valéry Raydon, *Hagiographie bretonne et mythologie celtique*, 2016, Marseille, Terre de Promesse, 409 p. », sur le site

Internet : http://nouvellemythologiecomparee.hautetfort.com/archive/2016/08/23/review-andre-yves-bourges-et-valery-raydon-dir-hagiographie-5839149.html

Paul Perdrizet (1922), Negotium perambulans in tenebris. *Études de démonologie gréco-orientale*, Strasbourg, Faculté des Lettres de l'Université.

Edward Pettit (2013), « Míach's Healing of Núadu in *Cath Maige Tuired* », *Celtica*, 27, p. 158-171.

Jean Raymond François Piette [« Natrovissus »] (1948), « Les enfants de Diancecht. Étude de mythologie irlandaise », *Ogam*, I/3, p. 5-8.

Éric Pirart (1995-2001), *Les Nāsatya*. I-II, Bibliothèque de la Faculté de Philosophie et Lettres de l'Université de Liège — Fascicules CCLXI et CCLXXX, Genève, Diffusion Librairie Droz S. A.

Éric Pirart (2006a), *Guerriers d'Iran. Traductions annotées des textes avestiques du culte zoroastrien rendu aux dieux Tištriya, Miθra et Vr̥θragna*, Paris, L'Harmattan.

Éric Pirart (2006b), *L'Aprhrodite iranienne. Études de la déesse Ārti, traduction annotée et édition critique des textes avestiques la concernant*, Paris, L'Harmattan.

Éric Pirart (2007), *Georges Dumézil face aux démons iraniens*, Paris, L'Harmattan.

Jaan Puhvel (1970), « Mythological Reflections of Indo-European Medicine », in George Cardona, Henry Max Hoenigswald et Alfred Senn éd., *Indo-European and Indo-Europeans. Papers Presented at the Third Indo-European Conference at the University of Pennsylvania*, Philadelphie, University of Pennsylvannia Press, p. 369-382.

Jaan Puhvel (1987), *Comparative Mythology*, Baltimore et Londres, The John Hopkins University Press.

Louis Réau (1958-1959), *Iconographie de l'art chrétien. Tome III. Iconographie des saints.* I-III, Paris, Presses universitaires de France.

James Rendel Harris (1913), *Boanerges*, Cambridge - Londres, Cambridge University Press.

Bernard Robreau (2012), « Essai sur la médecine gauloise, les eaux et les divinités celtiques », *Ollodagos*, XXVII, p. 151-326.

John Shaw (2006), « Indo-European Dragon-Slayers and Healers, and the Irish Account of Dian Cécht and Méiche », *The Journal of Indo-European Studies*, 34/1-2, p. 153-181.

Bernard Sergent (1992), « De quelques jumeaux indo-européens », *Topique*, 50, *Les jumeaux et le double*, p. 205-238.

Bernard Sergent (1995), *Les Indo-Européens. Histoire, langues, mythes*, Paris, Éditions Payot & Rivages.

Bernard Sergent (2016), *Le dieu fou. Essai sur les origines de Śiva et de Dionysos*, Paris, Les Belles Lettres.

Claude Sterckx (1982), « La théogonie irlandaise », *Jahrbuch für Anthropologie und Religiongeschichte*, 4, p. 67-211.

Claude Sterckx (2005), *Taranis, Sucellos et quelques autres. Le dieu souverain des Celtes, de la Gaule à l'Irlande.* I-III, Mémoires de la Société belge d'Études celtiques, 22-24, Bruxelles.

Claude Sterckx (2009), « La théogonie irlandaise : les enfants des dieux », *Ollodagos*, 23/1, p. 43-145.

Paul-Louis Van Berg (2006), « L'Œil et le Bras plutôt que le Borgne et le Manchot : une solution alternative à la proposition de Georges Dumézil », in Marco García Quintela, Francisco Javier González García et Felipe Criado Boado (éd.), *Anthropology of the Indo-European World and Material Culture. Proceedings of the 5th International Colloquium of Anthropology of the Indo-European World and Comparative Mythology*, Budapest, Archaeolingua Alapítvány, p. 285-304.

Jean Varenne (1967), *Le Veda. Textes réunis, traduits et présentés par J. V.*, Paris, Denoël-Planète.

Calvert Watkins (1995), *How to Kill a Dragon. Aspects of Indo-European Peotics*, New York - Oxford, Oxford University Press.

Kenneth Gregory Zysk (1992), « Reflections on an Indo-European Healing Tradition », in *Perspectives on Indo-European Language, Culture and Religion. Studies in Honor of Edgar C. Polomé. Volume II* (Roger Pearson éd.), Journal of Indo-European Studies. Monograph Series n° 9, McLean (Virginia), p. 321-336.

Dualisme celtique et paysages galiciens entre l'Âge du Fer et le Christianisme

Marco V. García Quintela*

*Universidade de Santiago de Compostela
marco.garcia.quintela@usc.es

Abstract: *The dualism of the Celtic calendar is identified in the Coligny calendar and in the Irish traditional calendar. On this basis, we wonder about the existence of a spatial correlation of this organization of time. Moreover, Greek, and Roman cosmogonic conceptions express the solidarity between time and space. The text prolongs studies on Lugdunum and other places where the vitality of the Celtic tradition is expressed by offering a synthetic version of works on seven sites in present-day Galicia and another three in the rest of the Iberian Peninsula under Celtic influence. It shows how the use of local topographies by Iron Age settlers, revealed by archaeological remains, indicates the implementation of a dualistic symbolic mechanism of apprehension of the communitarian landscapes continued, in some cases, under Christianity. Thus, the correlation of Celtic dualistic conceptions of time and space and their solidarity in creating the physical frameworks of social life from a cosmological discourse of mythical and ritual foundation is shown.*

Keywords: *Celtic cosmology, landscape, dualism, archaeoastronomy, folklore, Galicia, Iron Age, space-time.*

Résumé: *Le dualisme du calendrier celtique ancien est identifié dans le calendrier de Coligny et le calendrier traditionnel irlandais. Sur cette base, on s'interroge sur l'existence d'une corrélation spatiale de cette organisation du temps. De plus, les conceptions cosmogoniques grecques et romaines expriment la solidarité entre le temps et l'espace. Le texte prolonge des études sur Lugdunum et d'autres lieux où s'exprime la vitalité de la tradition celtique, en proposant une synthèse de travaux sur sept sites de la Galice actuelle et sur trois autres situés dans la Péninsule Ibérique sous influence celtique. On montre comment l'utilisation des topographies locales par les peuples de l'Âge du Fer, révélée par les vestiges archéologiques, indique la mise en œuvre d'un mécanisme symbolique dualiste d'appréhension des paysages communautaires qui, dans certains cas, s'est poursuivie sous le christianisme. La corrélation entre les conceptions dualistes celtiques du temps et de l'espace et leur solidarité dans la création des cadres physiques de la vie sociale à partir d'un discours cosmologique de fondement mythique et rituel est ainsi mise en évidence.*

Mots-clés: *Cosmologie celtique, paysage, dualisme, archéo-astronomie, folklore, Galice, Âge du Fer, espace-temps.*

Espace et temps : entre mythologie, archéologie et physique

Le travail que nous présentons est situé à la jonction de deux types de questions sur lesquelles je veux être explicite pour faciliter sa lecture. Les unes sont pratiques, les autres impliquent des éléments culturels et idéologiques et sont, bien sûr, les plus importantes.

Il y a deux questions pratiques. D'une part, ce texte fut initialement conçu comme un chapitre d'un livre en préparation sur *Le Mythe de fondation de Lugdunum*, que l'économie du texte nous conseille de supprimer et que nous publions donc de cette façon [1]. L'un des thèmes à la base du livre est la présentation du paysage double de Lugdunum. Il se trouve dans le texte du mythe fondateur [2], dans la double structure du culte impérial (avec l'autel des Trois Gaules à la confluence, et le temple du culte impérial au cœur de la colonie sur la colline de Fourvière) et dans les alignements solaires et lunaires de différents monuments publics [3]. Pour montrer que cette disposition n'est pas un cas isolé il semblait approprié de présenter d'autres exemples de paysage double ou duel, étudiés surtout dans l'ancienne *Gallaecia* au nord-ouest de l'Espagne : c'est ce travail qui fait l'objet du présent article. Ce sera l'occasion de donner au lecteur francophone un résumé de plusieurs travaux sur le sujet pour, d'une part, encourager de potentiels lecteurs à tester ce cadre explicatif dans d'autres scénarios de la Gaule antique et, d'autre part, pour montrer comment la perception de l'environnement naturel est culturellement conditionnée et comment l'analyse et l'interprétation de ces perceptions font partie des études sur le mythe, la culture, la religion… Ainsi, nous arrivons au deuxième type de questions.

Pour commencer, la mythologie grecque est insaisissable dans l'expression de la solidarité des catégories physiques de l'espace et du temps. Dans la *Théogonie* d'Hésiode, Kronos, en embuscade sous l'ordre de Gaia, châtra Ouranos qui « apportait la nuit » [4] tandis qu'il s'unissait à elle. Comme s'il voulait revenir en arrière, au moment de l'obscurité primitive, avant la naissance du Jour et la genèse du temps [5]. C'est-à-dire, à un espace à peine différencié entre ciel et terre, et véritablement annulé par l'union amoureuse quotidienne qu'Uranus impose à Gaia. L'action de Kronos, du temps [6], impose la séparation définitive du couple

---

1. On peut voir des approches partielles sur ce sujet dans García Quintela 2011, 2017a ; García Quintela - González García 2014 ; González García - García Quintela - Rodríguez Antón 2016.

2. Ps.-Plutarque, *De fluuis*, 6.

3. García Quintela, González García 2014.

4. Hésiode, *Théogonie*, 176.

5. Hésiode, *Théogonie* 123-125 ; Clay 2003 :17.

6. Hésiode, *Théogonie*, 180 – 1.

primordial, diversifie irrémédiablement les régions du monde, libère les enfants de Gaia et d'Ouranos cachés au sein de la Terre et, finalement, l'action du Temps permet la succession des générations des dieux et des hommes sur la surface terrestre.

Passons à la religion romaine qui offre des parallèles à la fois plus simples conceptuellement et plus complexes sur le plan topographique, historique et rituel. Évoquons, pour commencer, une ancienne étude de Georges Dumézil sur *Terminus* et *Iuventas*. Selon la tradition, lorsque Romulus voulut fonder le Temple de Jupiter sur le Capitole, les deux divinités (ou *Terminus* seul, ou les deux avec l'addition de Mars) ont refusé d'être déplacées (leur *exauguratio*) ; Romulus décida donc de leur réserver deux endroits spécifiques qui leur étaient dédiés dans le temple de Jupiter. L'édicule de *Terminus* a la particularité de manquer de toiture parce que, paradoxalement, ce dieu des limites ne devait pas en avoir[7]. *Terminus* est le dieu de l'espace politique de Rome, mais il protège aussi les limites des propriétés foncières que les citoyens romains possèdent justement. *Iuventas* est plus complexe, elle représente la succession des générations de citoyens romains et préside ainsi à la continuité de Rome en tant qu'ensemble de citoyens qui se reproduit de génération en génération. Georges Dumézil, dans l'étude citée, a mis en évidence la similitude entre la solidarité de ces deux divinités avec Jupiter et la solidarité de Bhaga et Aryaman avec Mitra dans le panthéon védique, en soulignant ainsi qu'il s'agit d'un aspect de l'héritage indo-européen à Rome[8].

Dans une autre approche ces dieux représentent la conceptualisation en termes mythologiques et rituels d'une perception de la solidarité entre le temps et l'espace. La pertinence de cette approche peut trouver une confirmation, sans quitter Rome, en descendant du Capitole au Forum par son versant est, et en nous déplaçant dans le temps depuis les *primordia cuvitatis* au temps d'Auguste.

Dans le cadre du programme complexe de rénovation monumentale mené à Rome sous Auguste, nous nous intéressons à deux bâtiments. La rénovation du Temple de Saturne par les soins de L. Munatius Plancus et la construction du *miliarium aureum* au-dessous et en face de la façade nord du temple mentionné. Dès la fondation de Rome, quelques mètres vers le nord se situait le *mundus* ou *umbilicus urbi*. Nous allons rapidement expliquer le sens de ces lieux.

Le temple de Saturne, qu'on connaît aujourd'hui, situé à l'extrême ouest du Forum aux pieds du Capitole, avec sa colonnade nord restaurée, fut rénové par L. Munatius Plancus en l'an 42 (un an après la fondation de Lugdunum en Gaule par ses soins)[9]. Saturne est l'un des dieux primitifs du Latium (Varron, *LL*

---

7. Piccaluga 1974 : 192-201 ; Woodard, 2006.

8. Dumézil 1986 : 168-178.

9. *CIL* X 6087 = ILS 886 ; Suétone, *Auguste* 29, 5 ; et Richardson, 1980 ; Coarelli LTUR *sv.* Saturnus, Aedes.

5,42), identifié avec le grec Kronos dès le ve siècle[10]. Solidarité conceptuelle bien mise en évidence dans la poésie augustéenne[11]. Les fêtes en honneur du dieu, les *Saturnalia*, avaient lieu le 17 décembre, bien qu'à l'époque de Cicéron elles se prolongent sept jours et plus tard, sous l'Empire, le nombre de jours dédiés à la fête a fluctué. La célébration avait une dimension officielle au temple de Saturne et une dimension privée dans les maisons[12]. Dominique Briquel signale la complexité du symbolisme de la fête aux dates solsticiales :

> « C'est le cosmos entier qui est menacé, et on a affaire à un moment où tout ordre est remis en cause, à un moment de retour à l'état de chaos initial qui est en même temps une régénérescence du monde par ce retour bénéfique à l'état originel. Il convient donc d'attribuer à Saturne une valeur de destruction du monde actuel et de son ordre très étendue, intégrant aussi bien des aspects militaires, comme on le voit dans le rôle de *Lua Saturni*, ou les aspects de rupture de l'ordre social, mis en avant dans la fête des Saturnales à l'époque où nous la connaissons [...] Les distinctions sociales sont abolies : tout le monde porte le bonnet des affranchis, le *pileus*, qui en outre, par la symbolique propre à ce type de coiffure, renvoie à un stade non culturel, au monde des bêtes sauvages. On assiste à un renversement des rôles, c'est au maître de servir ses esclaves à table et ceux-ci profitent de la 'liberté de décembre' pour le critiquer[13]. »

Le *miliarium aureum* a été construit par Auguste en l'an 20 av. n. è. dans le cadre de l'exercice de la *cura viarum*, sous la façade du Temple de Saturne qu'on vient de signaler[14]. L'identification précise des vestiges de ce monument et la définition de ses caractéristiques sont sujets de polémique. Z. Mari suggère sans fondement qu'il s'agit d'un simple monument commémoratif de la *cura viarum* d'Auguste[15]. Il écarte donc l'idée[16] selon laquelle il indiquait les distances entre Rome et les grandes villes de l'Empire[17]. On discute aussi le passage où Pline cite le *miliarium*[18], où il appert comme une référence pour les distances à l'intérieur de Rome elle-même et comme l'un de ses centres symboliques[19]. Ainsi, bien que

---

10. Briquel 1981 : 142.
11. Brisson 1988 : 954-955, 968-981 ; 1992 : 131-174.
12. Scullard 1981 : 205-207.
13. Briquel 1981 : 145-146.
14. Cassius Dio 54.8.4 ; Tacite, *Histoires*, 1,27 ; Suétone, *Othon*, 6.2.
15. Mari LTUR *sv miliarium aureum*.
16. Qui trouve appui dans Plutarque, *Galba*, 24,4.
17. Idée que défend encore Coarelli 2007 : 63-64.
18. Pline, *Histoire Naturelle*, 3, 66-7.
19. Newsome 2009 : 29-30 ; King 2010 : 465-6.

l'idée du *miliarium* comme point de départ du réseau routier de l'Empire doive être écartée[20], le monument a été une référence spatiale importante dans l'*urbs*.

Le troisième monument, le *mundus*, fait aussi objet de controverse[21]. Le fait même de savoir s'il y en a eu deux[22] ou seulement un[23] est discuté. Nous penchons pour cette dernière position, mais ceci n'est pas fondamental. Il nous suffit de savoir que, d'après Filippo Coarelli, le *mundus* doit s'identifier à l'*Umbilicus Romae*, mentionné dans des sources tardives. Le même auteur souligne l'importance de l'*Umbilicus* de différentes instances géographiques, conçu comme leur centre topographique et symbolique[24]. Une idée sur le sens du *mundus*, soulignée par M. Bettini, semble importante :

> « one thing seems clear : the operation of a cultural configuration, called *mundus*, referring to a pit that brought three levels – the underworld, the terrestrial world and the heavens – into communication[25]. »

Dans son argument, Bettini insiste sur la « romanité » de cette idée, même s'il est aussi légitime d'indiquer que les trois plans superposés qui ordonnent le monde dans le sens vertical font partie de l'héritage indo-européen[26]. Mais cet argument ne nous intéresse pas maintenant.

Il semble pertinent de souligner qu'à l'époque d'Auguste les notions divines d'espace et de temps (*Terminus* et *Iuuentas*) représentées sur le Capitole des *primordia civitatis*, sont reformulées à l'extrême ouest du Forum par le biais de la double représentation de l'espace comme axe vertical ou *axis mundi* (le *mundus*, qui en soi-même n'est pas une nouveauté augustéenne) et comme espace bidimensionnel (le *miliarium aureum*). Au même lieu, Saturne évoque le temps d'avant la fondation de Rome, le temps primordial célébré périodiquement au moment du solstice d'hiver avec une évocation du désordre social que sont les Saturnales. Ainsi, dans ces quelques mètres carrés, l'on trouve des notions sur un espace double, comme surface et axe vertical, et un temps aussi double, comme souvenir du temps primordial d'avant la vie sociale et du rythme ordinaire des saisons évoqué par le renouveau de la nature et de l'instauration de l'ordre social aux dates solsticiales.

---

20. Mari LTUR *sv miliarium aureum*.

21. Deroux 2006.

22. Magdelain 1990 : 182-191.

23. Coarelli 1992 : 208-225.

24. Coarelli 1992 : 210-217.

25. Bettini 2011 : 82 ; les sources principales sont Caton p. 14 fr. 18 Funaioli = Festus 144,18 ff. Lindsay ; Macrobe, *Saturnalia*, 1.16.16 ss.; Servius, *Commentarius in Aeneidem* 3,134.

26. Gamkrelidze, Ivanov 1995 : 405-410.

Passons au monde celtique. La dualité des conceptions celtiques de l'ordre du temps s'exprime selon plusieurs formes : dans le caractère luni-solaire du calendrier, prenant donc comme référence les cycles hétérogènes du soleil et de la lune ; dans la structure duale des mois (reflétée dans le calendrier de Coligny et dans des expressions de langue en irlandais et en gallois) ; et de l'année (divisée en une moitié d'hiver, sombre, et une moitié d'été, claire). Cette dernière division est aussi entièrement culturelle car elle établit ses repères calendaires sans références astrales évidentes (les 1er novembre, 1er février, 1er mai, 1er août, selon les dates fixées dans l'Irlande chrétienne, qui certainement ne pouvaient pas être celles de la Protohistoire ni de l'Antiquité), et coexistant avec les références naturelles fournies par les solstices et les équinoxes[27]. L'importance culturelle de cet ordre temporel transcende les usages quotidiens du calendrier pour fixer dans le temps des rites et des épisodes mythologiques[28].

La question qu'on doit se poser est donc s'il existe dans la tradition celtique des conceptions sur un ordre duel de l'espace comme corrélat conceptuel de l'ordre duel du temps. Si c'est le cas, nous nous trouvons face à une solidarité des concepts de la physique exprimés en termes mythologiques et religieux, que nous avons cru apprécier dans la *Théogonie* d'Hésiode et, à Rome, au temps de la fondation et au moment de la refondation sous le règne d'Auguste. Une démarche semblable a déjà été suivie il y a des années dans l'importante étude de Bernard Robreau[29] sur l'hagiographie chrétienne générée dans le territoire du peuple gaulois des Carnutes. En empruntant d'autres chemins, notre livre sur Lugdunum nous mène dans cette direction. Mais en raison de sa structure, le cas étudié peut sembler une exception sans suite. Pour montrer le contraire, je présenterai ici un résumé de diverses études partielles prolongées dans le temps. Leur argument de base est que l'idée d'un ordre duel du temps a un corrélat logique dans un ordre duel de l'espace et que celui-ci peut être détecté, sous certaines conditions, dans la compréhension de certains paysages archéologiques de l'âge du Fer dans des zones d'influence celtique claire.

Sur la méthode d'étude proposée, dans le premier chapitre de notre livre sur Lugdunum nous avons expliqué la nécessité de reconstruire un regard subjectif, celui du voyageur lambda sur les formes du relief, celui de l'habitant d'un lieu créé et recréé par une communauté au fil du temps. Nous avons expliqué le besoin de surmonter la façon de voir des dieux à laquelle nous a habitué la multiplication des cartes et des photos aériennes et satellites, accessibles immédiatement grâce

27. García Quintela, González García 2017.
28. En dernier lieu, Gricourt, Hollard 2017.
29. Robreau 1996-1997.

à toutes sortes d'appareils électroniques. À cette difficulté s'ajoute l'habitude d'observer le passé enfermé dans les musées, dans des salles aseptisées, pensées maintes et maintes fois par des spécialistes en muséographie qui s'acharnent à présenter les œuvres hors de leur contexte et dans des conditions d'observation qui représentent un temps suspendu, seulement conditionné par les horaires d'ouverture de l'établissement, et soumises à une lumière homogène. Mais la réalité est très éloignée de cela.

Pour comprendre la logique interne des paysages duels, la perception subjective est impérative, il est nécessaire de se débarrasser de nos épiphanies de petits dieux des écrans pour parcourir le monde et les territoires qui nous intéressent, observer les nuages et le ciel couvert, la pluie et le beau temps, les levers et les couchers du soleil sur l'horizon, les saisons et les rythmes vitaux qui les règlent. Il est nécessaire de comprendre les aléas d'une observation astronomique identifiée grâce à un logiciel mais qui ne peut pas être perçue dans la réalité[30]. Les raisons sont multiples : le point d'observation a changé, la position relative de la terre par rapport aux étoiles a changé, le fait que le jour de l'observation, bien que nous soyons sortis avec une prévision de beau temps, un nuage isolé était sur le point de l'horizon que nous voulions enregistrer, le fait qu'une forêt avait grandi et nous empêchait de voir, ou le fait qu'un site soit devenu inaccessible en raison de la végétation.

À cela s'ajoute la difficulté de trouver des informateurs valables lorsque l'objet d'étude est le foyer d'une communauté, le territoire où sont déposées des histoires de familles que l'on veut bien raconter ou que l'on préfère taire. C'est pour cela que nous commençons par souligner que l'observation archéoastronomique illustre la nécessité de reconstruire un regard subjectif ou, pour le dire autrement, la nécessité d'objectiver la subjectivité.

Du dualisme de l'observation archéoastronomique aux « paysages duels ».

En effet, les objets d'étude de l'archéoastronomie (ou de l'astronomie dans la culture si l'on préfère) sont très nombreux et en constante progression grâce à la combinaison d'avancées technologiques, de la création d'équipes multidisciplinaires et de l'imagination des chercheurs. Mais ces propositions transmettent une forme d'observation archéoastronomique très basique et toujours actuelle : comment se présentent les astres sur l'horizon vus d'un point d'observation déterminé.

Ce type d'observation établit donc l'alignement de trois éléments. Deux terrestres, le lieu de l'observation et le point où se produit l'intersection de l'astre

---

30. La plasticité de la langue anglaise permet d'exprimer cette idée par deux mots : le skyscape fait partie du landscape.

avec l'horizon ; le troisième est céleste et c'est l'astre lui-même. Cette observation implique en plus de l'appréciation des moments où ont lieu les événements observés, la lecture du cours du temps dans l'espace. Ce type d'observation est le fondement de ce qu'on appelle les « calendriers d'horizon » définis par la discipline à partir des observations et des études sur les monuments précolombiens du Mexique[31]. Cette notion repose sur l'idée que les communautés installées sur un territoire donné peuvent gérer leur temps social par l'identification des points de l'horizon où les astres apparaissent ou se couchent à des moments donnés et vus depuis un certain endroit[32].

Par conséquent, la question clé est de détecter les points d'observation avec une certitude raisonnable. Cette première étape peut susciter sans doute des controverses parce qu'il n'est pas nécessaire que ces points d'observation soient des « observatoires astronomiques ». Loin de là, dans la réalité ils peuvent avoir toute sorte de forme matérielle. Mais ils peuvent aussi ne pas revêtir de formes artificielles si le choix s'est arrêté sur un lieu sans marques anthropiques (circonstance qui normalement doit faire renoncer à cette ligne de recherche). Mais dans le cas où au point d'observation s'ajoute le fait que le point d'intersection des astres avec l'horizon est aussi marqué par l'action humaine, alors la probabilité que les deux lieux soient associés à l'alignement astronomique détecté augmente. Il peut y avoir cependant dans la pratique des situations intermédiaires, par exemple quand l'intersection de l'horizon est signalée par un point du relief sur l'horizon et quand, corrélativement, le point d'observation est choisi à partir du constat de la convergence entre l'astre et ce point du paysage local à un moment donné.

Il est important de souligner que, dans ces cas, le regard de l'observateur, actuel ou du passé, est toujours subjectif. C'est depuis le terrain qu'on apprécie les formes de l'horizon, les points de vue possibles, la façon « naturelle » d'être ou de voir.

En bref, l'application d'une méthode d'observation archéoastronomique repose sur un fondement dualiste qui demande à la fois la prise en compte de la perception du paysage implicite et la récupération d'un point de vue subjectif sur l'environnement. La différence entre une caractéristique intrinsèque au type d'observation et l'exploitation d'une construction culturelle qui lui donne un sens se trouve dans le mode de construction des repères pertinents dans le paysage. Ce

---

31. Ruggles 2005 : xxiv, 188-189, 258.

32. Il y a des exceptions comme les structures qui cherchent à capter la lumière du soleil, ou qui se trouvent alignées avec un astre précis à un moment donné, sans que l'astre soit sur la ligne de l'horizon. Dans ces cas c'est la construction humaine qui rend pertinente l'observation. L'autel de Ulaca en fournit un exemple (Pérez 2010 : 136-137, 180-191), voir ci-dessous plus de détails.

sont ces repères, ces points d'observation qui nous donnent un appui pour aller au-delà des contraintes de la technique d'observation et permettent de proposer la notion de « paysage duel » comme une catégorie historique, ethnographique ou archéologique pertinente.

Pour développer cet argument, nous présenterons des cas que nous avons pu étudier directement (principalement en Galice) ou que des collègues experts nous ont exposés. Le progrès graduel dans l'étude de ces cas nous a amenés à proposer le concept de « paysage duel » et sa possible racine culturelle celtique. Nous considérons comme autant d'appuis à notre démonstration la distance entre nos cas d'étude (la Galice et le centre de la Gaule), leurs temps différents (longue durée en Galice, concentration autour du règne d'Auguste à Lugdunum) et leur relevance de faciès culturels distincts (chrétien ou romain).

Commençons par donner les coordonnées historiques basiques de la Galice entre l'Âge du Fer et le début du Moyen Âge. L'Âge du Fer débute dans la région aux environs du VIIIe siècle avec un paysage dominé par des lieux d'habitation fortifiés, connus sous le nom de « *castros* » (du mot latin *castrum*, 'camp'). Ils offrent des variations formelles qui dépendent de la géographie et de la chronologie mais leur présence est tellement puissante qu'elle a occulté jusqu'à il y a peu de temps la prise en considération de l'existence d'autres structures de l'époque, notamment celles qui pouvaient avoir une fonction rituelle. La conquête romaine qui s'achève en 26 av. n. è. ne bouleverse pas cette situation. L'abandon progressif des *castros* démarre au IIIe siècle et se termine durant le haut Moyen Âge[33]. Mais ils continuent d'être des éléments remarquables du paysage et se voient investis de croyances populaires en faisant des lieux de résidence des êtres merveilleux du folklore galicien dont le nom le plus courant est *mouros*. Les *castros*, que ce soit du point de vue physique ou symbolique, sont un élément incontournable de la vie quotidienne des populations paysannes de Galice[34].

Les pétroglyphes sont une autre manifestation récurrente de l'archéologie régionale. Nous suivrons l'archéologue Manuel Santos qui soutient que les gravures ont été réalisées sans interruption du Néolithique à l'Âge du Fer, et dans le prolongement de cette pratique, on peut noter que des gravures médiévales, voire plus récentes, sont également connues. Afin d'identifier les formes spécifiques à chaque période, il est nécessaire de définir les styles, les comprendre comme un ensemble de variables parmi lesquelles doivent être considérées les formes, les relations établies entre elles et les modèles de localisation. Parfois des fouilles menées autour des pétroglyphes peuvent apporter des éléments

---

33. Sánchez Pardo 2010 a, 2010 b.
34. Ayán 2005; Arizaga - Ayán 2007.

permettant une datation plus précise. Mais une difficulté majeure concernant la datation de ces pétroglyphes est que les mêmes panneaux rocheux aient été gravés à de multiples reprises au fil du temps. Des styles différents se partagent donc souvent le même panneau, des gravures précédentes ont pu être effacées, réutilisées, etc.[35].

Il est également important de souligner l'importance de l'empreinte celtique. Elle est attestée par les sources littéraires, épigraphiques et par l'analyse linguistique des noms de lieux, de personnes et de dieux. Les études linguistiques signalent, en même temps, la coexistence d'une langue celtique et d'une autre, appelée « lusitanien » par convention, associée au groupe des langues italiques, mais il n'est pas possible de définir les frontières linguistiques existant entre les deux. Au contraire, les données indiquent la coexistence des locuteurs des deux langues, qui de plus s'expriment aussi en latin[36]. Il est également important de signaler la diffusion de la formule -*briga* dans la composition de noms de lieux. *Briga* est le terme celtique pour « hauteur » ou « forteresse » équivalent au -*dunum*, -*briga* prédominant au sud de l'Europe tandis que les usages de -*dunum* sont surtout concentrés dans le Nord. Des 78 toponymes en -*briga* recensés à ce jour, huit proviennent de la province galicienne d'Ourense, lieu de la plupart de nos observations.

La domination romaine est venue s'établir sur ce fond culturel de locuteurs de celtique et/ou lusitanien. On ne rencontre pas en Galice certains traits formels caractéristiques de la romanisation, telles les colonies ou les centuriations[37]. Les *castros* restent occupés, même si leur urbanisme et leur architecture évoluent (surtout au sud de la région, approximativement dans la zone comprise entre le Miño et le Douro qui correspond au *conuentus Bracarense* dont la capitale est *Bracara Augusta*, l'actuelle Braga). La pratique de l'épigraphie et la langue latine se répandent, mais l'emploi de noms de personnes et des dieux prélatins reste prédominant (ils constituent la source principale des études sur les langues préromaines) et les décorations des monuments funéraires montrent une plastique singulière. La documentation épigraphique cependant rare, le corpus des inscriptions romaines de la province de Lugo, où se trouvait *Lucus Augusti*, la ville la « plus romaine » de la Galice, dispose de 101 textes, un nombre équivalent aux 74 des Asturies, aux 145 pour la province de Pontevedra et aux 87 pour celle de La Corogne (il faut signaler que les recueils sont de dates assez différentes).

---

35. Santos Estévez 2008 et Criado *et al.* 2013.
36. De Bernardo - García 2008; González – López 2011.
37. Carvalho 2012, propose l'identification d'une centuriation à *Bracara Augusta* (Braga).

L'impact romain fut néanmoins important. Les Romains ont mis au point des systèmes d'exploitation miniers à grande échelle dans les bassins des fleuves Miño-Sil et ils ont mis en place un système de communication. On a détecté, à un autre niveau, un ensemble d'exploitations côtières des ressources maritimes liées peut-être à l'approvisionnement du *limes*. La romanisation en Galice offre donc une image nuancée où la diffusion de la « civilisation » s'estompe derrière l'« exploitation » impériale.

La domination romaine prend fin en 411 lorsque les envahisseurs suèves (une ethnie germanique) s'installent au sud de *Gallaecia*[38]. Depuis lors, on assiste à la construction du paysage rural qui dominera jusqu'à la seconde moitié du xxᵉ siècle, lorsque s'enclenche l'exode de la population de l'intérieur. En effet, ni les conflits juridictionnels du Moyen Âge et de la période Moderne, ni l'introduction des cultures américaines ne sont parvenus à modifier les patrons d'occupation du territoire ou les croyances.

L'abandon des *castros* et la création d'un nouveau type de paysage coïncident avec le moment de la diffusion du christianisme dans les milieux ruraux orchestré depuis les centres urbains épiscopaux. En effet, les villes les plus importantes à la fin de l'Empire deviennent des sièges épiscopaux : c'est le cas de *Legio* (León) et *Asturica Augusta* (Astorga) au iiiᵉ siècle ; puis de *Lucus Augusti* (Lugo), *Aquis Celenis* (Caldas de Reis) et *Aquae Flaviae* (Chaves) au ivᵉ ou au début du vᵉ siècle. Mais la structure épiscopale qui se met en place au milieu du viᵉ siècle, destinée à durer, est dirigée par *Bracara Augusta*, métropole de *Gallaecia* qui comprend *Asturica* et *Lucus* qui perdurent, *Auria* (Ourense), *Britonia* (Santa María de Bretoña, près de Mondoñedo), *Dumio* (près de Braga), *Iria Flavia* (Padrón), *Magneto* (près de Porto) et *Tude* (Tuy)[39].

Il est nécessaire de garder à l'esprit la romanisation relative de la culture préexistante pour comprendre que le christianisme qui se propage à travers le monde rural de *Gallaecia* prend comme référent des structures culturelles et religieuses protohistoriques par leur date et celtes par leur horizon culturel. En termes comparatifs, cela signifie que les formes celtes de l'Âge du Fer adopteront ici un biais « chrétien », de la même manière qu'à Lugdunum nous avons observé qu'elles adoptent une visibilité « romaine » (Fig. 1).

---

38. Díaz 2011.
39. Díaz y Díaz 1991 : 161-176.

Figure 1.
Carte des sites étudiés

Rectangles : principaux sites. Cercles : sièges épiscopaux.

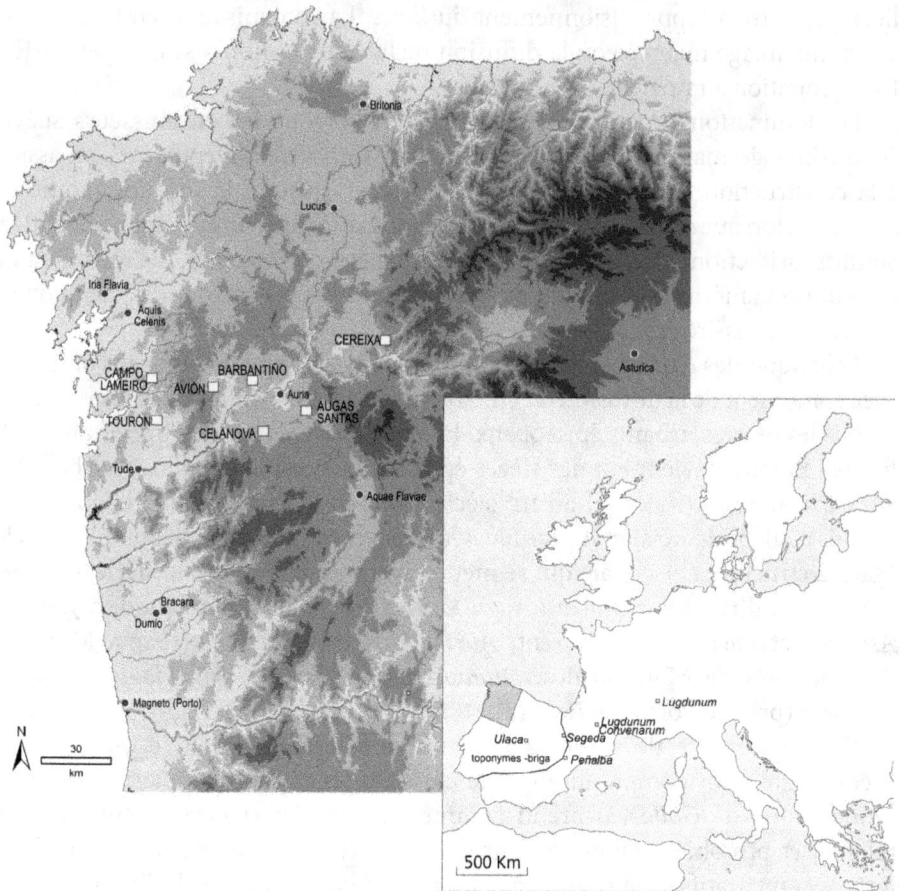

Archéologie du 1ᵉʳ novembre

Il n'est pas nécessaire d'insister sur l'importance du 1ᵉʳ août à Lugdunum[40]. Mais une date ne constitue pas un système calendaire même si elle réapparaît dans le sanctuaire de Corent[41] et dans le tracé augustéen d'*Augustodunum* (Autun)[42].

---

40. García Quintela - González García 2014.
41. Romeuf 2011.
42. García Quintela - González-García 2016a ; García Quintela 2017b.

Cependant, nous avons quelques témoignages sur le 1ᵉʳ novembre, une autre date emblématique du calendrier celtique. Cette date correspondait suivant la tradition irlandaise à la fête de Samain ; elle rencontre un beau parallèle dans le calendrier de Coligny avec la mention du *trinox samonios*, « les trois nuits de Samain », qui marquaient le début de l'année[43]. Du point de vue des implications sociales, la fête constituait une étape calendaire de redémarrage complet du monde dans ses dimensions sociale et cosmique[44]. Nous allons maintenant entreprendre une brève présentation des sites où nous avons trouvé des structures orientées vers cette date.

Figure 2.
Le *castro* de San Vicenzo dans le paysage

Le castro (flèche gauche) occupe une position dominante au centre de la vallée de l'Avia.
L'horizon oriental est dominé par le pic de Pena Corneira sur le mont de Faro de Avión
(flèche droite). Vue depuis l'ouest (cliché A. Rodríguez Paz).

Tout d'abord, le *castro* de San Vicenzo (Avion, Ourense, Fig. 2) présente un urbanisme ordonné par des axes définis par les points cardinaux, l'horizon oriental étant dominé par le pic de Pena Corneira sur la sierra de Faro de Avión qui jouxte le bassin de l'Avia vers l'est.

Les deux axes cardinaux qui articulent le plan du *castro* se croisent au niveau d'un grand rocher qui est le point culminant du lieu : à partir de ce « rocher-axe » on apprécie quatre secteurs bien définis (Fig. 3). L'axe N/S coïncide avec la crête du sommet qui occupe le *castro* délimitant un secteur ouest, formé par les terrasses d'habitation (2-3-4) doublées d'un accès facile aux terres agricoles, et un secteur oriental séparé du

---

43. Duval – Pinault 1986 : 403.
44. Le Roux – Guyonvarc'h 1995 : 35-82.

secteur occidental par un puissant mur construit entre les terrasses et l'Acropole (1). En outre, les extrémités nord et sud de la terrasse (2) sont configurées de telle sorte qu'il n'est pas possible de regarder vers l'est. Toutefois, le mur est de l'Acropole semble très mince et permet une large visibilité vers l'Orient où domine le profil de Pena Corneira. Dans cette direction, le terrain le plus proche du *castro* est extrêmement rocheux avec des pentes très raides et sans accès facile à des terres agricoles.

Figure 3.
Plan du *castro* de San Vicenzo

Gauche : relief du castro *de San Vicenzo. Droite : diagramme du plan. Les formations granitiques sont en noir ; l'Acropole en gris foncé ; les terrasses accueillant les habitations en gris clair ; les points représentent les structures symboliques avec l'association feu (rouge) - cuvette/eau (gris très clair).*

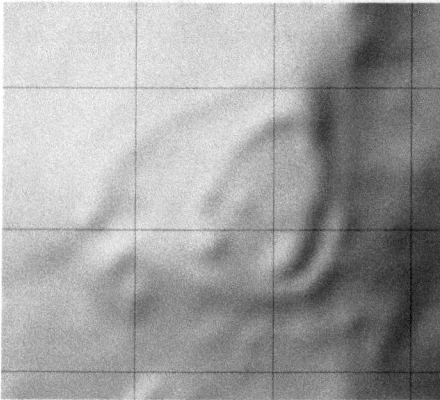

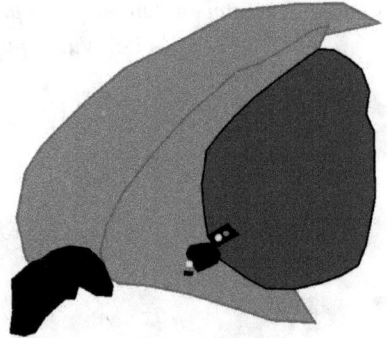

Ainsi, les activités de subsistance du *castro* se tenaient à l'ouest et celles rituelles étaient situées à l'est, conformément au schéma conceptuel celtique et indo-européen. À son tour le secteur oriental est divisé en deux parties par l'axe est/ouest. Le quadrant nord-est est occupé par l'Acropole qui, selon les paramètres régionaux, devrait être investie d'une fonction religieuse[45] et constituerait donc un endroit de réunions se déroulant à des dates fixes et, peut-être, rassemblant des groupes sociaux. Le quadrant sud-est est dominé par trois ensembles révélant un jeu d'associations distinctes avec les éléments feu (qui laisse des formes d'érosion caractéristiques[46]) et eau (ou liquide, sous forme de cuvettes creusées dans les roches). Au sommet du *castro* et du « rocher-axe », le feu et les cuvettes se juxtaposent (a) ; à la base du même rocher feu et eau fusionnent en quelque sorte

---

45. De Bernardo - Garcia 2008 ; García Quintela - Seoane 2013 ; García Quintela - González-García 2016b ; Álvarez et al. 2017.

46. Sur les effets du feu sur le granite Seoane 2011.

car les eaux d'une très faible source jaillissent au niveau de marques d'érosion par le feu (b) ; à l'extérieur du rempart du *castro* zones de feu et cuvettes se trouvent alignées (c). Il faut noter, pour conclure, que la distribution topographique du plan urbain masque la vue du pic de Pena Corneira au niveau des espaces domestiques, tandis qu'elle l'impose au niveau des espaces à fonction rituelle[47].

Figure 4.
« Rocher-axe » du *castro* de San Vicenzo

1. Vue générale de l'est. 2. Cuvette rectangulaire dont la diagonale pointe vers le pic de Pena Corneira très voyant sur l'horizon oriental. 3. Marches taillées pour faciliter l'accès et des cuvettes sans forme définie. 4. Traces de feux dans le secteur nord du « rocher-axe ».

Intéressons-nous maintenant au « rocher-axe » (Fig. 4). Son sommet est accessible par des gradins à peine marqués sur la roche. Sa surface aplatie (7 x 12 m) présente trois secteurs. Le secteur sud, adjacent aux gradins, est caractérisé par des cuvettes au profil irrégulier, le nord présente de nombreuses marques d'érosion par le feu, et le centre est occupé par la seule

47. Garcia - Seoane 2013.

cuvette rectangulaire de l'ensemble (30.52.10 cm) ; en outre, la diagonale de cette cuvette pointe vers le sommet de Pena Corneira qui, en autre, se révèle pertinente astronomiquement car le soleil se lève sur Pena Corneira à la fin du mois d'octobre, une date qui coïncide avec le début de l'année dans le calendrier celtique (Fig. 5)[48]. Pour confirmer l'intérêt de cette observation, il est nécessaire, comme pour le 1er août, de chercher des parallèles, mais la tâche n'est pas aisée (voir plus loin).

Figure 5.
Le 1er novembre au *castro* de San Vicenzo

Vue de l'horizon le 28 octobre 2013 depuis la cuvette rectangulaire du « rocher-axe » du castro de San Vicenzo. Gauche : vue générale avec le nuage qui nous a empêchés de prendre la « bonne photo ». Droite : infographie de César González García montrant la trajectoire du soleil le jour indiqué et son lever sur Pena Corneira.

Peñalba de Villastar se trouve au cœur de la Celtibérie protohistorique, à 10 km environ au sud de Teruel. C'est un lieu emblématique pour les études celtes de la Péninsule Ibérique. Le nom du village a été étendu à une falaise de roche calcaire qui le domine et dont le nom sur les cartes topographiques est « Las Hoyuelas », justifié par les cuvettes artificielles qui ont été taillées le long du bord supérieur de la crête (Fig. 6). La falaise au tracé irrégulier mesure à peu près 1,3 km : elle domine la haute vallée de la rivière Júcar, voie de communication naturelle entre la vallée moyenne de l'Èbre et la Méditerranée.

---

48. Il est possible que la porte qui relie l'Acropole aux terrasses d'habitation soit orientée vers le coucher du soleil le même jour. Pour confirmer cette observation, il faudrait réaliser une fouille vérifiant l'antiquité de la porte.

Figure 6.
La falaise rocheuse de Peñalba de Villastar, vue du sud-est

L'endroit est devenu important pour la communauté académique dès le début du xxᵉ siècle quand J. Cabré y identifia les premiers écrits en langue celte de l'Espagne : ils consistent en des graffiti à peine incisés sur la tendre roche calcaire. Le « celtibère » décrypté a été rédigé avec les signes particuliers de l'écriture ibérique et avec l'alphabet latin[49]. La façade de la falaise a aussi été recouverte de centaines de gravures très variées dont l'exécution s'étend sur des siècles. Aussi il n'est pas facile de démêler la chronologie des gravures, ni d'interpréter correctement les motifs représentés.

L'approche traditionnelle sur Peñalba a consisté à identifier, cataloguer et étudier ces interventions humaines sur la roche et, surtout, à lire des textes difficiles qui donnent appui à des interprétations diverses, tel que le montre la controverse vis-à-vis d'une possible mention du dieu Lug[50]. De nouvelles découvertes ne sont pas à exclure. Ainsi, une des dernières en dates et d'importance a été publiée en 2005[51] : il s'agit d'un ensemble d'inscriptions latines regroupées sur un espace de la falaise que les inventeurs ont appelé le « grand panneau ». Deux de ces inscriptions comportent des indications calendaires signalant la célébration de rites au solstice d'hiver *[- ?] k(alendas) Ianuarias* ; et à la fin du mois d'avril *[-?]II K(alendas) Maias* ; sans d'autres détails en raison des difficultés de lecture correcte du texte. Une autre inscription mentionne un dieu *Cornutus* dont la relation avec le dieu celte Cernunnos a été immédiatement soulignée.

La question qui se pose est de savoir si ces dates sont ou non le fruit du hasard. Car, comme en témoigne Patrice Lajoye[52], il y a beaucoup de dates avec des dédicaces aux dieux celtiques sous l'Empire romain et, parmi ces dernières, celles des fêtes de début de saison ne semblent pas avoir une importance particulière. Nous avons donc visité

---

49. Cabré 1910.
50. Cette mention était l'*opinio communis* jusqu'à Jordán 2005 qui l'a réfuté. Mais De Bernardo 2008 a tenté de restaurer Lug.
51. Beltrán *et al.* 2005.
52. Lajoye 2009.

la montagne avec l'objectif de réaliser un examen archéoastronomique. Nous avons bénéficié sur le terrain de la collaboration de Silvia Alfayé, très bonne connaisseuse de Peñalba, et de Manuel Santos, spécialiste en pétroglyphes (Fig. 7). La question posée était de voir s'il y avait une correspondance quelconque entre l'horizon vu à partir de la falaise et les dates indiquées dans les textes du grand panneau.

Figure 7.
Silvia Alfayé et Manuel Santos examinent des gravures rupestres sur la falaise de Peñalba de Villastar. A. César González mesure l'horizon au même endroit.

Grâce à la combinaison d'expériences archéologiques et d'observations archéoastronomiques, trois choses ont pu être vérifiées[53]. Tout d'abord, les pétroglyphes considérés par les experts comme les plus anciens partagent toujours des segments de la falaise avec des inscriptions anciennes, celtibériques ou latines. En second lieu, ces groupements de gravures et d'inscriptions se trouvent occupés prioritairement des morceaux de falaise orientés vers le sud-est. Enfin, l'examen de l'horizon a permis de constater que le lever du soleil au solstice d'hiver a lieu en un point où confluent plusieurs lignes d'horizon. On peut en déduire que la célébration solsticiale indiquée par l'un des textes du « grand panneau » peut être

---

53. Vue d'ensemble avec l'analyse historiographique dans Beltrán et al. 2005. Notre contribution, avec d'autres détails, García Quintela - González-García 2010.

comprise comme l'*interpretatio romana* d'une réalité préexistante définie par la sélection consciente des lieux où représenter des images ou écrire des textes en rapport en établissant une sorte de dialogue avec l'horizon local.

Figure 8.
Vue de l'horizon du haut de la falaise de Peñalba de Villastar

Figure 9.
Horizon oriental de Peñalba
Vue depuis le secteur nord de la falaise, à l'endroit accueillant les inscriptions latines calendériques.

La date de la fin du mois d'avril, quant à elle, avoisine clairement avec le moment de la fête du début de l'été fixée par les Celtes chrétiens d'Irlande au 1er mai. Nos observations ont montré l'intérêt paradoxal de cette date car elles soulignent la nécessité qu'il y a à adopter le regard subjectif de ceux qui ont écrit sur les roches de Peñalba. En effet, un regard zénithal, de « musée », sur l'horizon vu de Peñalba, avec un ciel plutôt dégagé (Fig. 8), permet d'apprécier une ligne sans grands écarts formée par les sommets des montagnes. Cependant, si nous regardons ce même horizon en ayant le « grand panneau » dans notre dos, comme c'est le cas à la Fig. 9, nous constatons que la petite hauteur par où le soleil se lève le 1er novembre dans l'image précédente devient une marque importante du paysage. Il se trouve qu'à partir de cette date un segment de falaise orienté N/S empêche d'observer l'horizon lointain, et donc le lever du soleil. Ensuite le soleil poursuit son parcours relatif en rapport avec la terre, sur la ligne d'horizon locale sans être observable depuis le grand panneau. Par contre, à partir de cette date, il éclairera directement les gravures et les inscriptions de la falaise orientées vers le sud-est. De cette manière, d'un côté et de l'autre de la haute vallée du Júcar deux dates sont mises en valeur, fin avril et début novembre, coïncidant avec les points de division des deux moitiés de l'année celtique. Par ailleurs, comme les panneaux avec les vestiges les plus antiques sont localisés dans les secteurs orientés vers le sud-est, il nous semble que Peñalba et ses mentions divines et rituelles forment ce qu'on pourrait appeler un « sanctuaire d'hiver ».

Le troisième exemple concerne un autre site emblématique de l'archéologie protohistorique de la Péninsule Ibérique, exploré déjà depuis le début du xxe siècle ; certaines campagnes de fouilles en restent cependant encore inédites. Il s'agit du *castro* d'Ulaca (province d'Ávila), qui était occupé par les Vettons, l'une des ethnies de langue celtique qui ont peuplé le nord de la Meseta[54]. L'enceinte fortifiée délimite environ 60 ha ; à l'intérieur, 250 maisons ont été identifiées qui pouvaient accueillir quelques 1 500 habitants (Fig. 10). Le *castro* fut occupé entre les iiie et i[er] siècles av. n. è., puis il a été abandonné de manière soudaine, comme en témoignent les carrières abandonnées de blocs de pierres débités prêts à l'usage, peut-être sur ordre des conquérants romains désireux de démanteler cette forteresse. Dans le quadrant nord-est du *castro*, trois structures qui pourraient avoir une fonction rituelle ont attiré l'attention des chercheurs.

Tout d'abord une grande plateforme granitique, plate, qui accueille un gros rocher ovoïde creusé en forme de trône rustique d'où l'on observe le coucher du soleil au solstice d'hiver (Fig. 11). Ce type de structure, même si elle semble naturelle, répond à une forme de construction typique de l'Âge du Fer que nous avons appelé « l'architecture ambiguë » en raison de sa situation sur une frontière floue entre le naturel et l'artificiel[55].

---

54. Ruiz Zapatero 2005.
55. García Quintela - Seoane 2013.

Figure 10.
Le *castro* d'Ulaca vu du Nord

Dans le fond, la sierra de La Paramera avec le profil marqué du Risco del Sol. En surimpression, le plan du castro *avec l'emplacement des structures mentionnées dans le texte.*

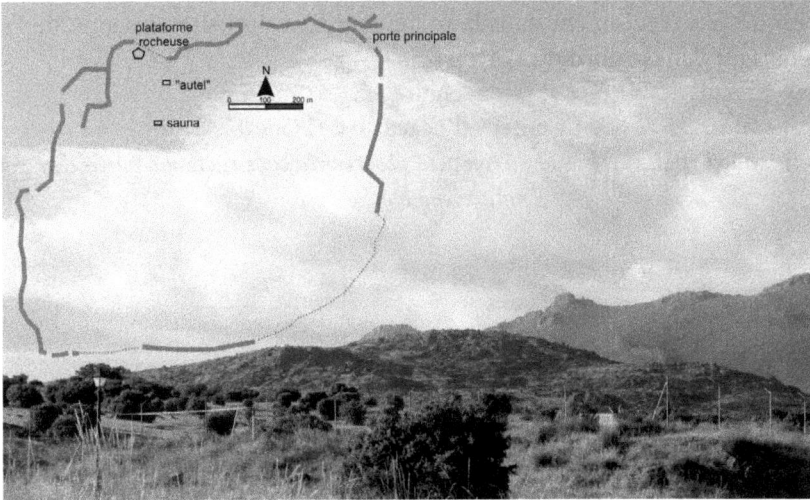

Figure 11.
Plate-forme granitique du *castro* d'Ulaca vue du Sud

Au fond la vallée d'Amblés. Le rocher ovoïde présente un siège ou trône pointant vers le coucher du soleil au solstice d'hiver.

Un sauna a également été identifié, semblable à la vingtaine de ceux qui sont recensés dans les *castros* du nord-ouest de la Péninsule Ibérique[56]. Cette identification prend en compte la diversité typologique des saunas de *Gallaecia*, celui d'Ulaca étant typologiquement isolé pour le moment. Ceci dit, son élaboration par creusement dans la roche mère est similaire au sauna de Freixo (Tongobriga) dans le nord du Portugal[57].

Figure 12.
L'« autel » d'Ulaca vu de l'Ouest

Encadré : autel vu depuis le Sud où l'on peut observer sa construction à partir d'un rocher naturel qui a été creusé.

Enfin, il y a l'« autel des sacrifices » qui a attiré l'attention des chercheurs dès les premières explorations du *castro* (Fig. 12). Cette appellation dérive d'une interprétation : nous ignorons la fonction réelle de cette structure. Il en est de même avec le rocher-axe du *castro* d'Avion et de nombreuses structures rocheuses similaires qui se rencontrent dans des contextes de l'Âge du Fer péninsulaire[58].

56. Almagro - Moltó 1992 ; Almagro - Álvarez 1993.

57. Sur le sauna de Tongobriga, Dias 1997. Et sur les saunas en général voir Villa 2012 ; García - Santos 2015, García Quintela et al. 2014a ; García Quintela 2016.

58. La thèse de M. J. Correia Santos étudie de façon systématique l'ensemble de ces structures en Espagne et au Portugal, Santos 2015.

Figure 13.
Relations solaires de l'« autel » d'Ulaca

1. Les escaliers présentent un alignement topographique avec les sommets de La Paramera. 2. Jeu d'ombres calendériques sur le mur est. 3. L'inclinaison des escaliers marque le passage du soleil à des dates précises. 4. Le sommet de l'« autel » présente des cuvettes.

M. Pérez a fait une étude archéoastronomique de l'« autel » prenant en compte le volume bâti de façon globale. Un choix qui implique de laisser de côté l'approche traditionnelle recherchant le rapport entre le point d'observation et celui de l'émergence d'un astre sur l'horizon. L'horizon septentrional reste de toute façon très important puisque l'« autel », et tout le *castro*, sont dominés par les trois sommets de la sierra de La Paramera. Par-là, l'orientation topographique de l'autel paraît évidente. Mais

M. Pérez a aussi relevé que les escaliers et d'autres formes du monument pouvaient présenter des jeux d'ombre et de lumière à des dates précises, en rapport avec le passage du soleil sur les trois sommets indiqués et non la ligne de l'horizon. Les résultats sont remarquables compte tenu de la configuration des astres en 400 av. n. è. (Fig. 13).

    1. L'escalier oriental de l'« autel » présente un angle de 18°. Ainsi lorsque le soleil est à sa position la plus basse sur l'horizon, au solstice d'hiver, il se porte sur le Risco del Sol (le sommet le plus singulier, mais pas le plus haut sur l'horizon nord) alors que tout l'escalier reste dans l'ombre, ce qui se produit seulement à cette date.

    2. L'escalier occidental, d'accès ordinaire, présente une inclinaison de 30°. Ceci engendre une situation similaire à la précédente : l'escalier reste complètement à l'ombre à deux moments distincts, le 20 février et le 1er novembre, quand le soleil passe au-dessus à nouveau de Risco del Sol.

    3. La partie sommitale du mur oriental de l'« autel » a un profil irrégulier. Ceci n'est pas dû au hasard car l'ombre de la partie la plus haute du mur projeté sur le sommet du secteur de mur situé au Sud atteindrait des points marqués de la topographie de ce mur au solstice d'hiver, aux équinoxes et les 1er novembre et 20 février[59].

    Ajoutons deux remarques. Tout d'abord la forme de construction de l'« autel » est semblable à celle du sauna. Tous deux partent d'une grande roche naturelle qui a été creusée afin de lui donner la forme désirée (Fig. 12). Cette façon de procéder est semblable à ce que nous avons observée au *castro* d'Avión, mais à une autre échelle, et nous avons déjà signalé que les saunas d'Ulaca et de Tongobriga recourent à ce même mode de « construction ». Ceci est encore plus remarquable si nous observons que les maisons de tous les lieux que nous avons mentionnés montrent des techniques de maçonnerie diverses mais tout à fait ordinaires.

    Il semble que la construction impliquant le creusement d'un rocher soit particulière à des lieux d'usage rituel où s'établit une relation entre les hommes et les dieux[60]. Et celle d'Ulaca signale l'importance du 1er novembre d'une manière complètement différente des autres cas examinés[61].

---

    59. Pérez 2010 : 180-206 avec d'autres détails. Nous remercions Manuel Pérez Gutiérrez et Juan Pablo López García de nous avoir accompagnés et guidés lors de notre visite au *castro* d'Ulaca.

    60. L'inscription latino-celte de Vercelli (nord de l'Italie) identifie comme *COMUNEM DEIS ET HOMINIBUS* le site délimité par le pilier où elle est rédigée et trois autres stèles (Lambert 1997 : 76-79). Il est clair que les populations protohistoriques de l'Europe de langues celtes ont employé une grande variété de lieux et de bâtiments pour adorer leurs dieux.

    61. De plus, l'importance du 1er novembre et du solstice d'hiver nous conduit à considérer l'« autel » d'Ulaca comme un « sanctuaire d'hiver », de la même façon que la falaise de Peñalba.

Il convient de souligner, dès lors, que dans des zones géographiques très éloignées, avec des vestiges archéologiques totalement différents, nous rencontrons une configuration topologique similaire consistant en un « dialogue » entre des éléments anthropiques divers et l'horizon dominé par un monument naturel. Dans les trois cas, ce monument marque le lever du soleil au 1ᵉʳ novembre à partir d'un point d'observation soigneusement choisi et défini. Il faut noter toutefois une différence spécifique qui montre bien la plasticité avec laquelle ces relations calendériques ont été travaillées. À Avión et Peñalba, les jalons du paysage et les dates pertinentes définissent un secteur sud-est où s'accumulent des restes archéologiques investis d'une probable fonction symbolique. À Ulaca, de tels éléments se retrouvent dans le secteur nord-ouest, à l'inverse donc des deux cas précédents. Dans un échantillon aussi infime et hétérogène, il est impossible de distinguer la règle de l'exception. Mais nous pouvons signaler que l'adaptation à des conditions topographiques concrètes conduit peut-être à concevoir des choix « constructifs » dotés des traits signalés pour marquer, en fin de compte, les mêmes dates de l'année[62].

Nous partons pour ces cas d'un point d'observation marqué par l'action humaine, bien qu'il ne fasse aucun doute que ce point ait été sélectionné par une procédure inverse. Cette procédure consiste à constater préalablement qu'un certain point se situe dans une relation significative liant le paysage, puis, dans un second temps, on travaille à donner au lieu choisi les formes voulues.

Le couple castro-sanctuaire et sa christianisation

Dans d'autres cas, le point d'observation et les points de vue sur l'horizon sont marqués tous deux et cette polarité se maintient après l'introduction du christianisme. Notre premier exemple est situé dans la vallée du Barbantiño, un petit affluent du fleuve Miño à environ 20 km à l'ouest d'Ourense. Il s'agit d'un carrefour de communications entre la vallée du Miño et le nord de la Galice. Ce n'est pas un hasard donc si le plus grand *castro* de la Galice, San Cibrán de Las (10 ha), s'élève sur la crête montagneuse surplombant la rive droite de la rivière (Fig. 14).

---

62. Les sites étudiés et les mesures s'accumulent plus vite que notre capacité pour leur donner une forme publiable satisfaisante. On peut néanmoins rappeler l'orientation au 1er novembre du Bassin monumentale et de la basilique-forum de Bibracte (García Quintela - González García 2016a) ; mais aussi du temple d'Appolon Moritsagus à Alésia et de l'enclos de banquet de l'âge du Fer sur lequel fut construit le temple. Cette orientation aux mêmes dates est encore plus remarquable si nous prenons en compte des horizons très diverses des deux lieux : l'orientation à ces dates était cherchée.

Figure 14.
Archéoastronomie de l'Âge du Fer au val du Barbantiño (Ourense)

En haut : Vue de l'est de la zone des pétroglyphes de A Ferradura sur la rive gauche du Barbantiño, dans la première ligne d'horizon les castros de San Trocado et San Cibrán de Las. En bas à gauche : vue aérienne du castro de San Cibrán. En bas à droite : ensemble des relations archéoastronomiques détectées.

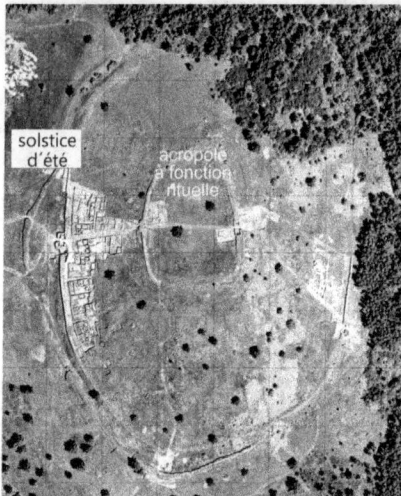

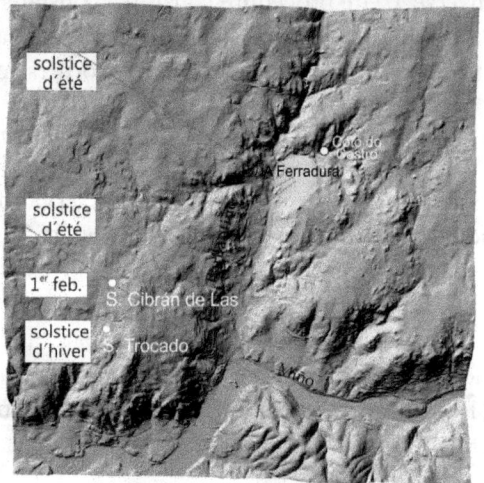

Le centre du *castro* forme une acropole fortifiée sur le versant oriental de la montagne. Le mur de cette enceinte atteignait encore quatre mètres de hauteur dans les années 1920 où il sert alors de carrière pour l'urbanisation des villages voisins. Plusieurs raisons plaident en faveur de la fonction religieuse de cette acropole :

1. Elle est séparée du reste du *castro* par une enceinte dont les deux portes présentent des escaliers d'accès ; l'enceinte est entourée par un chemin qui transforme l'acropole en un gigantesque rond-point.

2. La porte ouest est construite en direction du coucher de soleil au solstice d'été et sans rapport avec le tissu urbain des quartiers d'habitat.

Les quelques constructions identifiées à l'intérieur de l'acropole diffèrent des maisons connues dans les secteurs fouillés du *castro*.

3. Trois inscriptions contenant des dédicaces à des divinités (*Sadu Uladu, Nabia Abione, Ioui*) ont été successivement découvertes sur l'acropole. On a également trouvé un autel consacré à *Bandua Lansbricae*, c'est-à-dire le dieu Bandua de Lansbricae au nom celte et en rapport avec une localité au nom composé dont le second terme -*briga* désigne un *castro*. Il mérite d'être signalé que l'inscription formellement la moins élaborée est celle dédiée à *Ioui* (Jupiter) tandis que la dédicace à *Bandua Lansbricae* est inscrite sur un autel romain ordinaire. Les deux autres monuments sont des stèles rustres, mais l'orthographe et la lecture sont claires[63].

Si nous nous tournons vers la rive gauche du Barbantiño, on découvre sur la crête à la pente très raide surplombant son cours, les Chaos de Amoeiro, un plateau dominant la confluence du Minho et du Barbantiño. L'extrémité sud-ouest des Chaos est une zone délimitée naturellement appelée A Ferradura qui se caractérise par une forte concentration de roches avec des gravures. Des fouilles menées autour de quelques-unes de ces roches ont révélé des traces d'utilisation sur une longue période[64], et trois de ces roches ont des rapports avec les astres.

1. Le rocher appelé O Raposo forme un abri naturel qui accueille une pierre comportant une gravure avec une forme difficile à identifier. Cette gravure s'illumine au crépuscule du solstice d'hiver quand le soleil se trouve sur le sommet de San Trocado et éclaire alors l'intérieur de l'abri par une petite ouverture naturelle (Fig. 15). Sur cette cime, un premier *castro* a préexisté à l'édification du *castro* de San Cibrán vers le début du IIème siècle av. n. è. (il était déjà abandonné à cette date) ; il s'est vu christianisé tardivement à travers le culte de San Trocado. Il y a sur le sommet une chapelle consacrée au saint et une procession s'y célèbre le 15 mai.

2. Sur le versant nord de la petite hauteur d'A Zarra, au niveau de la bordure ouest d'A Ferradura, un autre abri rocheux abrite une gravure qui est illuminée au coucher du soleil du solstice d'été.

---

63. Détails dans De Bernardo - García 2008.
64. Santos - Seoane 2004 ; Seoane et al. 2013.

Figure 15.
Vue de l'abri d'O Raposo (1)

2. Il présente une petite ouverture naturelle par où .3. le soleil entre au solstice d'hiver et éclaire à l'intérieur une gravure, au moment. 4. où l'astre est sur le sommet de San Trocado.

Figure 16.
Pétroglyphe d'A Ferradura

Une fissure naturelle est aménagée, qui pointe vers le castro San Cibrán, par où se couche le soleil à la date du 1ᵉʳ février. (L'image de droite est de Manuel Santos).

1. La roche appelée A Ferradura, comme les autres rocs de la zone, est remarquable par le grand nombre de gravures qu'elle comporte, parmi lesquelles dominent les empreintes de pied humain. Une fissure semi-artificielle traverse la roche pointant vers l'Acropole du *castro* de San Cibrán, sur l'autre rive du Barbantiño. Quand le soleil se couche au 1er février, et qu'il est sur San Cibrán[65] (Fig. 16) il passe, précisément, par cette fissure.

Cependant il n'a pas été possible de fixer une date pour les gravures qui se révèlent par ailleurs très différentes des plus connues de la Galice atlantique. Cette situation a conduit à postuler que ce style et son rapport avec le paysage sont typiques de l'Âge du Fer[66]. Les mines d'or constituent les traces tangibles de la romanisation dans la région[67], mais les signes de la christianisation la plus ancienne s'accrochent sur le paysage de l'Âge du Fer mentionné, d'une manière que nous présentons sous forme de schéma.

1. On vient de constater l'importance 'astronomico-religieuse' du solstice d'hiver et de la date du 1er février durant l'Âge du Fer dans la zone d'A Ferradura.

2. Dans le calendrier chrétien la chandeleur relie la Nativité avec le 2 février puisqu'elle commémore la purification de Marie quarante jours après la naissance de Jésus suivant les prescriptions de la Loi Mosaïque. D'ailleurs les premières nouvelles de sa célébration en Galice se trouvent dans le récit du voyage à la Terre Sainte d'Égérie (2e moitié du IVe siècle) dont le texte est déjà connu dans la région au Haut Moyen Âge indépendamment des controverses sur son possible origine Galicienne[68].

3. La Chandeleur est la fête patronale du petit hameau de Formigueiro situé au pied du *castro* de Coto do Castro, qui marque la limite nord-est d'A Ferradura. Mais on ne sait pas depuis quand.

4. En conclusion, nous pensons que les chrétiens en charge de l'évangélisation de la zone ont « lu » l'ordre du temps dans le paysage marqué par les anciennes structures et rites et leur ont apporté une inflexion chrétienne coïncidant avec la période de 40 jours marquée par le parcours du soleil entre les *castros* à la droite du Barbantiño et les pétroglyphes à la gauche du fleuve (Fig. 17).

---

65. García Quintela - Santos 2008 : 231-295.

66. Santos Estévez 2008 : 123-187.

67. Des restes importants de cette activité se trouvent sur la rive droite du Miño, en aval de la confluence avec le Barbantiño, au bassin minier de Laias.

68. *Itinéraire de la Vierge Egeria* 26 (= Maraval 1997 : 254-257). Sur l'origine galicienne d'Egeria : Maraval 1997 : 38-9 hésite entre la Gaule et la Galice ; López Pereira 2003 : 87-96 penche pour la Galice ; Sivan 1988 est sceptique. Sur la connaissance de son livre dans la Galice du haut Moyen Âge : Diaz y Diaz 1997 : 328-329.

Figure 17.
Les dates doubles de la Chandeleur (Noël et 2 février) sur les *castros* de la rive droite du Barbantiño vus des pétroglyphes d'A Ferradura

La ville de Celanova est située à environ 25 km au sud du Barbantiño. À deux kilomètres de la ville en direction de l'ouest se trouve *Castromao*, l'un des plus grands *castros* de la Galice. Son nom antique, *Coeliobriga*, présente la forme celtique -*briga* déjà connue. Celanova, dans la vallée, s'est développée à partir d'une importante fondation monastique (le nom signifie « nouvelle cellule »), due à l'initiative de San Rosendo au Xe siècle, mais il semble très probable que l'abandon du *castro* et le peuplement progressif de la vallée soient plus anciens, comme en témoignent des documents monastiques.

Figure 18.
Castromao et Celanova vus du Sud

Castromao est le point le plus élevé ; à Celanova, l'attention est attirée par le volume du monastère de San Salvador d'architecture baroque.

Un grand succès attendait la fondation de San Rosendo (Fig. 18). Elle s'impose rapidement comme l'un des grands et des plus riches monastères de Galice au cours de son histoire, avant que sa désaffection religieuse ne s'amorce à l'occasion de la *desamortización* de Mendizábal en 1836. Cette richesse a entraîné des transformations constantes des bâtiments au cours de ses presque mille ans d'existence qui ont culminé avec l'édification d'un immense monastère baroque doté d'une église aux allures de cathédrale.

Malgré cette intense activité urbanistique, deux vestiges du passé ont été préservés au cours du temps. Le premier est le petit oratoire de San Miguel, situé actuellement dans l'ancien jardin du monastère, derrière l'église baroque, dans l'axe de son abside : il est le seul reste en rapport avec la première fondation monastique. Le second est une roche plutôt informe située à l'est des bâtiments cités, qui suit le même axe ; elle présente des traces de travail humain avec la réalisation d'un escalier et d'une cuvette à son sommet. On l'appelle le « pedrón » ('grande pierre' en galicien) et, au cours de l'existence du monastère, elle a servi de base à un calvaire et plusieurs miracles y sont rattachés. Mais ses caractéristiques formelles sont celles d'un autel rupestre de l'Âge du Fer, semblable à d'autres connus en Galice et dans le nord du Portugal[69].

Une preuve de cette affirmation est à retirer, comme dans le Barbantiño, de la manière dont se produit la christianisation du rapport entre le *pedrón* et Castromao. En effet, au solstice d'été le soleil se couche sur l'horizon à l'endroit où se trouve Castromao (Fig. 19). Cette relation est importante pour deux raisons. D'une part, pendant les mille ans d'existence du monastère, aucun bâtiment monastique n'a dépassé la limite immatérielle constituée par cet alignement solaire. En outre, les Saints vénérés à Celanova conforment un Panthéon dont les dates sont assez proches de celles établies par le calendrier celtique.

Les témoignages les plus anciens, remontant au XIIe siècle, indiquent qu'il y avait, avant la fondation de San Rosendo, une église consacrée à Saint Martin. Rosendo y avait rajouté des cultes dédiés au Saint Sauveur, qui donna son nom à l'ensemble du monastère, à Saint Pierre, et à Saint Jean Apôtre ou Zébédée[70]. Plaçons les fêtes de ces saints sur le calendrier. En ce qui concerne Saint Martin, il peut s'agir de Martin de Tours (†397), patron de l'évêché d'Ourense (célébré le 11 novembre) dont le culte se propage amplement en Galice, probablement par les soins de son homonyme Martín de Dumio[71]. D'ailleurs Saint Rosendo est

---

69. Voir Santos 2010a, 2010b, 2015.

70. Ordoño de Celanova, *Vie de San Rosendo* (6) 26 (= Díaz y Díaz *et al.* 1990 : 142-143).B. de la Cueva, *Celanova Ilustrada*, González *et al.*, 2007 : 32-33, publication d'un manuscrit du XVIIe siècle.

71. Diaz y Diaz 1992 : 118 et 120, mentionne 219 lieux de culte et 40 noms de lieux

originaire de Dumio, près de Braga, où Martín de Dumio fut abbé au VIIe siècle (dont la fête est le 20 mars)[72].

Figure 19.
Coucher de soleil au solstice d'été vu du « pedrón » de Celanova
Au premier plan, au centre, l'oratoire de San Miguel. Le cercle jaune indique la fin de la course du soleil quand il se couche sur Castromao. Il n'est pas visible actuellement à cause de constructions modernes (calculs faits par César González García). Dans l'encadré, le soleil levant de l'équinoxe éclaire l'intérieur de l'oratoire de San Miguel (photographie Antonio Piñeiro).

dédiés à ce saint, en particulier dans la Galice méridionale. Ce nombre contraste avec les 270 lieux dédiés à saint Pierre, les 200 à saint Jean Baptiste, les 95 à Étienne, les 750 à sainte Marie et les 262 à saint Jacques (à la suite de la découverte de sa tombe à Compostelle).

72. Les doutes sur les deux saints persistent depuis longtemps. Díaz y Díaz (2000) met l'accent sur les similitudes réelles ou recherchées entre leurs biographies : le Dumiense est dévot de celui de Tours et tous deux sont anti-priscillianistes. Les traditions locales de Celanova ou Santa Comba de Bande insistent sur le fait que le Martin local est le Dumiense. Il faut noter que des changements dans des dédicaces ne sont pas rares, circonstance permettant le saut d'un « Martin » à l'autre selon des circonstances qui n'ont pas laissé de traces écrites.

La Transfiguration ou Saint Sauveur sont les noms employés pour désigner l'épisode évangélique dans lequel Jésus montra son essence divine à Pierre, Jacques et à son frère Jean Zébédée[73]. La tradition chrétienne commémore l'épisode au 6 août, mais oblige aussi à considérer les dates des saints témoins : Jacques le 25 juillet, Jean évangéliste le 27 décembre et Pierre le 29 juin. Les chapelles honorant ces Saints à Celanova s'expliquent en ce sens. Postérieurement à la fondation, Rosendo a ordonné que les reliques de San Torquat, jusque-là préservées à Santa Comba de Bande, soient transférées à Celanova. Des témoignages du haut Moyen Âge situent la fête de saint Torquat au 1er mai (elle est célébrée de nos jours le 15 mai)[74]. Il existe encore quelques dates importantes dans le calendrier religieux local : la fête de saint Michel, pour l'oratoire, le 29 septembre, la consécration de l'église du monastère le 24 septembre, et la fête en l'honneur de Rosendo lui-même qui a lieu le 1er mars. Et nous pouvons inclure la fête de San Cibrao (Cyprien) le 14 septembre, évêque et martyr dont le nom a été donné à la montagne sur laquelle se lève le soleil vu depuis l'oratoire à l'équinoxe.

Cette série permet de souligner la présence des dates symétriques et solsticiales de Pierre et Jean, à six mois précis d'intervalle ; on constate aussi la présence d'une série de dates placées aux environs des équinoxes : 20 mars et 14, 24 et 29 septembre. À celles-ci s'ajoutent les 1er mai, 6 août et 11 novembre, tous trois avoisinant les dates des fêtes de tradition celtique. Ces dates laissent à penser que la relation entre le *pedrón*, Castromao et le mont de San Cibrao, n'est pas le fruit du hasard : les dates solsticiales et équinoxiales ont été utilisées par les Chrétiens pour orienter leurs bâtiments et pour déterminer le panthéon des saints locaux[75].

En bref, la relation *castro* / « sanctuaire » détectée entre San Cibrán et A Ferradura et entre Castromao et Celanova montre une expression originale d'un schéma connu dans le bassin méditerranéen. C'est le couple ville / sanctuaire extra-urbain systématisé par F. de Polignac pour la Grèce archaïque, mais dont il existe de nombreux exemples ailleurs[76].

Cerfs, solstices et lunistices

Campo Lameiro (Pontevedra) est une commune connue comme la « cathédrale de l'art rupestre » de la Galice. Elle occupe le cours moyen du fleuve Lérez formant une vallée fermée. Son centre est occupé par une petite colline, Paredes, qui présente une concentration singulière de gravures. Un pétroglyphe

73. Matthieu 17, 1-8 ; Marc 9, 2-8 ; Luc 9, 28-36.
74. Flórez 1754 : 386-388.
75. Autres détails dans García Quintela *et al.* 2014b.
76. De Polignac 1995.

central caractérisé par sa taille et sa complexité domine l'ensemble, on lui a attribué le nom de Laxe dos Carballos. Il s'agit d'un grand panneau rocheux orienté sud-est (Fig. 20) ; il a été gravé et modifié au fil du temps comme le montrent le chevauchement des motifs, des traces de regravures et des motifs « effacés »[77].

Figure 20.
Vue du pétroglyphe de Laxe dos Carballos (Campo Lameiro, Pontevedra)
Le nombre excessif d'andouillers dans la ramure du cerf pourrait indiquer un comput calendérique.

Un grand cerf règne au centre du panneau. Ce motif a été daté du IXᵉ siècle av. n. è. par une analyse au ^{14}C de la stratigraphie des dépôts de terre accumulés à la base de la roche. La représentation du grand cerf est remarquable à plus d'un titre. En particulier, et c'est ce qui nous préoccupe ici, pour le nombre excessif et contre-nature d'andouillers dont sont pourvus ses bois, qui pourrait correspondre à un compte calendérique[78]. L'observation de l'horizon vu du pétroglyphe donne du poids à cette proposition.

---

77. Des années de travail multidisciplinaire ont été systématisées dans Criado *et al.* 2013.
78. González-García *et al.* 2016; Belmonte *et al.* 2013.

Figure 21.
Modèle numérique du terrain montrant la position de Laxe dos Carballos par rapport aux inscriptions « *DIVI* » (D et triangles rouges)
Le « DIVI » *nord indique le lever du soleil au solstice d'hiver, le* « DIVI » *sud le lever de la lune au lunistice majeur sud.*

En effet, au nord et au sud d'une hauteur dominant l'horizon oriental se produisent les levers du soleil au solstice d'hiver et de la lune au lunistice majeur sud (Fig. 21). Ceci n'est pas le fruit du hasard, comme le démontrent des inscriptions latines gravées sur des roches aux points où ces événements astraux se produisent. Ces inscriptions sont très frustres, loin de toute route ou lieu d'habitation (celle du nord est d'accès particulièrement difficile) ; seule est possible une lecture zénithale des textes et toutes deux avec le même texte *DIVI* (Fig. 22). Le *DIVI* nord présente le D à l'envers, comme si le graveur était un apprenti épigraphiste ou quelqu'un copiant des mots comme des dessins[79]. Ces inscriptions latines placées à des endroits précis du paysage en relation avec le cerf de Laxe dos Carballos indiquent qu'au début de la période romaine les alignements astraux détectés à partir de cet endroit conservaient toujours un sens.

Figure 22.
Inscriptions « *DIVI* »,
sur le versant sud de
As Canles (Campo
Lameiro)
En haut, le « DIVI »
nord ; Manuel Santos
photographie l'inscription ;
au fond la vallée du Lérez.
En bas, le « DIVI » sud.

La christianisation reproduit par la suite un schéma déjà observé ailleurs. Le versant sud de As Canles, au-dessus du Lérez, présente de nombreux panneaux lithiques gravés. Sa limite occidentale est signalée par les énigmatiques « *DIVI* » et le fond de la vallée se christianise avec l'installation d'une chapelle consacrée aux

79. García Quintela – Santos 2008 : 164-176 ; González-García *et al* 2016.

saints Juste et Pasteur, frères martyrs de Complutum (Alcalá de Henares) dont la fête est célébrée le 6 août, tandis que le hameau de Praderey, au pied de la colline de Paredes où se trouve Laxe dos Carballos, a pris Saint Blaise (3 février) comme patron. Nous pouvons donc observer une structure double insérée dans le paysage qui s'est maintenue, en tant que telle, au cours du temps.

D'une part, le pétroglyphe de Laxe dos Carballos subsiste à travers diverses réélaborations dont l'avant-dernière est le rapport de ces lieux avec une fête chrétienne du milieu de l'hiver[80]. D'autre part, dans la zone de As Canles, des inscriptions latines monumentalisent les deux points qui, vus depuis Laxe dos Carballos, marquaient les positions extrêmes du soleil et de la lune sur l'horizon et qui adoptent, sous le christianisme, la forme d'un couple de saints dont la fête est célébrée au milieu de l'été[81].

Des cerfs aux bois excessifs, semblables à ceux de Laxe dos Carballos, sont observables à Rotea de Mendo, à Campo Lameiro et à Tourón, 20 km au sud. Ces panneaux rocheux gravés sont aussi de très grandes dimensions et présentent une grande complexité dans les thèmes abordés. Ils sont orientés sud-est et, sur l'horizon, le lunistice et le solstice d'hiver sont en rapport avec des points de repère qui ne sont cependant pas marqués aussi expressivement que le « *DIVI* ».

Dans cette série, nous avons relevé l'existence de dates compatibles avec les fêtes celtiques de début de saison seulement à Campo Lameiro et de manière indirecte, à travers le culte de saints. Toutefois, l'importance dans la culture celte de la combinaison luni-solaire sous la formule de solstice et lunistice est confirmée en Celtibérie. À Segeda, une plateforme soigneusement aménagée voit ses axes fondamentaux mis en rapport avec le lunistice, le solstice d'été et les équinoxes[82].

La plateforme rituelle de Segeda est un monument qui n'a rien à voir avec les gravures de Laxe dos Carballos. Mais on a cherché pour l'un et pour l'autre le lieu depuis lequel l'observation d'épisodes astronomiques identiques (solstice et lunistice) était significative. Cette situation coïncide dans sa structure avec celles observées pour les *castros* d'Avion, d'Ulaca et la falaise de Peñalba de Villastar : ils sont formellement hétérogènes mais on trouve établi, pour chacun, des rapports singuliers entre des actions anthropiques, l'horizon et les paysages célestes.

Les paysages duels dont nous avons présenté les lignes essentielles sont très hétéroclites. Ils sont divers quant aux objets archéologiques, divers quant à la

---

80. Et la dernière, à ce jour, est son inclusion dans un parc archéologique.
81. Belmonte *et al.* 2013.
82. Pérez *et al.* 2010.

présence ou à l'absence d'horizons marqués par des actions humaines, divers quant aux dates ou aux astres significatifs auxquels ils sont associés, divers quant aux formes de christianisation qui, dans certains cas, semble lire la situation préexistante pour l'adapter à des paramètres chrétiens de temps et d'espace. Mais pour tous ces cas, les orientations astrales nous ont servi à détecter des relations entre des lieux qu'il serait impossible d'établir autrement. Comment mettre en rapport, par exemple, le cerf de Laxe dos Carballos, daté du début de l'Âge du Fer, avec les inscriptions latines « *DIVI* » ? La seule explication valide est de considérer les « *DIVI* » comme autant de *tropoi* astraux vus depuis Laxe dos Carballos et ceci laisse entrevoir, en sus, une utilisation prolongée dans le temps de cette relation, sur environ 900 années si nous calculons depuis les dates les plus anciennes du panneau de Laxe dos Carballos jusqu'au début de la période romaine. À Celanova, l'on peut comptabiliser les 800 années de réfections du monastère qui s'ajoutent au temps protohistorique durant lequel a fonctionné la relation entre le *pedrón* et Coeliobriga.

Deux paroisses dualistes

Gardons-nous toutefois de réduire les paysages doubles à ceux identifiés au moyen d'alignements astronomiques. En effet, nous connaissons des paysages duels où cette relation n'existe pas, ou bien joue un rôle mineur, et où la dualité s'organise autour d'autres éléments. Nous étudierons deux petites paroisses de la Galice intérieure. San Pedro de Cereixa (commune de Pobra de Brollón, au sud de la province de Lugo) et Santa Mariña de Augas Santas (commune d'Allariz, au cœur de la province d'Ourense). Dans les deux cas, nous disposons d'informations ethnographiques et ethnohistoriques de qualité sur les cadres de référence spatiaux de leurs populations paysannes et sur les liens qu'elles ont tissés avec des vestiges archéologiques de l'Âge du Fer.

L'information sur Cereixa est reprise d'un article de X. Ayán, ethnoarchéologue aux forts liens avec la paroisse[83]. Le territoire de Cereixa suit le cours de la rivière Saa flanquée par des terres agricoles (350 m au-dessus du niveau de la mer). La paroisse est limitée à l'ouest par de petites hauteurs culminant entre 450 et 530 m d'altitude et au nord du Saa par les petites collines de Mompedroso, A Coroa/O Castro, A Lucenza, O Carpancedo et San Lourenzo marquent la limite entre la vallée et le plateau de Cha de Castrosante (420-440 m).

Les *castros* articulent le territoire, les villages postérieurs se trouvant sur leurs pentes (quatre cas) ou en contrebas (quatre autres). Les chapelles consacrées à

---

83. Ayán 2005.

des martyrs[84] se situent elles-aussi sur les sommets des *castros* (quatre) ou en contrebas (quatre). Des églises et des villages se partagent les sommets en trois occasions et occupent les pieds des *castros* en trois autres (Fig. 23). Les deux *castros* qui dominent le nord de la vallée du Saa diffèrent de ce modèle : le village de Guntiñas au pied d'O Castro n'a pas de vocation religieuse et au sommet du *castro* d'Alende a été édifiée la chapelle dédiée à San Lorenzo (Saint Laurent), mais il n'y a pas d'habitat. Cette réalité structure le paysage à partir du moment où la population s'installe dans la vallée : ce modèle d'occupation ne subira pas d'altération au cours des époques médiévale et moderne.

Figure 23.
Territoire archéologique et territoire symbolique de San Pedro de Cereixa (Pobra de Brollón, Lugo)

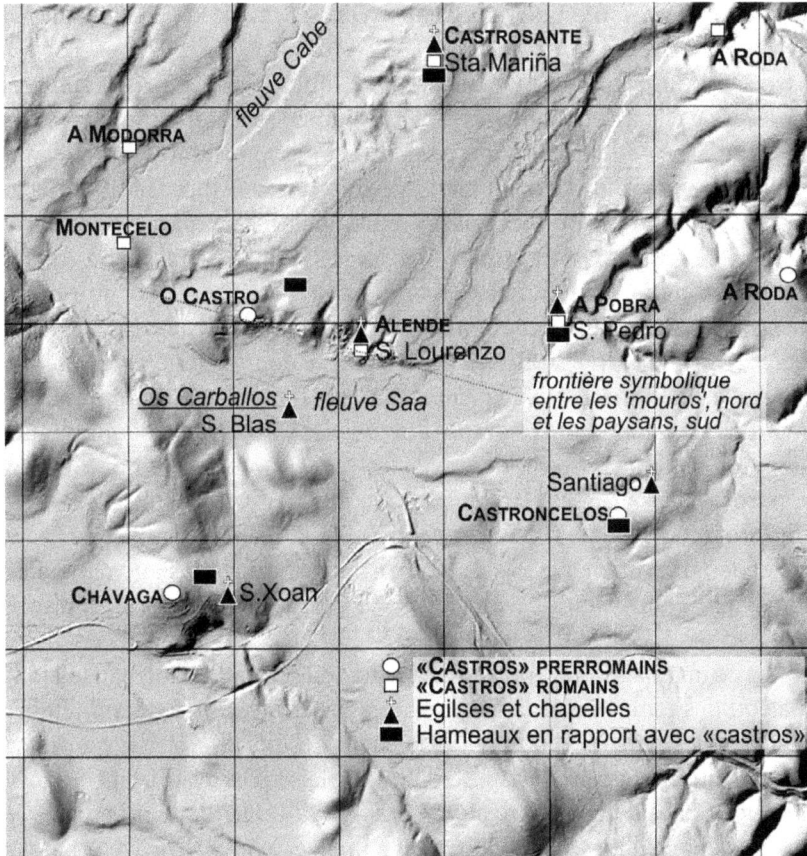

CASTROSANTE
Sta.Mariña
A RODA
A MODORRA
fleuve Cabe
MONTECELO
O CASTRO
A POBRA
A RODA
ALENDE
S. Pedro
S. Lourenzo
Os Carballos
fleuve Saa
frontière symbolique
entre les 'mouros', nord
S. Blas
et les paysans, sud
Santiago
CASTRONCELOS
CHÁVAGA
S.Xoan

○ «CASTROS» PRERROMAINS
□ «CASTROS» ROMAINS
▲ Egilses et chapelles
■ Hameaux en rapport avec «castros»

84. Ces dédicaces sont un symptôme, faute de mieux, de l'ancienneté de la christianisation.

L'univers spirituel de la paroisse est articulé autour de deux lieux. Le premier est le village le plus important, celui d'A Ponte. Il est situé à l'endroit d'un passage sur la rivière Saa et compte deux centres symboliques. Le premier est lui-même organisé autour de deux axes symboliques qui sont l'église paroissiale consacrée à San Pedro et l'aire d'Os *Carballos*. L'église a été édifiée en 1802 sur un édifice religieux antérieur, probablement roman. *Os Carballos* était une chênaie (*carballo* désigne le chêne en galicien) centenaire adjacente à l'église et utilisée pour des réunions et des festivités ; elle fut abattue au cours des années 1980. La fête la plus connue, *A Noite dos Cepos*, se tenait la nuit de la veille de Saint Blaise (3 février) et consistait à l'allumage de feux avec des troncs de chênes (*cepos*). Le deuxième centre symbolique est formé par les deux *castros* placés sur les hauteurs au nord de la vallée, O Castro et Alende ou San Lourenzo, tous les deux habités par des *mouros*, les personnages mythiques du folklore galicien. L'on dit que des couleuvres aux propriétés médicinales vivent sur leurs versants méridionaux pierreux.

Ces deux points font l'objet depuis très longtemps de prises de position différenciées de la part des autorités ecclésiastiques (avec des témoignages depuis l'époque Moderne) et des paysans, mais sans une opposition frontale entre les deux secteurs, chose difficilement envisageable dans la Galice traditionnelle.

X. Ayán a éclairé certaines visites épiscopales à la paroisse à partir de témoignages relatifs aux rites tenus à l'occasion de la Saint Blaise où l'on a évité soigneusement de mentionner *A Noite dos Cepos*. Il est rapporté qu'à l'occasion de ces visites, les évêques faisaient des exhortations aux prêtres locaux pour éradiquer les pratiques hétérodoxes. Il est légitime d'envisager que ces indications aient eu notamment pour cible la *Noite dos Cepos*, mais ces admonitions évitent diplomatiquement toute confrontation directe avec ces pratiques communautaires. Une situation semblable se produit avec les saints « officiels », dont le siège est l'église paroissiale, délaissés par les paysans qui préfèrent Saint Blaise et Saint Laurent, protagonistes de l'espace et du temps locaux. Ces deux saints sont des martyrs et appartiennent à la vague de christianisation la plus ancienne. Le culte de Saint Blaise était jusqu'au début du xxe siècle le plus important, d'après les dires d'un voisin âgée de 90 ans :

« La Saint-Blaise était notre fête, celle de toujours. Saint Blaise était déjà le patron des temps anciens. La fête a cessé d'être célébrée quand j'étais petit. C'était une festivité très connue où venaient des fidèles d'autres paroisses. On allait ensuite à Mosteiro, à la fête de saint Blaise. On avait pour coutume de brûler les *Cepos* de chêne sec à *Os Carballos* la veille. Pour prendre les *cepos* les hommes allaient avec des charrettes à Pinel et à Brence, et à leur passage on remplissait les charrettes de navets et d'autres choses. On faisait une casserole de riz et c'était déjà la fête. C'était une bonne fête parce qu'on mangeait du porc qu'on venait d'abattre, alors qu'à la festivité du Rosario (Chapelet), on achetait tout dehors[85]. »

Pour sa part Saint Laurent, même s'il dispose d'une statue dans l'église paroissiale, fait l'objet d'un culte particulier célébré dans le *castro* d'Alende. Voici le témoignage du grand-père d'Ayán :

« [La statue de] Saint Laurent a été apportée par les prêtres de là, du *castro*, à l'église. Mais le saint retournait au *castro*, il voulait rester là-bas. On a donc fait une autre chapelle sur le *castro*. Ma grand-mère me racontait que des prières s'y faisaient quand il y avait la sécheresse. Lors d'une année sans pluie, on a fait une procession depuis le *castro* jusqu'à la rivière, et quand le saint a été mouillé, la pluie a commencé et a sauvé les récoltes. Je ne me souviens pas de la chapelle, on voit toujours les murs. Ses pierres ont été rapportées pour construire les maisons d'Alende[86]. »

Il faut rappeler que saint Laurent, le saint grillé, est réinterprété par la tradition populaire galicienne comme un saint hydrophore[87] avec un joli jeu d'oppositions. Ayán finit son analyse en résumant la structure mythique de la paroisse : nous la présentons dans le tableau ci-dessous avec des variantes mineures[88].

Structure mythique de la paroisse de Saint Pierre de Cereixa					
Dédicace	*culte*	*date*	*lieu*	*position*	*élément*
Saint Blaise	martyr	3 fév.	Carballos	centrale	feu
Saint Pierre	apôtre	29 juin	Église	centrale	
Saint Laurent	martyr	10 août	*Castro*	périphérique	eau
Vierge du Chapelet	Trento	7 oct.	Église	centrale	

Passons au deuxième cas. La paroisse de Santa Mariña de Augas Santas occupe le sommet et les pentes de la montagne d'Os Canteiros. Cette montagne conforme l'extrémité occidentale d'une chaîne appelée Lombas de Santa Mariña avec des hauteurs qui n'atteignent pas les 700 m sur le niveau de la mer. Le territoire de la paroisse se prolonge au nord vers la vallée d'A Rabeda (400 m) et il inclut au sud l'intégralité du mont d'Os Canteiros (Fig. 24).

---

85. Ayán 2005 : 157.
86. Ayán 2005 : 161.
87. Bouza 1982 : 128-33, 236-9.
88. Ayán 2005 : 162.

Figure 24.
Vue du sud du mont d'Os Canteiros, territoire de la paroisse de Santa Mariña de Augas Santas

Notre analyse prend en compte les vestiges archéologiques importants et la dévotion à la martyre locale qui donne son nom à la paroisse et dont les dépouilles sont enterrées dans l'église paroissiale. Le culte a pesé sur l'architecture du village avec un remarquable édifice roman. Il faut surtout apprécier comment les épisodes de l'hagiographie de Santa Mariña ont connu une fixation sur le territoire, en prenant appui sur les ruines de l'Âge du Fer et de la période romaine, semblant ainsi proposer une sorte d'inventaire archéologique local *sui generis*[89].

---

89. Nous étudions Santa Mariña depuis quelques années dans une perspective interdisciplinaire imposée par la complexité du sujet. Nous sommes obligé de mentionner les personnes, disciplines et institutions engagés dans ce travail : Dr. Rebeca Blanco-Rotea, archéologie de l'architecture (Université de Saint Jacques de Compostelle, USC); Dr. Cruz Ferro Vázquez, formation de sols agricoles historiques (USC); Dr. A. César González-García, astrophysicien et archéoastronome (Institut de Sciences du Patrimoine, Incipit-CSIC); Ana Lois, journaliste et ethnologue (chercheur indépendant); Dr. Jorge Sanjurjo Sánchez, datation de mortiers par OSL (Université de La Corogne); Yolanda Seoane-Veiga, spécialiste en pétroglyphes (Incipit-CSIC). Dans le même temps, une équipe de l'Université de Vigo dirigée par le Dr. Adolfo Fernández Fernández a fouillé le mont d'O Señoriño et la mairie d'Allariz a pris en charge la fouille du castro d'Armea dirigée par Celso H. Barbe Seara et David Pérez López. Ces deux équipes nous ont ouvert leurs chantiers à l'occasion de plusieurs visites. Le travail de référence sur la paroisse est longtemps resté celui de Fariña 2002 ; on doit désormais compléter avec : Blanco et al.

La légende de Santa Mariña adhère à proprement parler au territoire : elle lui distille une couche narrative qui lui donne son sens. Cette union entre des lieux et des épisodes « mariniens » transforme les lieux en autant de *loci memoriae*[90] qui fournissent une grande stabilité à la légende. Le meilleur témoignage écrit est l'œuvre de Juan Muñoz de la Cueva (1660-1728), évêque d'Ourense de 1717 jusqu'à son décès. Il a publié en 1719 et 1726 deux livres contenant le même texte. Le premier est consacré à Santa Mariña et le second, qui traite de la cathédrale d'Ourense, inclut le texte du précédent[91]. D'autres récits témoignent de la stabilité de cette tradition orale depuis le XVIᵉ siècle[92]. De nos jours les habitants la perpétuent encore : ils racontent des miracles advenus à leurs proches et le curé organise la représentation de quelques épisodes de l'histoire de Santa Mariña aux endroits où ils se sont produits pendant les festivités de l'Ascension et de Santa Mariña (18 juillet).

Depuis la formation de la légende, contemporaine de la christianisation de la zone entre la seconde moitié du Vᵉ siècle et le milieu du VIᵉ siècle[93], il semble s'être établi une dialectique constante entre les vestiges de l'Âge du Fer et d'autres points remarquables du paysage (roches, sources, arbres) et des épisodes de la vie et du martyre de Santa Mariña. Il est utile de proposer un panorama de la relation entre le territoire, l'hagiographie de Mariña et d'autres cultes. Trois endroits de la pente d'Os Canteiros revêtent une importance particulière :

1. Le sommet de la montagne est le point le plus haut des Lombas de Santa Mariña (669 m). C'est une ancienne zone de culture de céréales aujourd'hui abandonnée. Nous trouvons là le pétroglyphe d'A Vacariza entouré par un mur circulaire à l'extrémité méridionale d'une grande roche plate. Le reste de la roche, sans gravures, servait autrefois d'aire de battage. La tradition interprète les gravures comme le vestige physique d'un miracle de la Sainte : un Chrétien esclave des Maures obtient la liberté grâce à Mariña, deux marques oblongues constitueraient les traces de ses pieds, des marques

---

2015 ; García Quintela - Seoane 2011 ; Seoane et al. 2013 ; García Quintela - Seoane 2013 ; García Quintela et al. 2014b ; García Quintela 2014a, 2014b ; Fernández et al. 2014.

90. Yates 1999.

91. Muñoz 1719, 1726. Muñoz a passé les étés de 1718 et 1719 à Augas Santas où il s'est documenté pour son œuvre.

92. Molina 1551 : p./f.o 23/VIII; Morales 1574 : 384-385; Benito de la Cueva († 1649), de la Cueva 1991 : 283-287.

93. Ces dates sont celles du décès de l'évêque et chroniqueur de la Gallaecia suève Hydace de Chaves (469), et de la première restructuration chrétienne du Forno da Santa (540 ± 45 d'après datation par OSL), lieu du martyre de Santa Mariña. Une étude sur la question est en cours.

semi-circulaires les fers du cheval sur lequel il s'enfuit et un chapelet de petites cuvettes la chaîne qui le retenait captif. Les huit croix gravées sont postérieures à la description très soignée de Muñoz de la Cueva qui ne les mentionne pas. Ces gravures sont entourées de trois zones présentant des traces d'érosion dues à des feux intenses et intentionnels : cette affirmation s'appuie sur le fait que les gravures ne sont pas touchées, sur le manque d'humus qui empêche les arbres de pousser près du site et oblige donc d'apporter le combustible, et sur la connaissance de l'effet de feux intenses sur le granit[94].

2. Sur la pente, à un kilomètre en direction de l'ouest, est installé le village d'Augas Santas avec son église et les trois sources qui auraient jailli des rebonds de la tête de la sainte décapitée. La source qui est le plus à l'est a perdu sa signification religieuse. Celle qui est au centre, avec une eau de grande qualité, se trouve à l'ombre de deux grands *carballos*. Elle est au cœur du village entre la cour de l'église et la place bordée de maisons. La troisième est miraculeuse : il s'agit d'un puits parfaitement construit qui se trouve dans une chapelle consacrée à Saint Thomas.

3. À l'extrémité occidentale du mont d'Os Canteiros, le terrain s'élève légèrement avant de descendre en pente raide vers l'ouest et le nord. L'endroit est occupé par le *castro* d'Armea. Trois structures y ont été signalées : (1) dans le talweg avant de monter vers le *castro*, se place la Basilique de l'Ascension ou *Forno da Santa*. C'est un sauna souterrain de l'Âge du Fer transformé au Moyen Âge en crypte pour commémorer le martyre par le feu infligé à Santa Mariña. Au niveau du sol, on a entamé la construction de la Basilique inachevée dont la nef est centrée sur l'axe de la sortie de la cheminée du *Forno*. (2) Les *Pioucas de Santa Mariña* sont deux cuvettes rectangulaires entourées par un mur et sous l'ombre d'un grand *carballo*. Quand Saint Pierre sauva Santa Mariña du martyre au *Forno*, il l'aurait rafraîchi dans les eaux des Pioucas. Elles sont creusées au pied de l'endroit qui suit. (3) *Outeiro dos Pendóns* est le nom de l'acropole du *castro*. C'était probablement un lieu dédié à une activité rituelle dès l'Âge du Fer et qui remplit un semblable usage en lien avec la tradition locale. La procession dite *Os Pendóns* consiste à porter des étendards de l'église paroissiale en ce lieu au moment de l'Ascension et de la fête de Santa Mariña (Fig. 25).

---

94. Seoane Veiga 2011.

Figure 25.
Archéologie et christianisme à Santa Mariña de Augas Santas.

Après cette présentation synthétique des deux espaces paroissiaux, soulignons les éléments qui en font des « paysages duels ».

Commençons par San Pedro de Cereixa. On peut faire la distinction entre une structure fondamentale d'organisation du temps et de l'espace et ses prolongations. Ceci devient évident lorsqu'on constate que les cultes de Saint Blaise et Saint Laurent proposent une série de dichotomies (tableau ci-dessous).

Saint Blaise et Saint Laurent à Cereixa		
saints	*Blaise*	*Laurent*
espace	centre et bas	périphérie et haut
temps	3 février : moitié hiver	10 août : moitié été
éléments	feu et chêne	eau et roche
déplacement	montant (feu, arbre)	descendant (bain en rivière, pierre utilisée dans la vallée)
habitants	paysans	*mouros*

1. Sur le plan spatial opère, outre la dichotomie centre/périphérie, la dichotomie bas/haut, le culte de Saint Blaise se situant à Os Carballos dans la vallée et le culte de Saint Laurent au sommet du *castro* homonyme.
2. Sur le plan temporel, les saints divisent l'année en deux moitiés précises et les rites associés au feu en hiver et à l'eau en été évoquent la saison opposée.
3. La relation de Saint Blaise avec le bois et les chênes est explicite. Celle de Saint Laurent avec la roche se fait jour dans les structures pierreuses du *castro* et dans son association aux couleuvres peuplant les roches de ses versants.
4. En corrélation avec l'opposition des éléments et des saisons, on observe encore que chaque position évoque son opposée dans deux couples solidaires, car le feu monte sous forme de flammes ou fumée, tandis que l'eau descend sous forme de rivières ou de pluie (tableau ci-dessous).

Structure duelle du paysage de Cereixa
feu : hiver :: eau : été
bas (vallée) : montant :: haut (sommet) : descendant

Cette analyse des antagonismes peut être prolongée par l'étude de la relation vache-couleuvre récurrente dans le folklore galicien[95]. Ayán a recueilli des notices selon lesquelles « on dit qu'au *Castro* ont été vues des couleuvres suçant les mamelles d'une vache »[96]. On constate donc que dans cet espace liminal se réalise une union entre la vache, l'animal le plus proche au paysan, et la couleuvre, l'animal le plus éloigné de ce dernier. Une situation similaire se produit avec la présence de San Lourenzo dans le *castro* habité par des *mouros*[97]. En effet, Saint Laurent, au même titre que la vache, agit comme la sentinelle de la culture de la vallée sur les tours de guet / *castros* qui occupent la frontière des espaces peuplés par des animaux sauvages ou des êtres de l'autre monde. Il est significatif que le rite estival qui consiste à descendre la statue de San Lourenzo à la rivière pour provoquer la pluie inverse spatialement l'union des contraires exprimée par l'image de la vache qui monte au *castro* pour allaiter une couleuvre. Ces deux épisodes mettent en jeu les liquides, le lait et l'eau, nécessaires à la vie. Les autres cultes paroissiaux s'accumulent sur cette structure de base sans l'altérer jusqu'à sa disparition progressive au cours du XXᵉ siècle.

La dualité d'Augas Santas semble moins évidente du fait de la tripartition des zones significatives à prendre en compte : le sommet avec son pétroglyphe, le village avec ses sources à mi-pente et l'environnement du *castro* en contrebas. Il semble

---

95. Criado 1986.
96. Ayán 2005 : 149.
97. Ayan 2005 : 149-150.

légitime, toutefois, de grouper les sources et le pétroglyphe en haut et le *castro* en bas. Cette bipartition est justifiable par les orientations solaires des monuments situés autour du *castro*. En premier lieu, l'*Outeiro dos Pendóns* est couronné par une grande roche naturelle divisée en trois grands blocs orientés vers le lever du soleil au solstice d'hiver, qui a lieu juste au-dessus du sommet d'Os Canteiros où se trouve le pétroglyphe de Vacariza. L'intérêt de cette observation se confirme par sa récupération chrétienne à travers le culte de Saint Thomas (21 décembre) auquel est consacrée la chapelle qui abrite la source miraculeuse. En second lieu, le *Forno da Santa* maintient, malgré ses restructurations, une orientation en rapport avec les premiers jours de février, et il existe un culte local secondaire de Saint Blaise (3 février). De cette manière la gravure de A Vacariza et les sources saintes constituent la moitié supérieure de la structure double et le *castro*, avec le *Forno* et les *Pioucas* la moitié inférieure. D'autres éléments renforcent cette appréciation.

Figure 26.

1. Orientations solaires et paysage duel à Santa Mariña de Augas Santas. 2. Lever du soleil au solstice d'hiver depuis l'Outeiro dos Pendóns. 3. Coucher du soleil le 18 juillet dans l'axe de la nef inachevée de la Basilique (la végétation empêche une vision plus claire). 4 et 5. Déplacement de la lumière sur le portail de la partie la plus ancienne du Forno da Santa *le 2 février 2011. Nous sommes arrivés trop tard pour prendre les photographies, quelques instants auparavant le soleil en pointant à l'horizon entrait jusqu'au fonds de la crypte. Depuis lors, nous avons essayé de reprendre des photographies mais sans succès en raison du mauvais temps.*

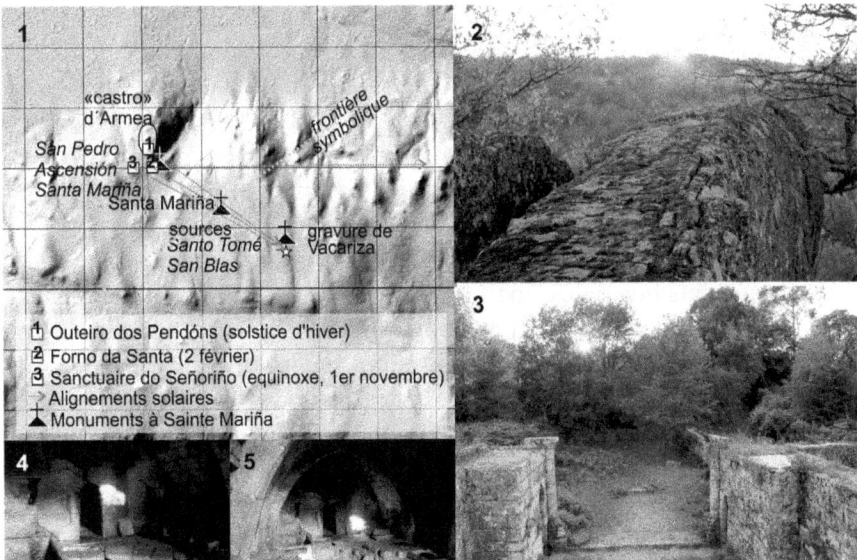

En haut domine l'eau des sources, bien que le feu et la « chaleur » soient présents à Vacariza. En contrebas domine le feu du *Forno*, bien que l'eau soit présente aux *Pioucas*. En haut dominent les dates hivernales de Saint-Thomas et de Saint-Blaise tandis qu'en contrebas président les dates du printemps (Ascension) et de l'été (Saint-Pierre, 29 juin). Nous ne prenons pas en compte Santa Mariña (18 juillet) du fait de son omniprésence. Toutefois la Basilique de l'Ascension présente une orientation solaire double : la crypte en direction du lever solaire au début février et la nef extérieure en direction du couchant le 18 juillet (fête de la Sainte), mais comme elle est demeurée inachevée, il est impossible de savoir comment cette situation pourrait se refléter dans l'édifice terminé (Fig. 26). Dans le tableau ci-dessous, nous proposons une formalisation de ce paysage.

Structure double du paysage d'Augas Santas.

(BAS/ÉTÉ)   (HAUT/HIVER)

eau (marginale) : feu (axial) :: feu (marginal) : eau (axiale)

Ces tableaux sur Cereixa et sur Augas Santas mettent bien en évidence l'emploi dans ces deux exemples de variantes d'une même structure qui organise ces paysages chrétiens élaborés à partir de vestiges archéologiques de l'Âge du Fer. Ces structures semblent partager en outre quelques caractéristiques du calendrier celtique, notamment la relation dialectique entre les deux hémisphères qui le constituent.

En effet, à Cereixa, les feux de la *Noite des Cepos* au milieu de l'hiver évoquent la partie chaude de l'année tandis que Saint Laurent, en pleine canicule, se révèle hydrophore. Corrélativement, le feu allumé dans la vallée monte, et Saint Laurent sur la colline cherche en contrebas l'eau qui descend à son tour sous forme de pluie. Nous avons aussi noté la conjonction de contraires qui se produisait entre la couleuvre et la vache sur le site d'O Castro et entre les *mouros* et San Lourenzo sur le *castro* homonyme.

À Augas Santas, la partie haute du paysage local est dominée par l'eau des sources et les saints hivernaux, mais le pétroglyphe du sommet était flanqué par des feux et la roche adjacente était dévolue à des pratiques agricoles estivales (séchage le blé et accélération de sa maturation). À l'inverse, dans la partie basse, dominent le feu du *Forno da Santa* et les cultes des saints du printemps et de l'été, mais l'eau est présente dans les *Pioucas*. En outre, le *Forno* reproduit l'unité des contraires sur une échelle réduite puisque, comme sauna, il produit la synthèse de l'eau et du feu, et comme lieu du martyre de la sainte, il offre une synthèse semblable entre *Mariña* (Marine) et le feu. Le récit hagiographique tel qu'on le lit chez Muñoz de la Cueva reproduit littéralement la fonction originelle du bâtiment :

> « Dans ce plus profond pavement, inondé d'eau la plus grande partie de l'année, on voit avec la faible lumière des lucarnes, deux fours noircis de fumée qui se trouvent à l'endroit où Sainte Marine a souffert le martyre du feu. [...] Tout en haut de cette voûte se situe le petit trou par où, comme je l'ai déjà écrit, selon la tradition, l'Apôtre Saint Pierre a sorti Marine du four. »[98]

Pluralité des paysages duels

Est-il nécessaire de souligner les différences entre Lugdunum, une colonie romaine fondée l'an 43 av. n. è., et les paysages présentés ici ? Elles sont tellement évidentes, pour tant de raisons, que cela ne vaut pas la peine de s'y arrêter. De la même manière, nous avons pu noter que les différences étaient remarquables entre les divers paysages considérés, tant sur le plan des codes astronomiques détectés dans les gisements que pour des questions d'ordre plus générales. Il est aussi nécessaire de souligner la petitesse de l'échantillon manié ainsi que les difficultés à l'obtenir. Ces deux aspects sont liés et demandent une explication.

En ce qui concerne les observations astronomiques : l'échantillon étudié montre l'impossibilité d'identifier un item archéologique de l'Âge du Fer de culture celtique plus ou moins fixe pour le soumettre à des observations sériées. Il est certain que ces items existent au moins à des échelles régionales. Nous pouvons songer aux *Viereckschanzen* dispersés dans le nord de la France et le sud de l'Allemagne[99], ou aux sanctuaires de la Gaule indépendante avec un plan carré. Dans cette même ligne, l'on pourrait prendre en compte les temples gallo-romains qui prolongent des structures remontant à l'Indépendance[100], ainsi que l'étude des portes et des orientations générales des oppida aux échelles régionales ou paneuropéennes. Mais chacun de ces travaux rend nécessaire la mise en place dans l'avenir d'une collaboration internationale.

La question de fond est d'identifier ce que les druides savaient des phénomènes astraux avec une certaine sécurité et comment ils utilisaient leurs connaissances pour d'éventuelles applications à un certain type de constructions. En d'autres mots, César nous dit que les druides discutaient sur *sideribus atque eorum motu, mundi ac de terrarum magnitudine* (César *BG* VI 14.6) mais nous ignorons les contenus de ce savoir. Une stratégie diverse s'impose pour tenter de l'identifier :

---

98. Muñoz de la Cueva 1726 : 65.
99. Voir la mise en question récente de leur hypothétique fonction rituelle chez von Nicolai 2009, 2011.
100. Fauduet 2010.

partir de l'examen d'œuvres appelées à remplir une fonction religieuse ou symbolique pour remonter vers les connaissances astronomiques positives que les druides historiques, probables idéologues de ces travaux, avaient accumulées.

La question est plus simple du côté « romain » parce que les villes de fondation romaine se ressemblent. Mais, de nouveau, ce sera l'étude systématique des plans des villes et de leurs monuments publics qui permettra d'apprécier jusqu'à quel point les observations faites à Lugdunum sont originales ou exceptionnelles. Et nous pouvons affirmer, avec les données disponibles, la singularité de ces observations[101].

Les études montrés dans notre texte pointent vers la nécessité de recherches intensives sur les cas particuliers. Il est vrai qu'il est impossible de constituer des séries avec les exemples étudiés, toutefois ces séries apparaissent si nous considérons les faits observés et non pas les objets eux-mêmes : l'on apprécie l'intérêt des lunistices, des associations entre lunistices et solstices, le poids des dates des fêtes de début de saison. Et, d'autre part, l'intérêt des calendriers d'horizon émerge parce que, dans chaque cas[102], il s'agit de fixer des dates par rapport à des paysages locaux. Cette question demande à être approfondie.

Certains aspects du calendrier de Coligny sont attestés dans d'autres régions du monde celte. Par exemple, l'emploi d'un calendrier luni-solaire avec une adaptation nécessaire du cycle du soleil avec celui de la lune semble répandu à un niveau panceltique. Le tableau ci-dessous montre les mois lunaires avec le nombre de jours normalisés dans le calendrier de Coligny, en commençant par le mois de Samonios, correspondant au début de l'hiver et à l'un de nos mois d'automne. Il ne s'agit pas d'une reproduction précise, inutile à notre argument.

Année	Nombre de jours par mois												jours/ an
1ère	30	29	30	29	30	29	30	29	30	29	30	29	354
2nde	30	29	30	29	30	29	30	29	30	29	30	29	354
3e	30	29	30	29	30	29 + 30	30	29	30	29	30	29	384
4e	30	29	30	29	30	29	30	29	30	29	30	29	354
5e	30	29	30	29	30	29	30	29	30	29	30	29 + 30	384

Supposons que, par hasard, le premier jour du premier mois de la première année de cette séquence tombe sur notre 1er novembre. Ce jour serait notre 22 octobre la seconde année et correspondrait au 12 octobre la troisième. Un mois

---

101. Magli 2008 ; González-García – Magli 2014.

102. L'exception partielle est Ulaca ; ainsi que Lugdunum si nous prenons en compte les bâtiments de la colonie à Fourvière avec un horizon est virtuellement plat.

intercalaire se voit ensuite intégré à la moitié de cette troisième année, après que 30 mois se sont écoulés. Mais, la quatrième année, après cette introduction, le premier jour de l'année se placerait au 31 octobre. La cinquième année commencerait le 21 octobre, mais une éventuelle sixième année, après avoir introduit le second mois intercalaire, commencerait le 20 novembre[103]. Dans une situation de ce type, l'utilisation de repères dans le paysage, ou la construction de lieux, de bâtiments, ou de gravures servant comme référents pour faire des ajustements spatio-temporels pourrait être de la plus grande utilité. C'est la fonction des dénommés « calendriers d'horizon ». Leur utilisation permet de comprendre, en outre, qu'un processus complexe a dû exister, dont nous ignorons les clés, menant aussi bien à la constitution de l'ajustement lunisolaire de cinq années proposé par le calendrier de Coligny qu'à d'autres solutions locales ou régionales.

En ce sens, et toujours dans l'attente de nouvelles études, il semble que l'échantillon étudié révèle précisément une multiplicité d'ajustements locaux autonomes. Ceux-ci dérivent des différences dans la culture matérielle et des topographies locales, mais ils partagent quelques principes généraux : l'importance des solstices et lunistices (qu'il est impossible de voir reflétés dans le calendrier de Coligny), l'intérêt des fêtes de début de saison, bien qu'il semble que, dans chaque cas, l'une soit particulièrement mise en relief (1er novembre à Avión, Ulaca et Peñalba ; 1er février dans le Barbantiño et Augas Santas ; 1er août à Lugdunum et Corent ; 1er mai à Peñalba)[104].

En résumé, les calendriers d'horizon supposent des ajustements entre espace et temps et le temps calendérique celte est, comme nous le savons, rigoureusement duel (saison d'été-claire, saison d'hiver-obscur ; mois lunaires partagés en deux moitiés ; ajustements des cycles du soleil et de la lune ; phases de la lune). Cela invite à postuler que les « paysages duels » sont la contrepartie logique du « temps duel » pour élaborer des cosmovisions spatio-temporelles dualistes cohérentes.

Enfin, il convient d'indiquer que ce que nous sommes en mesure d'identifier s'apparente à une empreinte, une trace, d'un système en usage. Nous pouvons dire, en utilisant une analogie astronomique, que ces traces de la pensée des Celtes

---

103. Dans le calendrier de Coligny le mois d'Equos était probablement réduit de quelques jours pour assurer un meilleur ajustement luni-solaire, Duval – Pinault 1986 : 406. Voir un commentaire plus détaillé dans García Quintela – González García 2017.

104. Nous avons mesuré l'orientation des saunas de l'Âge du Fer du nord-ouest péninsulaire séduits par la décoration astrale dont sont revêtus certains exemplaires du groupe méridional. 4 des 11 cas examinés tendent vers le lunistice majeur sud, 3 vers des dates compatibles avec les fêtes de début de saison : Armea au 2 février, Braga au 6 août et Sanfins au 1 novembre. Tenant compte d'un échantillon très réduit, cette cohérence paraît significative, voir García Quintela et al. 2014a.

de l'Antiquité sont détectées comme des planètes étrangères à notre système solaire. Comme celles-ci manquent de lumière propre les astronomes ont appris à reconnaître leur présence à partir des traces, des « présences absentes », dont la seule explication est l'existence de ces corps nomades sans lumière.

De manière analogue, les Celtes, relégués par l'archéologie historico-culturelle à une existence matérielle dont les fondements ont été mis en question, locuteurs d'un éventail de langues connues de manière fragmentaire, sans d'autres textes propres à eux que ceux écrits dans des langues et des contextes latins, grecs et chrétiens, paraissent témoigner de leur présence [culturelle] à l'occasion des mutations sociétales. Ils semblent révéler les clés de leur culture quand ils adoptent l'image de la Rome triomphante à Lugdunum ou quand ils nous lèguent leur mythologie christianisée, adaptée, dans les littératures insulaires ou quand, dans les exemples galiciens examinés ici, le christianisme réécrit avec ses clés culturelles la cosmovision duelle préexistante.

Almagro Gorbea, Martín — Álvarez Sanchís, Jesús R. 1993. « La 'sauna' de Ulaca : Saunas y baños iniciáticos en el mundo céltico ». *Cuadernos de arqueología de la Universidad de Navarra* 1-2, p. 177-253.

Almagro Gorbea, Martín — Moltó, Lucía 1992. « Saunas en la Hispania prerromana ». *Espacio, tiempo y forma*, S. II, *Historia Antigua* 5, p. 67-102.

Álvarez González, Yolanda — López González, Luis —Fernández-Götz, Manuel, —García Quintela, Marco V. 2017. « El oppidum de San Cibrán de Las y el papel de la religión en los procesos de centralización en la Edad del Hierro ». *Cuadernos de Prehistoria y Arqueología Universidad Autónoma de Madrid* 43, p. 217-239.

Arizaga Castro, Álvaro — Ayán Vila, Xurxo Manuel 2007. « Etnoarqueología del paisaje castreño : la segunda vida de los castros ». In : Francisco Javier González García (ed.), *Los pueblos de la Galicia Céltica*. Madrid : Akal, p. 445-531.

Ayán Vila, Xurxo Manuel 2005. « Etnoarqueoloxía e microhistoria dunha paisaxe cultural : a parroquia de S. Pedro de Cereixa (Pobra de Brollón, Lugo) ». *Cuadernos de Estudios Gallegos* 52, p. 117-172.

Belmonte Avilés, Juan Antonio — García Quintela, Marco V. — González- García, Antonio César 2013. « Ciervos, tiempo y paisaje : una integración arqueoastronómica ». In : Felipe Criado Boado — Antonio Martínez Cortizas — Marco V. García Quintela (eds.) 2013, p. 197-210.

Beltrán Lloris, Francisco — Jordán Cólera, Carlos — Marco Simón, Francisco 2005. « Novedades Epigráficas en Peñalba de Villastar (Teruel) ». *Palaeohispanica* 5, p. 911-956.

Bettini, Maurizio 2011. « Missing Cosmogonies. The Roman Case? ». *Archiv für Religonsgeschichte* 13, p. 69-92.

Blanco Rotea, Rebeca — García Rodríguez, Sonia — Mato Fresán, Cristina —Sanjurjo Sánchez, Jorge 2015. « La Basílica de la Ascensión y Os Fornos (Allariz, Ourense) y la cristianización de la arquitectura en la Antigüedad Tardía ». *Estudos do Quaternário* 12, p. 111-132.

Bouza Brey, Francisco 1982. *Etnografía y Folklore de Galicia (1)*. Vigo : Xerais.

Briquel, Dominique 1981. « Jupiter, Saturne et le Capitole. Essai de comparaison indo-européenne ». *Revue de l'histoire des religions* 198/2, p. 131-162.

Brisson, Jean-Paul 1988. « Rome et l'âge d'or : Dionysos ou Saturne ? ». *Mélanges de l'École française de Rome. Antiquité*, 100/2, p. 917-982.

Brisson, Jean-Paul 1992. *Rome et l'Age d'Or : de Catulle à Ovide, vie et mort d'un mythe*. Paris : La Découverte.

Cabré, Juan 1910. « Peñalba de Villastar (Teruel), La montaña escrita de Peñalba, Teruel ». *Boletín de la Real Academia de la Historia* 56, p. 241-280.

Carvalho, Helena Paula 2012. « Marcadores da paisagem e intervenção cadastral no território próximo da cidade de *Bracara Augusta* (*Hispania Citerior Tarraconensis*) ». *Archivo Español de Arqueología* 85, p. 149-166.

Clay, Jenny Strauss 2003 [1999]. *Hesiod's Cosmos*. Cambridge : Cambridge U. P.

Coarelli, Filippo 1992. *Il Foro Romano, II*. Rome : Ateneo.

Coarelli, Filippo 2007. *Rome and Environs. An Archaeological Guide*. Berkeley etc : University of California Press.

Criado Boado, Felipe — Martínez Cortizas, Antonio — García Quintela, Marco V. (eds.) 2013. *Petroglifos, paleoambiente y paisaje. Estudios interdisciplinares del arte rupestre de Campo Lameiro*. Madrid : CSIC, http://libros.csic.es/product_info.php?products_id=640

Criado Boado, Felipe 1986. « Serpientes gallegas : madres contra rameras ». In : *Mitología y mitos de la Hispania prerromana 2*. Madrid : Akal, p. 241-274.

De Bernardo, Patrizia – García Quintela, Marco V. 2008. Población trilingüe y divinidades del castro de Lansbriga (NO de España). *Madrider Mitteilungen* 49, p. 255-291.

De Bernardo, Patrizia 2008. « CIB. to Lvgvei 'hacia Lugus' frente a Lvgvei 'para Lugus' : sintaxis y divinidades en Peñalba de Villastar ». *Emerita* 76/2, p. 181-196.

De la Cueva, Benito 1991. Historia de los monasterios y prioratos anejos a Celanova. Edición de Mª T. González Balasch, Granada.

De Polignac, François 1995. *La naissance de la cité grecque. Cultes, espace et société*. Paris : La Découverte.

Deroux, Carl 2006. « Le *mundus* : images modernes et textes anciens ». In : Paul-Augustin Deproost, Alain Meurant (éds.), *Images d'origines origines d'une image. Hommages à Jacques Poucet* : Louvain-la-Neuve, p. 55-72.

Dias, Lino Tavares 1997. *Tongobriga*. Lisbonne : Instituto Português do Património Arquitectónico.

Díaz y Díaz, Manuel Cecilio 1991. « La cristianización de Galicia ». In : *Historia de Galicia*. Vigo : Faro de Vigo.

Díaz y Díaz, Manuel Cecilio 1997. Valerius du Bierzo, Lettre sur la Bse Égérie, introduction, texte et traduction, en Maraval, P. 1997, *Égérie, Journal de Voyage.* Paris : Cerf, p. 321-349.

Díaz y Díaz, Manuel Cecilio – Pardo Gómez, María Virtudes – Vilariño Pintos, Daría 1990. *Vida y Milagros de San Rosendo / Ordoño de Celanova* ; edición, traducción y estudio… A Coruña : Fundación Pedro Barrié de la Maza.

Díaz y Díaz, Manuel Cecilio 2000. « Escritores de la Península Ibérica ». In : A. Di Berardino (ed.) *Del Concilio de Calcedonia (451) a Beda. Los Padres Latinos.* Madrid : BAC, p. 71-145.

Díaz, Pablo de la Cruz 2011. *El Reino Suevo (411-585).* Madrid : Akal.

Dumézil, Georges 1986 [1977]. *Les dieux souverains des Indo-Européens,* Paris : Gallimard.

Duval, Paul-Marie — Pinault, Georges 1986. *Recueil des inscriptions Gauloises (RIG).* Vol. III. *Les Calendriers (Coligny, Villards d'Heria),* XLV supplément à Gallia. Paris : CNRS.

Fariña Busto, Francisco 2002. *Santa Mariña de Augas Santas. Guías do Patrimonio Cultural, 7.* Santiago de Compostela : Fundación Caixa Galicia.

Fauduet, Isabelle 2010. *Les temples de tradition celtique. Nouvelle édition revue et augmentée.* París : Errance

Fernández Fernández, Adolfo — Casal Fernández, Laura — Valle Abad, Patricia — Vázquez Fernández, Laura 2014. « La cerámica galaico-romana de Armea (Allariz). Monte do Señoriño y Castro de Armea ». In : Rui Morais – Adolfo Fernández – María José Sousa (eds.), *As produções cerâmicas de imitação na Hispania.* T. 1. Porto, Facultade de Letras da Universidade do Porto, p. 317-337.

Flórez, Enrique 1754. *España Sagrada III : Predicación de los Apóstoles.* Madrid : Antonio Marín.

Gamkrelidze, Thomas V. – Ivanov, Vjačeslav V. 1995. *Indo-European and the Indo-Europeans. A Reconstuction and Historical Analysis of a Proto-Language and a Proto-Culture. Part I. The Text.* Berlin-New York : Mouton-De Gruyter

García Quintela, Marco V. 2011. « El mito de fundación de Lugdunum : ensayo de lectura estructural ». In : Alain Meurant (ed.), *Routes et parcours mythiques : des textes à l'archéologie.* Actes du Septième colloque international d'anthropologie du monde indo-européen et de mythologie comparée (Louvain la Neuve 19-21 mars 2009), Bruxelles, p. 115-138.

García Quintela, Marco V. 2016. « Sobre las saunas de la Edad del Hierro en la Península ibérica : novedades, tipología e interpretaciones ». *Complutum* 27.1, p. 109-130.

García Quintela, Marco V. 2017a. « Du Mercure gaulois à la colonie romaine de Lugdunum : un système « canonique » de transformations ? », *Dialogues d'Histoire Ancienne,* 43.2, p. 91-116.

García Quintela, Marco V. 2017b. « Topoastronomía de las piedras sacras en la Edad del Hierro y la Antigüedad ». In : M. Almagro-Gorbea y Á. Gari Lacruz (eds.), *Sacra Saxa. Creencias y ritos en peñas sagradas.* Actas del Coloquio Internacional celebrado en Huesca del 25 al 27 de noviembre de 2016. Huesca : Instituto de Estudios

Altoaragoneses, p. 66-112.

García Quintela, Marco V. – González García, Antonio César 2010. « Campo Lameiro y Peñalba de Villastar : miradas cruzadas sobre lugares de culto prerromanos peninsulares y su romanización ». In : Francisco Burillo (ed.), *VI Simposio sobre los Celtíberos : Ritos y Mitos*. Daroca : Centro de Estudios Celtibéricos de Segeda, p. 113-121.

García Quintela, Marco V. – González García, Antonio César 2014. « Le 1er août à Lugdunum sous l'Empire Romain : bilans et nouvelles perspectives ». *Revue Archaeologique de l'Est* 63, p. 157-177.

García Quintela, Marco V. – González García, Antonio César 2016a. « De Bibracte à Augustodunum : observations archéoastronomiques ». *Revue Archaeologique de l'Est* 65, p. 283-297.

García Quintela, Marco V. – González García, Antonio César 2016b. « Entre el cielo, el mar y la tierra : el santuario rupestre del castro de Baroña (Porto do Son, A Coruña) ». *Gallaecia* 35, p. 1-38.

García Quintela Marco V. – González García Antonio César 2017. « Archaeological Footprints of the 'Celtic Calendar' ». *Journal of Skyscape Archaeology*, 3/1, p. 49-78.

García Quintela, Marco V. — González García, Antonio César — Seoane-Veiga, Yolanda 2014a. « The Iron Age Saunas of NW Iberian Peninsula : An Archaeoastronomical Perspective ». *Mediterranean Archaeology and Archaeometry* 14/3, p. 133-141

García Quintela, Marco V. — González García, Antonio César — Seoane-Veiga, Yolanda 2014b. « De los solsticios en los castros a los santos cristianos : la creación del paisaje cristiano en Galicia ». *Madrider Mitteilungen* 55, p. 443-485.

García Quintela, Marco V. — Santos Estévez, Manuel 2008. *Santuarios de la Galicia Céltica. Arqueología del paisaje y religiones comparadas en la Edad del Hierro*. Madrid : Abada.

García Quintela, Marco V. – Santos Estévez, Manuel 2015. « Iron Age saunas of Northern Portugal : State of the Art and Research Perspectives ». *Oxford Journal of Archaeology*, 34(1), p. 67-95.

García Quintela, Marco V. — Seoane-Veiga, Yolanda 2011. « La larga vida de dos rocas ourensanas ». *Archivo Español de Arqueología* 84, p. 243-266.

García Quintela, Marco V. — Seoane-Veiga, Yolanda 2013. « Entre Naturaleza y cultura : La arquitectura Ambigua en la Edad del Hierro del Noroeste de la Península Ibérica ». *Gallaecia* 32, p. 47-86.

González García, Antonio César — García Quintela, Marco V. — Rodríguez Antón, Andrea 2016. « The Orientation of *Lugdunum Conuenarum* and the Celtic Feasts of beginning of season in Ancient Gaul ». *Mediterranean Archaeology and Archaeometry*, 16.4, p. 241-247.

González-García, Antonio César – García Quintela, Marco V. — Belmonte Avilés, Juan Antonio 2016. « Landscape Construction and Time Reckoning in Iron Age Celtic Iberia ». *Documenta Praehistorica* 43, p. 479-497.

González-García, Antonio César – Magli, Giulio 2014. « Roman City Planning and Spatial Organization ». *in* : Clive L.N. Ruggles (ed.), *Handbook of Archaeoastronomy and Ethnoastronomy*. New York : Springer Science+Business Media, p. 1643-1650.

González García, Francisco Javier – López Barja de Quiroga, Pedro 2011. « La estela de Crecente : reflexiones sobre el proceso romanizador en la Galicia antigua ». In : Primitiva Bueno – Antonio Gilman – Concha Martín Morales – Francisco Javier Sánchez Palencia, (eds.) *Arqueología, sociedad y territorio. Estudios sobre Prehistoria reciente, Protohistoria y transición al mundo romano en Homenaje a Mª Dolores Fernández-Posse*. Madrid : CSIC, p. 349-360.

González García, Miguel Ángel – Hernández Figueiredo, José Ramón – Pereira Soto, Manuel Ángel (eds.) 2007. *Fray Benito de la Cueva, Celanova Ilustrada y Anales de San Rosendo*. Ourense : Duen de Bux.

Gricout, Daniel – Hollard, Dominique 2017. *Les jumeaux divins dans le festiaire celtique*. Marseille : Terre de Promesse.

Sivan, Hagith 1988. Who Was Egeria? Piety and Pilgrimage in the Age of Gratian. *The Harvard Theological Review* 81/1, p. 59-72.

Jordán Cólera, Carlos 2005. « [K.3.3] : Crónica de un teicidio anunciado ». *Estudios de Lenguas y Epigrafía Antiguas* 7, p. 37-72.

King, Richard Jackson 2010. « *Ad capita bubula* : The birth of Augustus and Rome's imperial centre ». *The Classical Quarterly*, NS, 60/2, 450-469.

Lajoye, Patrice 2009. « A la recherche des fêtes celto-romaines : les inscriptions votives datées ». In : R. Haeussler, A. King (éds.), *Continuity and Innovation in Religion in the Roman West, Journal of Roman Archaeology*, sup. series 67/2, p. 131-147.

Lambert Pierre-Yves, 1997. *La Langue gauloise : description linguistique, commentaire d'inscriptions choisies*. Paris : Errance.

Le Roux, Françoise — Guyonvarc'h, Christian-J. 1995. *Les fêtes celtiques*. Rennes : Ouest-France.

López Pereira, Eduardo 2003. « Egeria y el ambiente cultural de Galicia en su época ». In : *De Finisterre a Jerusalén. Egeria y los primeros peregrinos cristianos*. Santiago : Dirección Xeral de Patrimonio Cultural, p. 87-96.

Magdelain, André 1990. *Jus, imperium, auctoritas. Études de droit romain*. Rome : École Française de Rome.

Magli, Giulio 2008, «On the Orientation of Roman Towns in Italy », *Oxford Journal of Archaeology* 27/1, p. 63-71.

Maraval, Pierre 1997. *Égérie, Journal de voyage* : (Itinéraire) ; introduction, texte critique, traduction, notes, index et cartes par…. Lettre sur la Bse Égérie / Valerius du Bierzo ; introduction, texte et traduction par Manuel Cecilio Díaz y Díaz. Paris : Cerf.

Molina, Bartolomé Sagrario de (Licenciado Molina) 1551. *Descripcion del Reyno de Galizia*. Mondoñedo : Agustín Paz.

Morales, Ambrosio de 1574. *La Coronica general de España*. Alcalá de Henares : I. Iñiguez de Lequerica.

Muñoz de la Cueva, Juan 1719. *Breve compendio de la vida y martyrio de la Gloriosa Virgen y Martyr Sta. Marina*, A Coruña : Orbigo (reimpresión facs. 2005).

Muñoz de la Cueva, Juan 1726. *Noticias históricas de la Santa Iglesia Cathedral de Orense.* A Coruña : Orbigo (reimpresión facs. 2008).

Newsome, David J., 2009. « Centrality in its Place : Defining Urban Space ». In : Marc Driessen, Stijn Heeren, Joep Hendriks, Fleur Kemmers, Ronald M. Visser, (eds.) *TRAC 2008 : Proceedings of the Eighteenth Annual Theoretical Roman Archaeology Conference.* Oxford : Oxbow Books, p. 25–38.

Pérez Gutiérrez, Manuel — Burillo Mozota, Francisco — López Romero Raúl 2010. « Estudio arqueoastronómico de la Plataforma Monumental de Segeda I ». In : María Esperanza Saiz Carrasco – Raúl López Romero – María Ascensión Cano Díaz-Tendero – Juan Carlos Calvo García (éds.), *VIII Congreso Ibérico de Arqueometría*, Teruel : Seminario de Arqueología y Etnología Turolense, p. 287-292

Pérez Gutiérrez, Manuel 2010. *Astronomía en los castros celtas de la provincia de Ávila.* Ávila : Diputación.

Piccaluga, Giulia 1974. *Terminus. I segni di confine nella religione romana.* Rome: Ateneo.

Richardson, Lawrence 1980. « The Approach to the Temple of Saturn in Rome ». *American Journal of Archaeology*, 84/1, p. 51-62

Robreau, Bernard 1996-1997. *La mémoire chrétienne du paganisme carnute* (vols. 1-2), Chartres : Société archéologique d'Eure-et-Loir.

Romeuf, David 2011. « Le Sanctuaire Arverne de Corent et l'Astronomie ». http ://www. david-romeuf.fr/Archeologie/CorentAstronomie/SanctuaireCorentEtAstronomie. html

Ruggles, Clive 2005. *Ancient Astronomy. An Encyclopedia of Cosmologies and Myth.* Santa Barbara (Cal) : ABC-CLIO.

Ruíz Zapatero, Gonzalo 2005. *Guía del castro de Ulaca (Solosancho, Ávila).* Ávila : Diputación.

Sánchez Pardo, José Carlos 2010a. « Poblamiento rural Tardorromano y Altomedieval en Galicia (ss. V-X). Una revisión arqueológica ». *Archeologia Medievale* 37, p. 285-306.

Sánchez Pardo, José Carlos 2010b. « Castros y aldeas Galaicoromanas : sobre la evolución y transformación del poblamiento indígena en la Galicia Romana ». *Zephyrus* 65, p. 129-148.

Santos Estévez, Manuel – Seoane Veiga, Yolanda 2004. « Escavación no contorno dun petroglifo en A Ferradura ». *Arkeos : Arte Rupestre, Pre-historia, Patrimonio* 5, p. 37-55.

Santos Estévez, Manuel 2008. *Petroglifos y paisaje social en la prehistoria reciente del Noroeste de la Península Ibérica.* Santiago de Compostela : CSIC.

Santos, Maria João Correia 2010a. « Santuarios rupestres no occidente da Hispania indo-europeia. Ensaio de tipologia e clasifiçao ». *Palaeohispanica* 10, p. 147-172.

Santos, Maria João Correia 2010b. « Inscripciones rupestres y espacios sagrados del norte de Portugal : nuevos datos y contextualización ». In : J.A. Arenas-Esteban (ed.)

Celtic Religion across Space and Time, IX Workshop F.E.R.C.AN. Valladolid : Junta de Comunidades de Castilla y León, p. 181-198.

Santos, Maria João Correia 2015, *Santuarios Rupestres de la Hispania Indo-Europea*, thèse, Universidad de Zaragoza.

Scullard, Howard H. 1981. *Festivals and Ceremonies of the Roman Republic*. Londres : Thames and Hudson.

Seoane Veiga, Yolanda – García Quintela, Marco V. – Güimil Fariña, Alejandro 2013. « Las pilas del Castro de Santa Mariña de Maside (Ourense) : hacia una tipología de los lugares con función ritual en la Edad del Hierro del NO de la Península Ibérica ». *Cuadernos de Estudios Gallegos* 60, p. 13-50.

Seoane Veiga, Yolanda 2011. *Avaliación do patrimonio cultural nas áreas afectadas polos incendios forestais do ano 2006 : Campo Lameiro e Cotobade*. Santiago : CSIC.

Villa Valdés, Ángel 2012. « Santuarios urbanos en la Protohistoria cantábrica : algunas consideraciones sobre el significado y función de las saunas castreñas ». *Boletín del Real Instituto de Estudios Asturianos* 177, p. 65-102.

von Nicolai, Caroline 2009. « La question des *Viereckschanzen* d'Allemagne du Sud revisitée ». In : I. Bertrand, A. Duval, J. Gomez de Soto, P. Maguer (éds.), *Habitats et paysages ruraux en Gaule et regards sur d'autres régions du monde celtique*. Actes du XXXIe colloque international de l'Association Française pour l'Étude de l'Âge du Fer. 17-20 mai 2007, Chauvigny (Vienne, F.), Tome II, Chauvigny : Association des Publications Chauvinoises, p. 245-280.

von Nicolai, Caroline 2011. « *Viereckschanzen* tra sacro e profano ». In : Gisella Cantino Wataghin (éd). *Finem dare. Il confine, tra sacro, profano e immaginario. A Margine della stele bilingue del Museo Leone di Vercelli*. Verceilli, 22-24 maggio 2008, Vercelli : Mercurio, p. 217-241.

Woodard, Roger D. 2006. *Indo-European Sacred Space. Vedic and Roman Cult*. Urbana-Chicago : University of Illinois Press.

Yates, Frances. 1999 [1966]. *Arts of Memory*. Londres & Nueva York : Routledge.

Computational Approaches to Myths Analysis: Application to the Cosmic Hunt

Marc Thuillard*, Jean-Loïc Le Quellec** and Julien d'Huy***

*La Colline, CH-2072, St-Blaise, Suisse
**Dir. Res. IMAf (UMR 8171, CNRS, F - Paris) / Honorary Fellow, School of Geography, Archaeology and Environmental Studies University of the Witwatersrand (Johannesburg 2050, South Africa).
***PhD Candidate, IMAf, UMR 8171

Abstract: *Different computational approaches are applied, after binary coding, to 175 versions of the Cosmic Hunt, one of the rare myths found almost worldwide. The relevance of phylogenetic networks to the analysis of myths is explained and illustrated with the Cosmic Hunt. We show how characters evolve at different rates, the fast evolving ones forming a module of characters that can be replaced almost indifferently, while slow evolving characters fit to a phylogenetic tree or network. One observes a very good correlation between the regions in which the myths were recorded and the phylogenetic representation of the data. This correlation is explained using different models of evolution taking into account different migration schemes and cultural interactions.*
Keywords: *myths, phylogenetic networks, evolution.*
Résumé: *Différentes approches de calcul sont appliquées, après codage binaire, à 175 versions de la Chasse Cosmique, l'un des rares mythes retrouvés presque partout dans le monde. La pertinence des réseaux phylogénétiques pour l'analyse des mythes est expliquée et illustrée par la Chasse cosmique. Nous montrons comment les personnages évoluent à des rythmes différents, ceux qui évoluent rapidement forment un groupe de personnages qui peuvent être remplacés presque indifféremment, tandis que les personnages évoluant lentement s'adaptent à un arbre ou à un réseau phylogénétique. On observe une très bonne corrélation entre les régions dans lesquelles les mythes ont été enregistrés et la représentation phylogénétique des données. Cette corrélation est expliquée en utilisant différents modèles d'évolution prenant en compte différents schémas de migration et interactions culturelles.*
Mots-clés: *mythes, réseaux phylogénétiques, évolution.*

Introduction

In recent years, it has become increasingly clear that a phylogenetic tree is often a much too crude representation of the evolutionary relationships between genetic sequences in evolving organisms[1]. Mutations are only one among several processes at work in living organisms. Lateral transfers, gene duplication, gene deletion or changes in gene order are just some of these other processes. For that reason, much work has

---

1. Doolittle, 2000.

been invested in the development of phylogenetic networks[2]. A phylogenetic network can be regarded as a generalization of a phylogenetic tree. Among phylogenetic networks, the so-called outer planar networks have been intensively used for their capability to describe evolutionary processes combining mutations with a number of lateral transfers or recombination[3]. Outer planar networks have been used outside of genetics, for example to describe the evolution of galaxies in astrophysics[4], language diversification in linguistics[5] or the evolution of myths[6].

The study of myths using mathematical methods has its roots in their formalization, allowing a structural analysis. After coding, typically with binary characters, the different versions of a myth can be analyzed using mathematics or computational methods. Fischer was the first who came with the idea of mathematizing myths and folktales to express the distance between types and versions. This procedure was subsequently developed by Petitot and Maranda[7].

The study of myths according to biological metaphors also has a long history[8]. Recently models and software borrowed from genetics have been used to classify versions of a same myth[9], to study the role of geography, linguistic and population boundaries in myth variations[10] as well as to reconstruct first human migrations and proto-folklore[11]. Myths are believed to evolve over space and time through transformations that may be compared to mutations and lateral transfers in genetics. A mutation corresponds to a random change of some character states. A set of characters transforming through mutation can be represented exactly by a phylogenetic tree provided a new character state appears only once[12]. One of the goals of this article is to apply computational methods to analyze a myth, the Cosmic Hunt, and to discuss the results with some simple models of evolution.

Unlike genes, cultural elements can be acquired both from other members of the same group of peoples and from outside that group, i.e. they can move from

---

2. Huson, Rupp and Scornavacca, 2010.

3. Bryant and Moulton, 2002; Thuillard and Moulton, 2011; Thuillard and Fraix-Burnet, 2015; Gambette, Berry and Paul, 2012.

4. Fraix-Burnet, Thuillard and Chattopadhyay, 2015.

5. Forster, Toth and Bandelt, 1998; Atkinson and Gray, 2005; McMahon and McMahon, 2005.

6. d'Huy, 2012a, 2013a, 2013b.

7. Lévi-Strauss, 1955; Fischer, 1959; Petitot, 2001; Maranda, 1971, 2001.

8. Sydow. 1934; Hafstein, 2001.

9. Abler, 1987; Oda, 2001.

10. Ross, Greenhill and Atkinson, 2013.

11. d'Huy,2012a, b, 2013a, b, 2016.

12. Semple and Steel, 2003.

people to people without the need for those peoples to be genetically related. Thus, the distribution of cultural elements and genetic markers will not necessarily co-occur across different populations. Transmission may occur within a population or through cultural interaction between different populations. Myth elements can be transmitted with possibly some changes (like inversions, removal of some parts or creation of new elements) or combine versions of several myths. The differences and similarities between the evolution of genes, languages and cultures have been also thoroughly studied[13]. The conclusions are that despite the important differences between genes, languages and cultural traits, similar theories and methods (such as NeighborNet or statistical tests on the influence of an insulation factor versus geographical proximity) can be applied to all of them separately. In this paper, we will often use genetic terms or refer to processes known in biology. A whole discipline in computational science, called soft computing, includes bio-inspired computational methods, such as neural networks or genetic algorithms, that have found many applications in engineering[14]. It is in this spirit that analogies with genetic terms have to be understood.

What is essential to know about phylogenetic trees and networks (Outer planar networks)?

A phylogenetic tree represents under the form of a tree the relationships between one or more populations that are believed to form a unit. This unit is generally called a **taxon**. The taxa are characterized by a number of characters that can take several states. A **binary character** has two states (yes/no, present/absent, …, or translated in binary form 0/1) while a **multistate** character may have several states (blue, green, brown). A **phylogenetic tree** represents in a coded form the relationships between taxa based on their states. A phylogenetic tree on multistate characters can be transformed into a phylogeny on binary characters[15]. For that reason, we restrict the discussion to phylogenies on binary characters. A phylogenetic reconstruction method is generally used to search for the best tree representation of the data. The best tree may be a perfect representation of the characters (in this case, it is called a **perfect tree**) but may also sometimes be a very bad representation of the data; therefore, any result must be carefully validated.

In order to explain the similarities and differences between phylogenetic trees and **phylogenetic networks**, one has to understand what is a **split** and what is a

---

13. Ross, Greenhill and Atkinson, 2013; Korotayev and Khaltourina, 2011.
14. Thuillard, 2001.
15. Stevens and Gusfield, 2010; Thuillard and Fraix-Burnet, 2015.

circular order of the taxa. Cutting an edge of a tree "splits" the taxa into two subsets A and B. For each split, there is a character on which each taxon in A has the same state (for instance 1), while all the taxa in B have the complementary state (0 in the example). A **circular order** on a phylogenetic tree corresponds to an indexing of the end nodes according to a circular (clockwise or anti-clockwise) scanning of the end nodes. One observes in Figure 1 that along a circular order all ones as well as all zeros are consecutive. This property is called the **circular consecutive-ones' property**, a property shared by both perfect trees and phylogenetic networks (or more precisely a special type of phylogenetic networks called outer planar networks). Let us note that the idea of ordering taxa defined by binary characters, so that the consecutive-ones' property are fulfilled, finds its root in the work by Flinders Petrie's work on seriation[16].

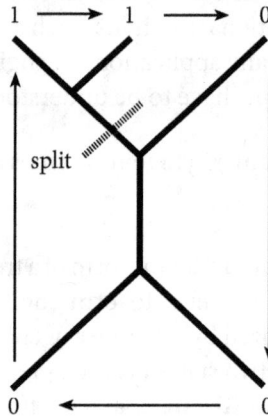

Figure 1.

A split on a tree is defined by two complementary subsets of taxa, the first subset with all taxa having state 1 on a given character and the complementary subset with all taxa with state 0 on the same character. A planar representation of the tree is shown with a clockwise (arrows) circular order of the taxa.

Outer planar networks[17] permit the simultaneous representation of alternative trees and are thus generalizations of trees. An outer planar network reduces to a phylogenetic tree if the so-called 4-gamete rules are fulfilled by each pair of binary characters. The **4-gamete rule** states that for each pair of binary characters at least one of the 4 possible gametes (one gamete among (1,0), (0,1), (1,1) or (0,0)) is

---

16. Petrie, 1899.
17. Bryant and Moulton, 2002; Dress and Steel, 1992; Huson and Bryant, 2006.

missing (The cladistics formulation is not used in this article and therefore terms like homoplasy are not employed). We are now ready to explain the differences between a tree and an outer planar network with the examples of Figure 2 (Below we will use indifferently the term phylogenetic networks or outer planar network despite that outer planar networks are one among many types of phylogenetic networks).

	Bacteria	Eagle	Platypus	Lion
Mammal glands	0	0	1	1
Lay eggs	0	1	1	0

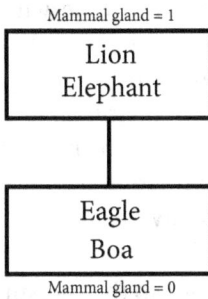

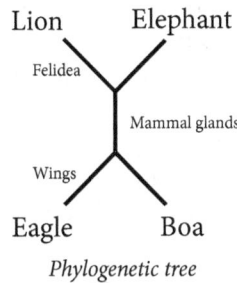

A1   **A2**

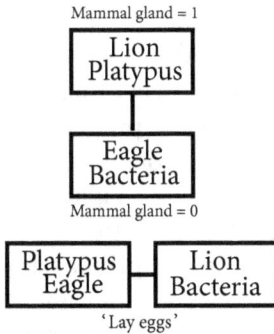

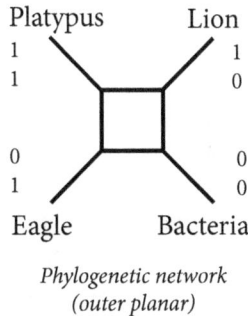

B1   **B2**

Figure 2.
A1) The character 'Mammal Glands' splits the taxa into two complementary subsets; A2) Phylogenetic tree obtained on a set of 3 binary characters;
B1) Two splits that are incompatible with a perfect tree description;
B2) Outer planar network representing exactly the 2 splits. The 2 characters fulfill the circular consecutive-ones' property (but not the 4-gamete rules) and can therefore be represented by a phylogenetic network.

Figure 2A represents graphically a split between two complementary subsets consisting on the one side of the taxa, "Lion" and "Elephant", two mammals and on the other side of the taxa, "Eagle" and "Boa", two non-mammalian animals. The split is represented by an edge connecting the two complementary subsets. Adding two other characters, the 4 taxa can be described by a perfect phylogenetic tree. The circular order of the planar tree representation is so that each character fulfills the circular consecutive-ones' property on the circular order (Fig 2A). Figure 2B describes another example using the two characters "Mammal Glands" and "Lay eggs". There is no phylogenetic tree that describes exactly those relationships. No two splits are compatible with a phylogenetic tree, but there is nonetheless a circular order of the 4 taxa with the circular consecutive-ones' property fulfilled by all characters[18]. An important result on phylogenetic networks states that if the circular consecutive-ones' property is fulfilled by all characters on some circular order then the data can be exactly described by an outer planar network as represented in Fig 2B. In summary, the 2 splits in Fig.2B can be exactly described by a phylogenetic network but not by a phylogenetic tree.

In genetics, a lateral gene transfer corresponds to the transmission of genetic material between different genomes. Translated into the language of binary characters a lateral transfer between taxa corresponds to the replacement of the state of some characters by the corresponding states from another taxon. If a **lateral transfer** takes place between 2 taxa that are adjacent on a phylogenetic tree (i.e. the two taxa are consecutive in a circular order), then the lateral transfer preserves the circular consecutive-ones' property and therefore[19] can be described exactly by an outer planar network. A phylogenetic tree is defined by its nodes and edges with possibly some weight on the edge. They are multiple planar representations of a phylogenetic tree that are completely equivalent. So, by using the degrees of liberty on the planar representation of a phylogenetic tree, one understands that a tree can accommodate many lateral transfer and still preserves the circular consecutive-ones' property on some circular order of the tree. Figure 3 shows such an example. Using the degrees of freedom on the planar representation of a tree, the tree representation on the left is transformed into the tree representation on the right. All lateral transfers (arrows) are between adjacent taxa on the circular order and the phylogenetic tree can exactly be described after lateral transfer by an outer planar network on the same circular order.

---

18. Bandelt and Dress, 1992
19. Thuillard and Fraix-Burnet, 2015.

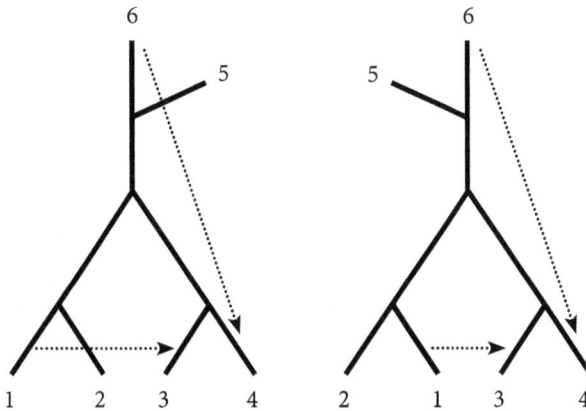

Figure 3.
Two different planar representations of the same tree. The tree representation on the right is so that lateral transfers (represented by arrows) are only between taxa that are adjacent on the circular order. The tree with the lateral transfers can be represented exactly by an outer planar network.

SplitsTree4[20] is used in this study to reconstruct an outer planar network. In real world applications, it is quite rare that all characters fulfill perfectly the circular consecutive-ones' property. Quite often a subset of characters fulfills well the consecutive-one's property while some other character states seem quite random. In order to find out which characters carry most information, one may compute to what extent all 1 are consecutive. A measure of the deviation to a perfect outer planar network is given by the so-called contradiction[21] taking a value between 0 and 1 (for a perfect outer planar network the contradiction is zero). Computed on a single binary character, the contradiction is zero if the circular consecutive-ones' property is fulfilled on the circular order. This study uses a contradiction C of the form

$$C_i = (|S(n) - S(1)| - 2 + \sum_{j=1}^{n-1}|S(j + 1) - S(j)|)/\sum_{j=1}^{n} S(j)$$

with C_i the contradiction taking values between zero (perfect outer planar network and one) on the ith character and $S(j)$ the taxon state at position j on the circular order.

20. Huson and Bryant, 2006.
21. Thuillard, 2007; Thuillard and Fraix-Burnet, 2009, 2015.

Analysis of the Correlations between Characters

The Cosmic Hunt is described as motif F59.2. 'Pursuit of game leads to upper world' in the Motif-index of folk-literature[22]. More specifically, this is a tale where « certain stars and constellations are interpreted as hunters, their dogs, and game animals, killed or pursued.[23]» An illustrative example is this very short version recorded among the Smith Sound's Inuit:

> «A number of dogs were pursuing a bear on the ice. The bear gradually rose up into the air, as did the dogs, until they reached the sky. Then they were turned into stars. The bear became a larger star in the center of a group. The constellation (the Pleiades) is called nanuq, 'bear'»[24].

The different versions of this motif are mainly located in Eurasia and North America, where it was linked with, but by no means limited to the bear.

The association between the Cosmic Hunt and the bear both in Europe and North America has been puzzling for a long time. G. Bancroft already wrote in 1888 that «It is a curious coincidence, that among the Algonquins of the Atlantic and of the Mississippi, alike among the Narragansetts and the Illinois, the North Star was called the Bear.[25]» Stansbury Hagar wrote: «this legend of the celestial bear, whose seasonal position eternally corresponds with the features of the legend (...) was general from the Point Barrow Eskimo on the north, to the Pueblo on the south, and, singular as it is that these stars should have been associated with the same animal in the Old World and the New before the time of the first-known inter-communication...there seems little doubt of the fact that this interpretation was common to both continents.[26]» He was not the only one to remark this coincidence. And in 1929, William Tyler Olcott noted that, in the context of North American mythology, «by no stretch of the imagination can the figure of a bear be traced out of the stars in this region, and it is one of the great mysteries as to how the constellation came to be so named.[27]» The presence of the Cosmic Hunt on both sides of the Bering Strait and the parallel between certain Eurasian and Amerindian versions to the tiniest detail suggest a deep historical connection, that could be Paleolithic in origin[28].

---

22. Thompson, 1989.
23. Berezkin, 2005a.
24. Kroeber, 1899.
25. Bancroft, 1888.
26. Hagar, 1900.
27. Olcott, 1929.
28. Berezkin 2005a, 2012.

The widespread diffusion of the Cosmic Hunt makes its study very interesting. Specific details among the Cosmic Hunt versions, such as the association of the hunter's arrow (or its point) with one of the celestial objects above the Orion's Belt, or the association of Alcor, a weak star in the handle of the Big Dipper, with a dog or a cooking pot, is too specific to have emerged independently in Asia and in America and points toward historic links between the versions. The motif was first examined by Yuri Berezkin by using an areological approach[29]: the diffusion of each variant allowed conclusions to be drawn concerning the past evolution of the motif. The Russian scholar concluded that the motif emerged in Central Asia; the Orion Belt was seen as three ungulate animals. This variant may have been brought into America more or less at the same time as the motif of Ursa Major identified with seven men (according to Berezkin, the primacy of this variant would be proved by its deeper implantation into inner Asia and inner America). Then a new variant of the Cosmic Hunt interpreting Ursa Major as a bear or an ungulate would have emerged first in Eurasia and then brought into America. Around the end of the Pleistocene times, this version could have been mainly widespread in Western Eurasia, only reaching Northeast Asia shortly before 5000–6000 B.P. borrowed and brought into America by the ancestors of the Eskaleut-speaking peoples.

More recently, one of us had the idea of using phylogenetic tools to analyze the same motif[30]. The results of the statistical analysis of three different databases suggested an East Asian origin of the tale, in which the Big Dipper could have been first considered as an ungulate pursued by a hunter, such a variant having been disseminated, more or less altered, in North America at the end of the Paleolithic period. The results also suggested that a variant connecting the Cosmic Hunt, Orion and the Pleiades probably began to spread later from Asia; and also, that these new variants were brought from Beringia into America spreading as far as South America and reaching the northern extremes of North America.

Berezkin's and d'Huy's models are necessarily based on simplifying assumptions. They require further refinements and tests to improve their effectiveness or to be refuted. It is why we reactivate these researches on a new foundation.

In the current paper, mythologies from 1347 populations from all over the world were examined in order to build a database with the largest possible number of Cosmic Hunt versions: 176 versions were found, from Africa (27),

---

29. Berezkin 2005a, b, 2012.
30. d'Huy 2012b, 2013b, 2016.

North-America (67), South and Meso-America (36), Eurasia (40), Oceania (6). Each version was analyzed by using the concepts of "motifemes" and "allomotifs" introduced by A. Dundes in order to identify "empirically observable structural or emic units"[31]. For example, "All members of the hunt were transformed into stars" is a "motifeme" where different "motifs" may be used: the game could be a bird or a big mammal, and then an herbivore or a carnivore, etc. Then there can be one prey, or two, or three… and one hunter or more, the latter being a human or an animal. By comparing the different versions, one can identify a number of such "allomotifs" (All 'allomotifs' were treated as binary characters.). In our database, 206 allomotifs were identified by this method, and coded on a presence/absence/uncertainty basis (i.e.: 1/0/0.5).

The distribution of allomotifs (considered here as "characters") in the Cosmic Hunt provides already many clues on how myths may evolve. Figure 4 shows a heat map representing the simultaneous occurrence of two characters after ordering the different characters.

One observes in Fig.4-6 three main types of characters:

- Characters, such as Orion or Carnivore or Ungulate, that have a high co-occurrence with a large number of other characters. Most characters defining the main splits in the tree (or outer planar network) belong to this category

- Clusters of characters in which almost all possible pairs of characters appear within the cluster. These characters define modules of interchangeable characters. Upon further examination, these characters are generally grouped in the same region of an outer planar network. From the evolutionary perspective, evolution seems to operate on the module. Within a module, characters seem to evolve so rapidly that the phylogenetical signal is lost. A notable exception are the European myth versions that can be described as a tree with 3 branches when the different clusters of characters are treated as single characters (Fig. 5).

- Characters that are quite rare. These characters are often associated to a small number of versions in a similar cultural environment.

- Characters that are not correlated in any particular manner to other characters. Such characters are mainly not informative in the context of a phylogenetical analysis and can safely be removed.

---

31. Dundes, 1962.

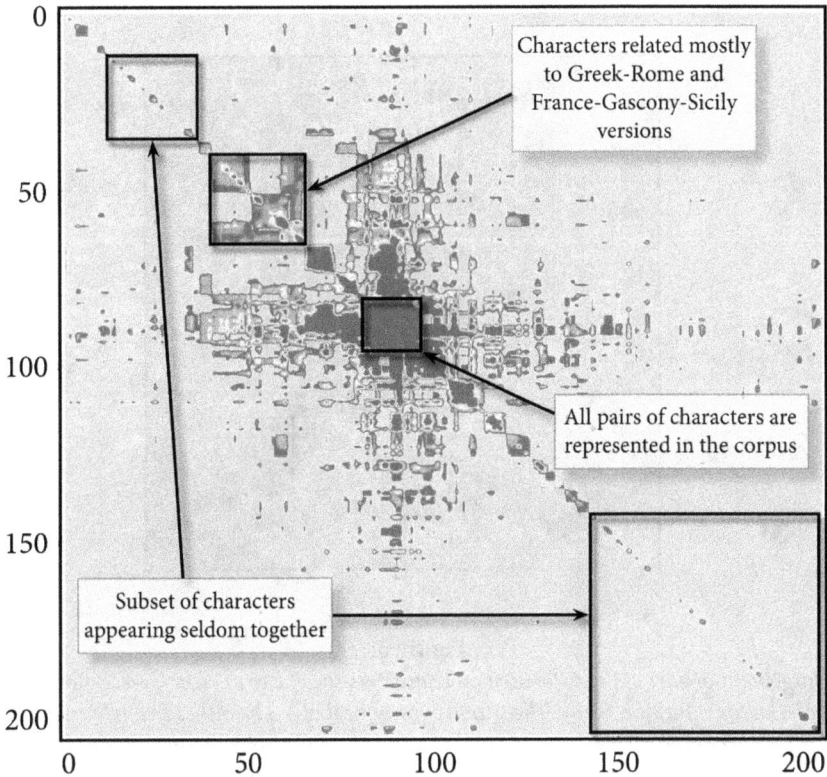

Figure 4.

Heat map representing the number of simultaneous occurrences of two characters (red: high number; grey: low number). The number represent the 206 characters after ordering with NeighborNet. The algorithm used to generate the heat map has 3 different steps. In step 1, a distance $D_{i,j}$ is computed for each pair of characters (i, j). The distance is obtained by computing first the number of co-occurrences of state 1. In step 2, the characters are ordered by applying a NeighborNet approach[32] on the 206 x 206 distance matrix (-D) with each entry corresponding to one of the 206 characters. In step 3, the number of occurrences of pairs of characters with both state '1' is computed and represented using a heat map based on the order of the characters found in step 2.

---

32. Bryant and Moulton, 2002; Thuillard, 2007.

Figure 5.
Enlargement of part of Fig.4, focused on characters specific to ancient Greece-Rome and France-Gascony, Basque, Sicily. The situation is typical of a 3 branches tree relating the two clusters (Ancient Rome, -Greece) and (France-Gascony, Basque, Sicily).
1. Pursuer=Sirius is related to Orion (7).
2. Circumpolar regions: 'Game has six legs' and 'Milky way = pursuer' track'
3-5. Characters specifics to versions found in France-Gascony, Basque, Sicily and in ancient Greece, Rome, share a number of characters (6) but have also two subsets of specifics characters (3: France-Gascony, Basque, Sicily; 5 without 6: Ancient Greece, Rome).
3. Populations having domestic animals and possibly involved in cattle raids
4. Populations having domestic animals (3) and 'pursuer wants revenge' (8)
5. Divinity and sexual taboo

Some characters are correlated for obvious reasons, as for instance the characters Game=Herbivore and Game=Ungulate. Some correlations are quite informative. The hunt of a carnivore is always associated to at least 3 hunters (Fig. 6), while the number of hunters varies when the game is an herbivore!

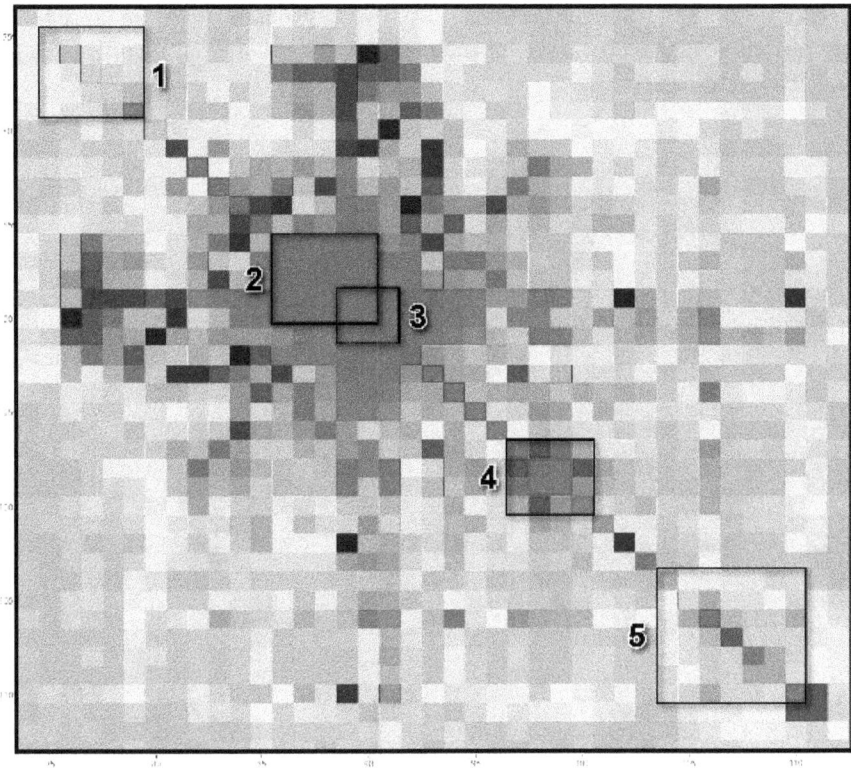

Figure 6.
Enlargement of part of Fig.4 that shows some interesting correlations.
1. Circumpolar regions. Correlation between 'Milky way = pursuer' track' and (2), (3).
2. 'Game = ungulate'. 'Persuer(s) = man or men'
3. 'Nb of prey = 1'

Phylogenetic Classification of Myth Versions

Figure 7 shows the outer planar network obtained after iterative application of NeighborNet[33]. The distance between 2 taxa is obtained by summing over all characters the differences in state value. The algorithm starts with all characters. At each iteration, the characters with a relative contradiction value[34] below a given

---

33. Bryant and Moulton, 2002.
34. Thuillard, 2007; Thuillard and Fraix-Burnet, 2009

threshold are selected. The threshold is lowered at each iteration thus eliminating more characters at each iteration. With this approach, one selects characters that are well described by an outer planar network or a tree and eliminates non-informative characters.

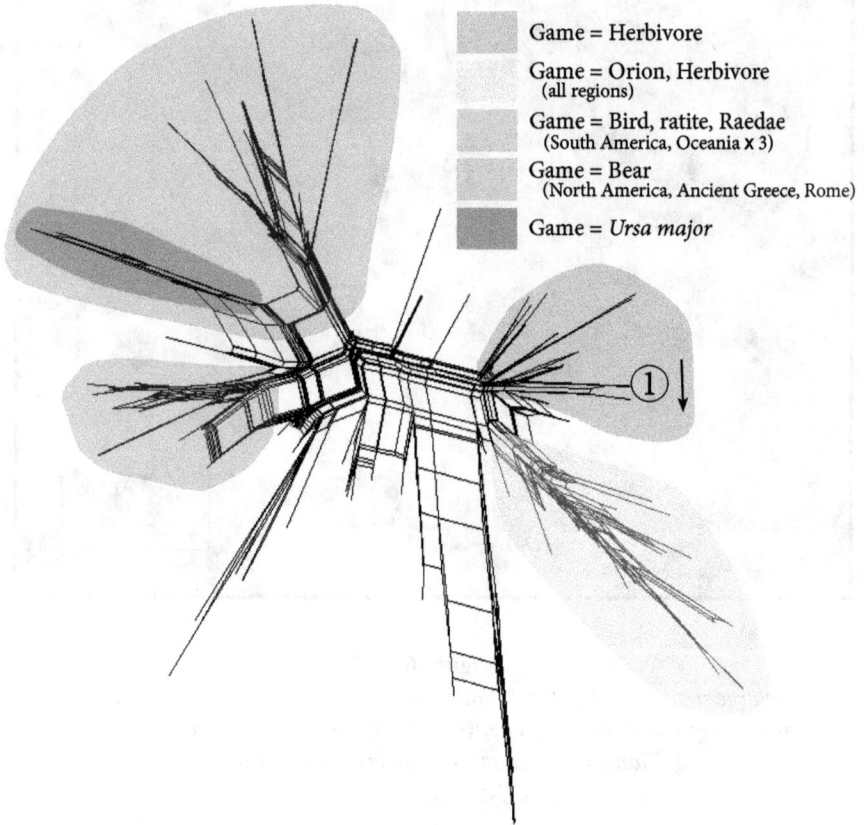

Game = Herbivore

Game = Orion, Herbivore
(all regions)

Game = Bird, ratite, Raedae
(South America, Oceania x 3)

Game = Bear
(North America, Ancient Greece, Rome)

Game = *Ursa major*

Figure 7.

Figure 7 shows the character states on all taxa and characters using the circular order of the taxa on the x-axis and the different characters on the y-axis after clustering the characters using NeighborNet in the character space. The position of the first taxa is indicated by a '1' and the one uses a clockwise (arrow) circular order (Taxa list in annex).

One observes that the resulting outer planar network can be approximated as a phylogenetic tree with 4 main branches. One branch groups North

American versions of the myth with the main defining character Game=Ursa Major often together with Game=Bear while a second branch contains mostly South American versions in connection to a ratite or another bird and/or Game=Southern Cross. A third cluster contains myths versions involving mostly Orion and the character Game=Herbivore. The last cluster is characterized by Game=Herbivore. In summary, one observes 4 main clusters together with some clusters in the intermediary region between the main splits, that are more difficult to precisely characterize. The main splits define a tree to a good level of approximation (The 4-gamete rules are fulfilled by the characters defining the main splits).

One finds out that actually a small number of characters defines alone the main splits in the tree. Restricted to the character Game=Ursa Major, one observes a very good correlation between the different continents and the order of the taxa on the outer planar network. The correlation is less marked for Game=Orion.

The interpretation of the results is not quite straightforward. Let us give some examples showing the difficulties. One observes 2 clusters within North America in relation to the presence or absence of Ursa Major=Game. In the absence of a model, one cannot interpret the split between the two subsets of characters as it may as well be the result of a single appearance of a character or the result of stochastic events leading to the loss of a character. More information is necessary to decide between the two interpretations. Similarly, one would like to find out how the transformation between the Game=Ursa Major and the Game=Orion versions of the myths did happen. The connection between the two versions is done by the character Game=Herbivore. From the point of view of a phylogenetical description, having a split described by a single character is perfectly fine. Nevertheless, one would be interested in finding elements indicating how the transition did took place. Let us discuss 2 possible mechanisms of transition (known in genetics) that would also favor a complete transformation of the myth keeping only a few of its characters.

- Following the thought of Eldredge and Gould[35], evolution may proceed rapidly during short periods following a dramatic destruction of a large part of the taxa leaving possibilities for species surviving the extension and adapted to the new eco-system to strive. Such evolution may be transferred to the study of myths[36]. For instance, let us imagine some populations, possibly on some strong evolutionary pressure, in which simplified versions of a myth do survive. At this stage the myth may revitalize for some reasons and becomes

---

35. Gould, 1972.
36. Sydow, 1934; Lévi-Strauss, 1974; d'Huy, 2013b, c.

what C. von Sydow calls an ecotype[37]. The hypothesis is plausible to explain the transition from the main characters Ursa Major and Herbivore to Ursa Major and Carnivore during the passage to America of a small migrating population.

- In biology, the creation of a new gene may occur through gene duplication. After gene doubling, the main biological function is often fulfilled by one copy of the gene, while the second gene is free to evolve. If at one point the new gene brings an evolutionary benefit compared to having both active genes, then the first gene may get lost. The creation of different versions of (co-evolving) myths may be viewed as the non-biological equivalent of gene duplication. Evolution through the co-evolution of several myths may be a strong hint for cultural interaction. Such instances are possibly found among Saami versions (Game= Bear and Game= Deer). In the case of a single remaining version, the remaining myth may combine elements of both versions. According to von Sydow[38], one observes a certain unification of the variants within one and the same linguistic or cultural area on account of isolation from other areas. There are 2 versions having both Orion and Ursa Major simultaneously as characters (Evenk-Tungus and Tlingit). Could the myth have its origin in the region extending from Eastern Siberia to Alaska? Or is it simply a region in which interactions between myth versions took place?

Figure 8 shows the character states on all taxa and characters using the circular order of the taxa of the phylogenetic network (Fig.7) on the x-axis. The different characters on the y-axis are obtained after applying NeighborNet in the character space. One observes that 10 clusters explain most of the classification, each cluster of characters forming a module. Let us mention that taxa in one cluster may not have all characters realized (i.e. state 1).

Cluster 1 contains among others the characters: Game= ox or cow, Game= domestic animal, stolen animal, Game=Human beings, Number of prey=2. One may infer that this group is related to populations having domestic animals and possibly involved in cattle raids, an important motif in Indo-European mythology.

Cluster 2 contains among others the characters: Game = Deer, Bighorn, Antelope, Nb. of prey=3 and characters related to Orion: 'Game= Orion', 'Three animals form Orion belt', 'visible bow/arrow/spear'. One may infer that the second group of characters corresponds to hunting of animals with horns in relation with Orion.

Cluster 3 contains a significant number of taxa with the characters Game has 6 legs and/or Game=Elk, moose and/or Pursuers on Skis

37. Sydow, 1934.
38. Sydow, 1934.

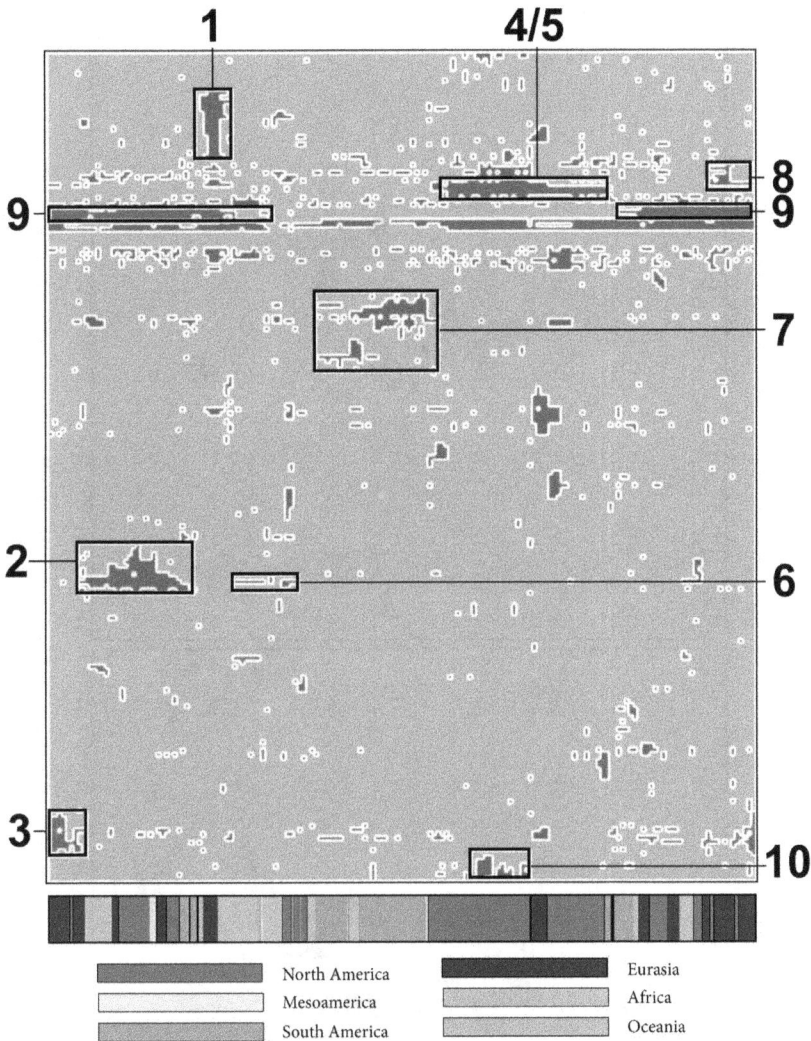

Figure 8.
Plots of all character states on the 206 characters after ordering on both the x and y-axis with NeighborNet. The main clusters of characters are described in the text. (Red=state 1, grey: state 0). The color coding at the bottom indicates the continents.

Cluster 4 corresponds to Game=Ursa Major
Cluster 5 corresponds to Game=Bear

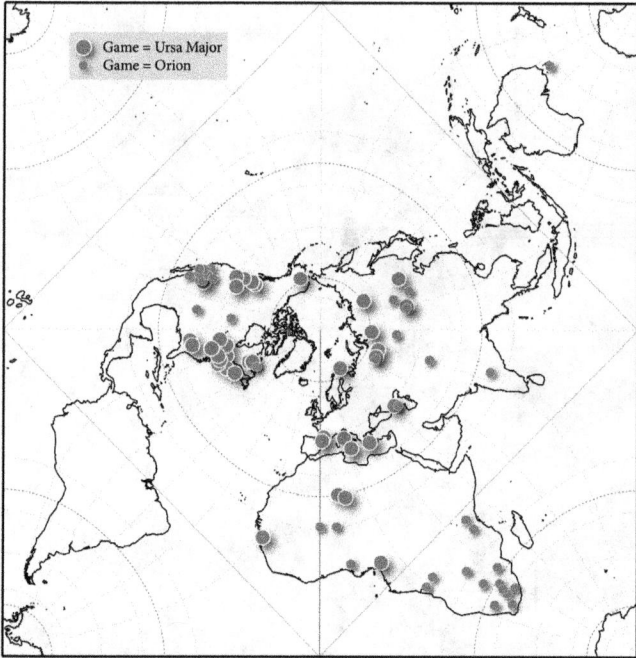

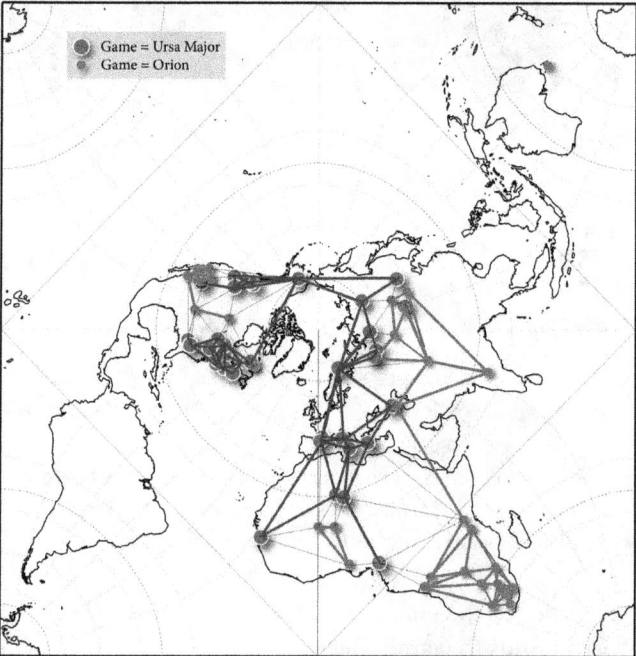

Figure 9.
a) Locations of the occurrences of the Game=Orion and Game=Ursa Major versions of the Cosmic Hunt. For visibility at a worldwide level, some geographically close versions are sharing the same coordinates. b) Same map after triangulation between the different locations followed by the removal of the single edges (thin lines) connecting two points of different colors.

Cluster 6 contains Game=Orion in connection to Game=Herbivore

Cluster 7 is related to populations at lower latitudes, Game = Southern Cross and animals, encountered in South America and Oceania. Game = Rhea, Game = Ratite

Cluster 8 is a second cluster related to Game=Ursa Major in connection to Game=Herbivore

Cluster 9 contains Game=Herbivore, Game= Ungulate

Cluster 10 contains characters related to the Northern hemisphere, Corona Borealis, hunt and the changing seasons: Animal alternatively alive and dead in sky, Hunt has cosmic consequences (seasons, etc.).

Finding Greek, Roman and North American myths in the same cluster is a surprising result. Examining the character states appearing at least 10 times in the North American myths, one finds out that Greek, Roman and North American myths have in common the characters: 'Game=Bear, big mammal, Ursa Major', 'Number of prey=1' that are over-proportionally represented in North America compared to the rest of the taxa. Removing these characters shifts the Greek-Roman myths outside of North America. Accordingly, in previous databases, Greek and West European versions did not cluster systematically with North Amerindian versions[39]. Also, one observes in Fig. 5 that a number of quite rare characters is shared by the taxa Sicily, France-Gascony, Basque and the Classical Greek and Roman versions. Some characters are quite specific to the Sicily, France-Gascony, Basque cluster while some other characters are more specific to the Classical Greek and Roman versions.

The geographic repartition of the main versions of several myths have often been shown to furnish important hints on their possible chronology[40]. In the cosmic hunt, the version with Game=Orion has a very broad repartition including Oceania, Africa, Eurasia, North America, while the version with Game=Ursa Major is not well represented in Africa, nor in the south of Eurasia. Figure 9a shows the worldwide repartition of the different versions. One observes an overlap of the Orion and Ursa Major version in several regions. Curiously, no Game=Orion

39. d'Huy 2012b, 2016.
40. Berezkin, 2005a, 2013; Witzel, 2012; Le Quellec, 2014, 2015.

version is found in Europe despite the fact that Orion the Hunter is well known in Greek mythology. From the repartition of the two versions, it is quite difficult to deduce a chronology. Quite surprisingly, Orion always appears in conjunction to an ungulate also in North America despite the fact that Game=Ursa Major is in a large majority of cases associated to Game=Bear.

Fig. 9b shows the results of a point triangulation on all points corresponding to the different locations, followed by the removal of the single edges connecting two points of different colors. The red triangulation corresponds to Game=Orion versions. The blue triangulation corresponds to Game=Ursa Major versions. One observes that there is an uninterrupted triangulation of the Game=Ursa Major versions between Africa and North America, which is not the case for the Game=Orion version. The continuity of the Game=Ursa Major version on both sides of the Bering's strait suggests that the passage into America of the Game=Ursa Major version of the Cosmic Hunt myth may be posterior to the Game=Orion version, the Game=Ursa Major versions replacing locally some of the prior versions but let us note that more complex alternative models may explain the observations in the scenario of the prior passage into America of the Game= Ursa Major version.

Discussion: correlation between location of myths and phylogenies

Figure 5 shows a good correlation between the location (continents) and the circular order of the taxa in the phylogenetic network. In this section, simple migration models are introduced to understand the relations between phylogenetic representations and migratory paths. The first model assumes that any migration path is followed only once and that a new character appears only once. In other words, the model assumes that the different myth's versions can be represented by a phylogenetic tree.

Figure 10A gives an example in which migratory paths do not cross. If the evolution of myths is only through mutations, then the perfect tree representing the different myths versions has a planar representation with a circular order that is compatible to the circular order of the migration tree. The line, connecting adjacent taxa on the circular order, forms a single loop. This result is quite general and not limited to the details in Fig.10. Let us mention here that if a migration path splits at some node without any change in the myth or if on a path several mutations occur then the result still holds. Figure 10B shows an example in which the migration paths do cross. In such a situation, there is a perfect tree describing the different versions, but the circular order of the taxa may not be consistent with the migratory tree.

Figure 10 models a situation with 2 migration waves. Let us recall that Fig. 5 shows a good correlation between the circular order and the geographic position in the two subsets of taxa associated with either the character Game=Orion or Game=Big Dipper.

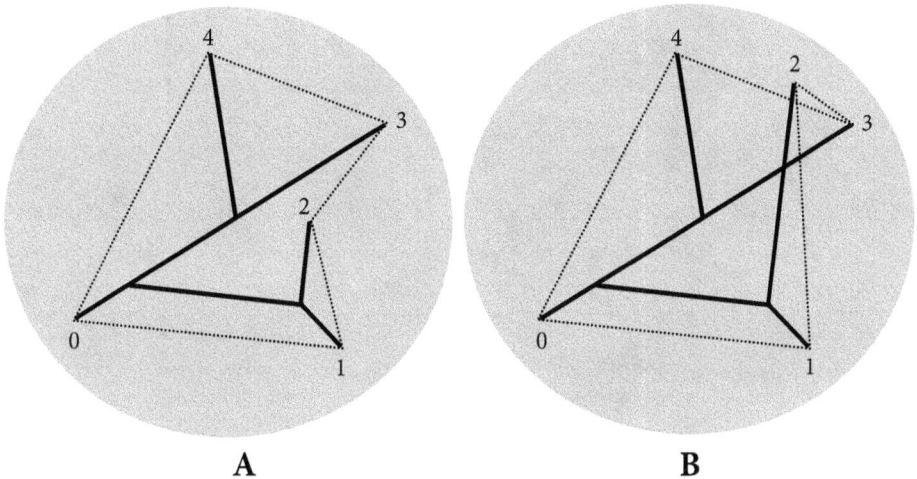

A   **B**

Figure 10.
A) Migration paths are not crossing. The phylogenetic tree describing the different myth's versions has the same circular order as the migration tree. The line connecting adjacent taxa in a circular order forms a single loop; B) The migratory paths intersect at some point. If one assumes no interaction at the intersection, then the evolution of the myth is described by a tree. Geographically far-away regions may be adjacent on a circular order corresponding to the phylogenetic tree.

The model in Figure 11 may explain the long evolutionary distance between some Orion and Ursa Major versions despite the geographic closeness of these versions (Fig.9). The regions (Eurasia, North America) associated to the taxa adjacent to the Orion cluster are the most probable regions in which the split took place (The procedure in Fig.7-8 was repeated on the taxa containing states related to Orion and Ursa Major. The root of the Orion branch is within Eurasia and North America).

Let us repeat the discussion to the case in which cultural interactions generate new versions of a myth. Figure 12 presents a simple model of an interaction described by a lateral transfer between 2 myth's versions (section 2).

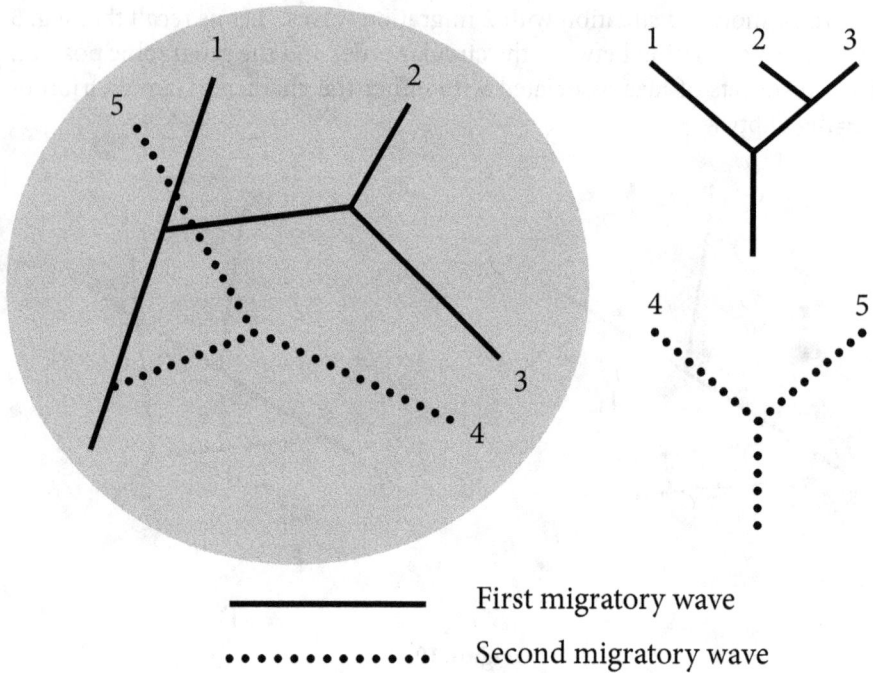

First migratory wave

.... Second migratory wave

Figure 11.
Model of Fig.9A in case of two migratory waves.

The character states of the new version (labelled as 3 in Fig.12) have the character state of one of the two taxa involved in the lateral transfer (labelled as 2 and 4). With this definition of lateral transfer, the mathematics behind the treatment of a lateral transfer is the same as in classical phylogenetic studies (section 2). Fig. 12 illustrates the result that if the migratory paths do not intersect and lateral transfers are between adjacent nodes then the different (coded) versions are exactly described by an outer planar order.

The above models represent well the evolution of myths through migration, but what about evolution through diffusion[41]? Obviously, diffusion and complex transformations may play an important role, but the goal of the simple models is to discuss the relationships between geographical proximity, phylogenetic trees and outer planar networks. The question of diffusion versus migration has been extensively discussed in the context of gene evolution for instance by Cavalli-

---

41. Propp, 2009.

Sforza[42]. The interaction in Fig.12 could also be the outcome of diffusion of the myth versions from the locations labelled as 2 and 4 followed by the interaction through a mechanism that can be described as a lateral transfer in the space of coded myths at location 3.

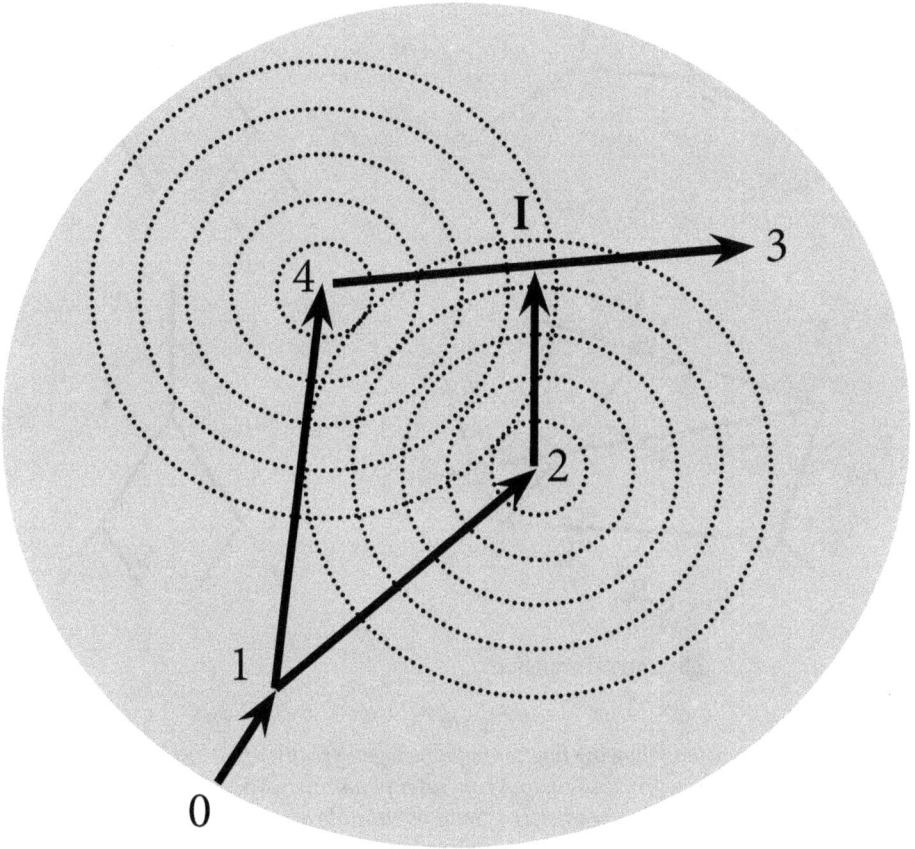

Figure 12.
Migration paths are not crossing. The phylogenetic network describing the different myth's versions has the same circular order as the migration tree. The arrows show the direction of migration. Let us note that this figure may describe evolution through migration and/or diffusion. (The graph may describe the diffusion, symbolized with circles, of two versions from the geographic position of the taxa 2 and 4 followed by an interaction at the node I, in the form of a lateral transfer, resulting into the taxon 3).

---

42. Cavalli-Sforza, Menozzi and Piazza, 1994.

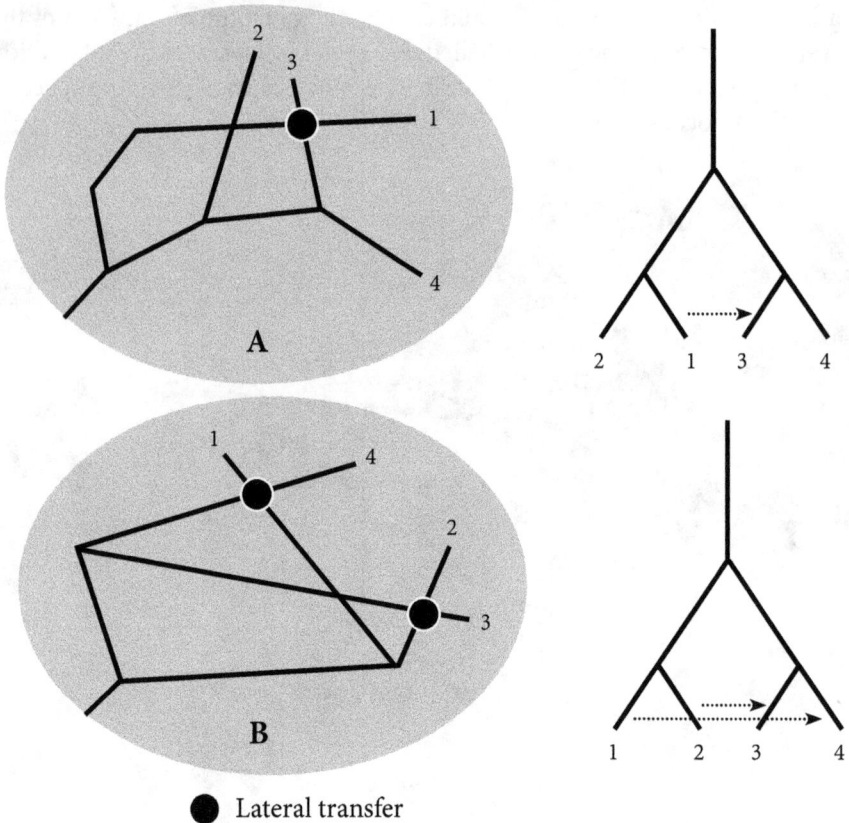

● Lateral transfer

Figure 13.
Examples of evolution following migration paths together with some local interaction in the form of lateral transfers leading to A) an outer planar network structure; B) an outer planar network with some contradictions. Solid points indicate the geographical position of a lateral transfer event and the arrow shows the lateral transfer in the tree representation.

Figure 13 sketches the situation in which two versions interact locally. Let us assume that the interaction can be described as a lateral transfer meaning so that after coding the character states of the new version have the character state of one of the two taxa involved in the lateral transfer. As observed by many researchers[43] and explained by one of us, phylogenetic trees are quite robust against lateral transfers[44].

---

43. Doolittle, 2000; Greenhill, Curie and Gray, 2009.
44. Thuillard, 2009; Thuillard and Fraix-Burnet, 2015.

Figure 13A shows an interaction along a migratory path. The interaction can be described after coding as a lateral transfer between consecutive taxa on a circular order. The different versions can be described by a perfect phylogenetic network. The geographic proximity is not preserved on the circular order of the taxa except in some special cases that we will not discuss here. The model may explain an instance in which the relation between taxa is perfectly represented by an outer planar network while geographic proximity is not fulfilled.

In the situation of Fig 13B, no phylogenetic tree or network does generally describe exactly the data.

A probable lateral transfer can be observed in a Snohomish version of the Cosmic Hunt. The cosmic hunt version includes the motif pushing the sky (i.e.: people decide to push the sky up because it is too low and they are always hitting their head against it). One observes that this Snohomish myth is classified within Eurasian myths. Is it a consequence of the lateral transfer event (or some other interaction) or a numerical artefact? Does it correspond to an independent migration in North America from Eurasia? Is it the remain of the first diffusion of the myth in the New World, placing this version in an intermediate point between Eurasia and America? Using the methods in[45] (adapted to the special case of binary characters) one finds that the lateral transfer event is most probably between the taxon 'Snohomish' and the cluster 'France-Gascony', 'Basque' and 'Sicily'. Considering the large Basque community on the west coast of North America, it suggests a recent interaction between the Snohomish and the Basque version (A large Basque population lives on the west coast of the US).

Figure 14 can be used to discuss the different hypotheses on the correlation between ancient migratory paths and the phylogenetic representation of the different characters. Recalling the discussion of Fig.10, there are obvious deviations to the perfect situation with a single loop (or two loops if one considers Orion and Ursa Major separately). Nevertheless, a quite good correlation is observed between the mains groups of lines and accepted migration paths over the Bering Strait and also between some hypothesized ones. New results suggest that there has been recent gene flow between some Native Americans from both North and mainly South America and groups related to East Asians and Australo-Melanesian[46]. The main support to this hypothesis given by the analysis of the Cosmic Hunt is the presence of the characters Game=bird, Game=ratite and Pursuer=Centaurus in both South America and Oceania, but the presence of both characters might also be the result of convergence caused by similar

45 . Thuillard and Moulton, 2011.
46. Raghavan et al., 2015.

environmental and latitudinal situations (Pursuer=Centaurus is also a character found in Africa).

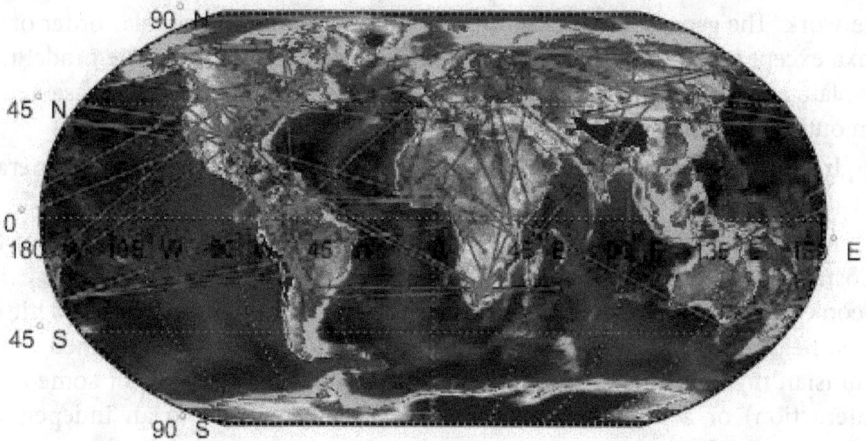

Figure 14.

Using the circular order in Fig.7, the different geographic regions associated to the people in the different versions are represented on the world map with a line relating 2 taxa adjacent in the circular order.

Let us discuss the case of co-evolution between a myth and its geographic position. It's possible to assume that below a given latitude a character changes states (for example because the fauna may be different or a constellation may not be visible at some latitude). Figure 15 sketches such a situation.

Provided the circular consecutive-ones' property is preserved, then a perfect phylogenetic network can describe exactly the evolution. One can show that if the migration tree in Fig.15 is so that the convex hull of the tree crosses only twice the latitude corresponding to the switching of the state, then the circular consecutive-ones' property is preserved[47].

Astronomy is a source of information to discuss whether a possible migratory path is connected to the propagation of the Orion version. Orion is a winter constellation in the northern hemisphere. Precession of the Earth's axis around the north ecliptical pole has a great impact on the visibility of Orion in different epochs, due to its close location to the ecliptic. At the location of the Bering Strait, Orion was invisible for many millennia from around 17 000BC. This precludes an early passage into America of the Orion version through migration after a stop of possibly

---

47. Thuillard and Fraix-Burnet, 2009.

several millennia in Beringia. We can therefore postulate that the simultaneous presence of the Orion versions in both Eurasia and North America is relatively recent. Accordingly, in Africa, Orion is also involved in three quarters of the known versions, and more than half of them include one or several dogs as pursuer(s). As the dog was domesticated in Eurasia around 35.000 YBP and introduced into Africa much later, these versions must be much posterior to the migration of Homo sapiens out of Africa[48]. As Ursa Major has been visible through the ages at those latitudes, it is not possible with the same approach to set bounds to a possible passage of the Ursa Major version to America, which could have happened a long time ago, and possibly during the first settlement of North America.

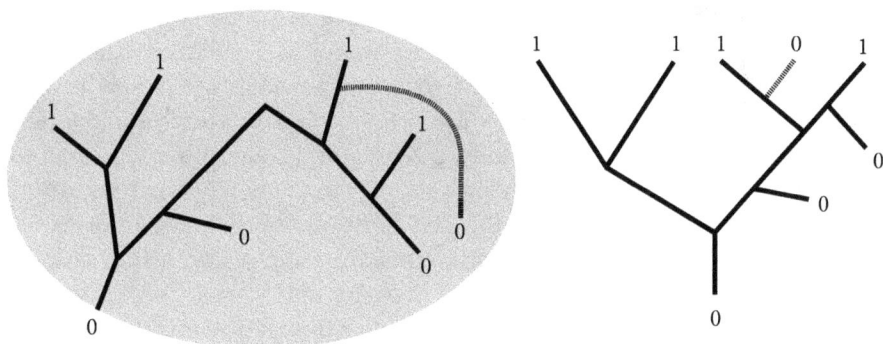

Figure 15.
Example showing a co-evolution between latitude and the state of a character. The tree defined by the solid line fulfills the circular consecutive-ones' property and may be described by an outer planar network while the addition of one edge leads (dashed line) to data that cannot be described exactly neither by a perfect tree nor a perfect outer planar network.

A very difficult question is to determine how and when the Cosmic Hunt first appeared in America. Orion's visibility in Beringia furnishes a limit to the earliest date the Orion's version reached America. A number of versions of the Cosmic Hunt are related to the Pleiades. The 'Game=Pleiades' versions are found in the American continents, associated to 'Game=Carnivore' (a bear pursued by a dog) or 'Game=Herbivore' (a tapir or a caribou pursued by a man/men). A majority of versions are connected to a revenge after an animal is stolen or after a woman has left with a bear. The 'Game=Pleiades' versions in North America have been mostly collected among people (Inuits and Tlingit) believed to have migrated relatively recently. It follows that the 'Game=Ursa Major' version is probably

48. Berezkin, 2012.

the only remaining candidate for having reached America at the time of the migration into America. The observation that the Ursa Major and the Pleiades versions contain herbivores and bears as game in both Europa and in America, contrarily to the Orion versions in which the game is very predominantly an herbivore, seems to contradict this last hypothesis. The character 'Game=bear' in both Europa and America may also be a coincidence – the bear being symbolically very important in both areas.

Conclusions

An outer planar network is an appropriate representation of the different versions of a myth in case of cultural interaction. A proper coding of each myth with binary characters is central to this approach. For binary characters, distance-based approaches and character-based approaches are closely related and it is therefore quite legitimate to use NeighborNet to search for the best representation of the data. In this study, a NeighborNet algorithm was used to iteratively select characters well correlated to splits in the outer planar networks. Phylogenetic analyses combined with a detailed study of the most informative characters furnish much more information than the outer planar network alone. The detailed examination of correlations between outer planar networks and characters often significantly restricts the number of plausible explanations on the evolution of the different versions. This study shows the utility to integrate all available information as exemplified with the analysis of Orion visibility at the latitude of the Bering Strait. The precession of the Earth's axis gives ground to refute the hypothesis of an early passage of the Orion versions of the Cosmic Hunt through Beringia.

Abler, Thomas S., 1987: « Dendrogram and celestial tree: numerical taxonomy and variants of the Iroquoian creation myth », *The Canadian Journal of Native Studies* VII, 2,195-221.

Atkinson, Quentin D. and Gray, Russell D., 2005: « Curious parallels and curious connections—phylogenetic thinking in biology and historical linguistics », *Systematic biology,* 54, 513-526.

Bandelt, Hans-Jürgen and Dress, Andreas W.M., 1992: « Split decomposition: a new and useful approach to phylogenetic analysis of distance data », *Molecular phylogenetics and evolution,* 1, 242-252.

Bancroft, George 1888 *History of the United States of America, from the Discovery of the Continent*, vol. II. New York, D. Appleton and Company.

Berezkin, Yuri, 2005a: « Cosmic Hunt: Variants of Siberian-North American Myth », *Folklore: Electronic Journal of Folklore*, 31: 79-100.

- 2005b: « Continental Eurasian and Pacific Links in American Mythologies and Their Possible Time-depth », *Latin American Indian Literatures Journal*, 21, 99-115.

- 2012: « Seven Brothers and the Cosmic Hunt: European sky in the past », In: *Paar sammukest XXVI, Eesti Kirjandusmuuseumi aastaraamat 2009*. Tartu: Eesti kirjandusmuuseum, 31-69.

- 2013: АФРИКА, МИГРАЦИИ, МИФОЛОГИЯ. Ареалыраспространения фольклорныхмотивов в историческойперспективе Africa, Migration, Mythology. Folkloric Motifs areas in Historical Perspective, Санкт-Петербург, Наука.

Bryant, David and Moulton, Vincent, 2002: « NeighborNet: An agglomerative method for the construction of planar phylogenetic networks », In: Mihai Pop et Hélène Touzet dir., *International Workshop on Algorithms in Bioinformatics*, Springer Berlin Heidelberg, 365-391.

Cavalli-Sforza, Luigi Lucas, Menozzi, Paolo and Piazza, Alberto, 1994 *The history and geography of human genes*. Princeton: Princeton university press.

Doolittle, W. Ford, 2000: « Uprooting the tree of life », *Scientific American*, 282, 90-95.

Dress, Andrea and Steel, Michael, 1992: « Convex tree realizations of partitions », *Applied Mathematics Letters*, 5, 3-6.

Dundes, Alan, 1962: « From Etic to Emic Units in the Structural Study of Folktales », *The Journal of American Folklore*, 75.296, 95-105.

Fischer, John 1959: « Sequence and Structure in Folktales », in: Anthony F.C. Wallace dir., *Fifth International Congress of Anthropological and Ethnological Sciences, Selected Papers*, Philadelphia, U. of Pennsylvania, 442-446.

Forster, Peter, Toth, Alfred and Bandelt, Hans-Jürger, 1998: « Evolutionary network analysis of word lists: Visualising the relationships between Alpine Romance languages », *Journal of Quantitative Linguistics*, 5, 174–187.

Fraix-Burnet, Didier, Thuillard, Marc and Chattopadhyay, Asis Kumar, 2015: « Multivariate approaches to classification in extragalactic astronomy », *Frontiers in Astronomy and Space Sciences*, 2, 3.

Gambette, Philippe, Berry, Vincent, and Paul, Christopher, 2012: « Quartets and unrooted phylogenetic networks », *Journal of bioinformatics and computational biology*, 10: 1250004.1-23.

Gould, Stephen Jay, 1972: « Punctuated equilibria: an alternative to phyletic gradualism », *In:* Thomas J.M. Schopf dir., *Models in Paleobiology*, San Francisco, Freeman, Cooper and Company, 82-115.

Greenhill, Simon J., Currie, Thomas E and Gray, Russell D., 2009: « Does horizontal transmission invalidate cultural phylogenies? » *Proceedings of the Royal Society of London B: Biological Sciences*, 276, 2299-2306.

Hafstein, Vladimar, 2001: « Biological metaphors in folklore theory: an essay in the history of ideas », Arv, 57, 7-32.

Hagar, Stansbury., 1900: « The Celestial Bear », *The Journal of American Folklore*, 13: 92-103.

Huson, Daniel H. and Bryant, David, 2006: « Application of phylogenetic networks in evolutionary studies », *Molecular biology and evolution*, 23, 254-267.

d'Huy, Julien, 2012a: « Le Conte-Type de Polyphème », *Mythologie Française*, 248, 47-59.

- 2012b: « Un ours dans les étoiles : recherche phylogénétique sur un mythe préhistorique », *Préhistoire du Sud-Ouest*, 20.1, 91-106.

- 2013a: « Polyphemus (Aa. Th. 1137): A phylogenetic reconstruction of a prehistoric tale », *Nouvelle Mythologie Comparée / New Comparative Mythology*, 1, 3-18.

- 2013b : « A Cosmic Hunt in the Berber sky : a phylogenetic reconstruction of a Palaeolithic mythology », *Les Cahiers de l AARS*, 16, 93-10.

- 2013c: « Des mythes préhistoriques ont-ils pu survivre au dépeuplement du Sahara? Le cas des hommes-chiens », *Les Cahiers de l' AARS*, 16, 107-112.

- 2016: « Peut-on tester scientifiquement la phylogénétique des mythes? A propos de la chasse cosmique », *Mythologie Française*, 263, 20-24.

Huson, Daniel H., Rupp, Regula and Scornavacca, Celine, 2010: *Phylogenetic networks: concepts, algorithms and applications*, Cambridge University Press.

Korotayev, Andrey and Khaltourina, Daria, 2011: *Genes and Myths: Which genes and myths did the different waves of the peopling of Americas bring to the New World?* Librokom/URSS.

Kroeber, Alfred L., 1899: « Tales of the Smith Sound Eskimo », *The Journal of American Folklore*, 12, 166-182.

Le Quellec, Jean-Loïc, 2014: « Une chrono-stratigraphie des mythes de création », *Eurasie*, 23, 51-72.

- 2015: « En Afrique, pourquoi meurt-on? Essai sur l'histoire d un mythe africain », *Afriques: débats, méthodes et terrains d'histoire*, en ligne http://afriques. revues.org/1717.

Lévi-Strauss, Claude, 1955: « The Structural Study of Myth », *Journal of American Folklore,* 270: 428-444.

- 1974: « How myths die », *New Literary History,* 5, 269-281.

Maranda, Pierre, 1971: « Computer and Analysis of Myths », *International Social Science Journal,* 232, 228-235.

- (dir.), 2001: *The double twist: from ethnography to morphodynamics,* Buffalo, Toronto UP.

McMahon, April and McMahon, Robert, 2005: *Language Classification by Numbers,* Oxford: Oxford University Press.

Oda, Jun'ichin, 2001: « Description of the Structure of the Folktale: Using a Multiple Alignment Program of Bioinformatics », *Senri Ethnological Studies,* 55, 153–174.

Olcott, William Tyler, 1929: *Field Book of the Skies: a presentation of the main facts of modern astronomy and a practical field book for the observer,* New York: G.P. Putman's Sons.

Petitot, Jean, 2001: « A morphodynamical schematization of the canonical formula for myths », *in:* Pierre Maranda dir., *The double twist: from ethnography to morphodynamics,* Toronto, Buffalo ; London, University of Toronto Press, 267-311.

Petrie, William Matthew Flinders, 1899: « Sequences in prehistoric remains », *Journal of the Anthropological Institute,* 29: 295-301.

Propp, Vladimir J., 2009: *Morphology of the Folktale.* First Edition, translated by Laurence Scott with an Introduction by Svatava Pirkova-Jakobson. Second Edition Revised and Edited with a Preface by Wagner LA. New Introduction by Dundes A., Austin, University of Texas Press.

Raghavan, Maanasa *et al.,* 2015: « Genomic evidence for the Pleistocene and recent population history of Native Americans », *Science,* 349.6250, aab3884.

Ross, Robert M., Greenhill, Simon J. and Atkinson, Quentin, 2013: « Population structure and cultural geography of a folktale in Europe », *Proceedings of the Royal Society of London B: Biological Sciences,* 280, 20123065.

Semple, Charles and Steel Mike A., 2003: *Phylogenetics,* Oxford University Press Oxford Lecture Series in Mathematics and Its Applications.

Stevens, Kristian and Gusfield, Dan, 2010: « Reducing multi-state to binary perfect phylogeny with applications to missing, removable, inserted, and deleted data », In: Vincent Moulton and Mona Singh dir., *Algorithms in Bioinformatics, 10th International Workshop, WABI 2010,* Berlin: Springer, 274-287.

Sydow, Carl Wilhem von, 1934: « Geography and Folk-Tales Ecotypes », *Béaloideas*, 8, 344-356.

Thuillard, Marc, 2001: *Wavelets in soft computing*, Singapore: World Scientific.

- 2007: « Minimizing contradictions on circular order of phylogenic trees », *Evolutionary Bioinformatics*, 3, 267–277.

-. 2009: « Why phylogenetic trees are often quite robust against lateral transfers? », In: Pierre Pontarotti dir., *Evolutionary Biology*, Berlin: Springer, 269-283.

Thuillard, Marc and Fraix-Burnet, Didier, 2009: « Phylogenetic Applications of the Minimum Contradiction Approach on Continuous Characters », *Evolutionary Bioinformatics*, 5, 33-46.

- 2015: « Phylogenetic Trees and Networks Reduce to Phylogenies on Binary States: Does It Furnish an Explanation to the Robustness of Phylogenetic Trees against Lateral Transfers », *Evolutionary bioinformatics online*, 11, 213-221.

Thuillard, Marc and Moulton, Vincent, 2011: « Identifying and reconstructing lateral transfers from distance matrices by combining the minimum contradiction method and neighbor-net », *Journal of bioinformatics and computational biology*, 9, 453-470.

Thompson, Stith, 1989: *Motif-index of folk-literature: a classification of narrative elements in folktales, ballads, myths, fables, mediaeval romances, exempla, fabliaux, jest-books, and local legends. Revised and enlarged edition*, Bloomington, Indiana University Press.

Witzel, E.J. Michael, 2012: *The origins of the worlds mythologies*, Oxford, Oxford University Press.

Le cheval Bayart, l'enchanteur Maugis et la fée Oriande
De la médecine par le secret à la chanson de geste et retour par la mythologie celto-hellénique

Jacques E. Merceron*

*Indiana University (Bloomington, IN, USA)

Abstract: *Beginning with magical charms involving the fairy horse Bayart, this essay first focuses on folk traditions associated with this supernatural creature, namely his limping and the loss of one of his horseshoes. These elements are examined in the light of the medieval epic poem de* Renaud de Montauban *(RdM). The enquiry then shifts towards the craftman's circles that have kept the memory of Bayart alive (blacksmiths farriers, shoemakers). Finally, the bulk of the essay turns towards a comparison between two scenes that revolve around Bayart: 1) a horse race in RdM and a scene from the* Mabinogi of Math; *2) the conquest of Bayart on a Sicilian volcanic island in the epic poeme* Maugis d'Aigremont *and the fights of Apollo against Delphunè at Delphi, and of Perseus against Medusa, as well as Lugh's fight in the* Second Battle of Mag Tured. *This examination concludes that these scenes adapt old Indo-european narrative patterns. The demonstration makes the following points: the fairy Oriande of Mongibel (Etna) is the equivalent of Morgan le Fay; Oriande is also the female serpent who gave birth to Bayart; Maugis the magician and Bayart are "lughian" and apollinian twin figures.*

Keywords: *Horse Bayart, horseshoe, limping, Maugis the magician, fairy Oriande, Morgan le Fay,* Renaud de Montauban, Maugis d'Aigremont, *Sicily, Lugh, Apollo, solar twins.*

Résumé: *Partant de conjurations magiques impliquant le cheval Bayart, cette étude se concentre d'abord sur les traditions populaires liées à cette créature féerique, notamment le codage ferrage-déferrage et la boiterie de Bayart. Ces éléments sont mis en rapport avec la chanson de geste de* Renaud de Montauban *(RdM). L'enquête se déplace ensuite vers les milieux artisanaux ayant conservé vivant le souvenir de Bayart (maréchaux-ferrants, cordonniers). Enfin, la partie principale de l'étude établit une comparaison entre deux scènes épiques impliquant le cheval Bayart et des récits mythologiques celto-helléniques : 1) la course de chevaux dans RdM et une scène du* Mabinogi de Math ; *2) la conquête de Bayart sur une île volcanique sicilienne dans la geste de* Maugis d'Aigremont *et les combats d'Apollon contre Delphunè à Delphes et de Persée contre Méduse, ainsi que la* Seconde Bataille de Mag Tured. *Cet examen débouche sur la démonstration que ces scènes prolongent et adaptent de vieux schémas mythologiques indo-européens. La démonstration passe par la reconnaissance que la fée Oriande de Mongibel (Etna) est l'équivalent de la fée Morgane, qu'Oriande est aussi la dragonne génitrice de Bayart, tandis que l'enchanteur Maugis et Bayart apparaissent comme des jumeaux solaires (lughiens / apolliniens).*

Mots-clés: *cheval Bayart, fer à cheval, boiterie, enchanteur Maugis, fée Oriande, Morgane,* Renaud de Montauban, Maugis d'Aigremont, *Sicile, Lugh, Apollon, jumeaux solaires.*

Contexte

On sait que les entorses, foulures, déchirures et autres luxations peuvent être plus ou moins graves ou douloureuses, pour ne rien dire des fractures elles-mêmes. Techniquement et de nos jours, on parle d'« entorse » s'il y a déchirure des ligaments, de « foulure » pour les cas d'étirement léger des ligaments (cheville, poignet, etc.) qui ne nécessitent pas de plâtrage (comme pour la fracture). Ce genre de lésion ou de traumatisme particulièrement handicapant dans les sociétés rurales qui requièrent de leurs membres une forte mobilité des organes locomoteurs[1] est l'un des domaines de prédilection des rebouteux et des panseurs de secret. Ces derniers soignent avec des « prières de guérison » qu'ils marmonnent « secrètement ». Parmi celles-ci, nombreuses sont les formules contre les entorses, foulures et autres luxations qui commencent par le mot *Ante* (prononcé *Anté*). Certaines d'entre elles ne présentent aucun signe de christianisation, d'autres au contraire incorporent de tels éléments. Une formule de ce genre figure déjà au XVIIe siècle dans le *Petit Albert* (1re éd., Lyon, 1668) sous la rubrique « Pour guérir l'entorse au pied et autre maux »[2] :

> « Il faut entreprendre cette guérison le plus tôt possible, ne pas donner le temps à l'inflammation et l'entorse sera subitement guérie. Celui qui fait l'opération doit déchausser son pied gauche et s'en servir pour toucher trois fois le pied malade, en formant des signes de la Croix avec ce même pied gauche, en prononçant les paroles suivantes : à la première fois il dira : *Ante* † ; à la seconde fois : *Ante te* † ; à la troisième fois : *Super ante te* †. Le pied malade doit être touché au-dessus de l'entorse, et l'on s'en sert aussi bien pour guérir les chevaux que pour guérir les hommes. »

C'est pratiquement le même rituel et la même formule que l'on retrouve en usage deux siècles plus tard en Seine-et-Marne. En cas d'entorse, l'opérateur doit toucher avec son pied gauche mis à nu le pied du malade et dire : « *Ante, super ante, super antete.* » L'opération se conclut par une neuvaine[3]. Il en est de même d'après le livre de compte de Cyrille Poyet, tuilier à Dhuizon (Loir-et-Cher) que nous allons bientôt rencontrer en liaison avec le cheval Bayart : la seule différence étant que le mot « inflammation » y est remplacé par le terme local d'*enflamme*[4].

1. D'où l'extrême importance des saints populaires « imaginaires » de type « lieurs et délieurs » pour la marche des enfants « liés » (v. Merceron, 2002, 631-647). Je remercie vivement les personnes suivantes de leurs suggestions et observations critiques : Maurice Gillet, Daniel Giraudon, Patrice Lajoye, Guillaume Oudaer, Bernard Robreau, Bernard Sergent, Claude Sterckx, Michaël Tonon et Philippe Walter. Ils ne sauraient bien sûr être tenus pour responsables d'éventuelles erreurs, tant de fond que de forme.
2. Cité d'après Seignolle, 1998, 863-864.
3. Lefèvre, 1892, 247.
4. Heude, 2011, 12.

Où Bayart entre en scène...

La version la plus originale et la plus curieuse de cette série très fournie débutant par *Ante...* est incontestablement celle qui fut recueillie par le Dr Paul Mallet qui était installé à Saint-Amand-en-Puisaye dans l'Yonne[5] :

> *Enté, entété, super entété, que le mal du pied soit chassé comme on chasse le cheval boyard du jardin des ordennes.*

On répète cela 3 fois, puis on touche ensuite le pied et on fait le signe de croix. Le Dr Mallet avoue être « en pleine obscurité » à propos du *cheval boyard* et *du jardin des ordennes*. Il n'est pourtant guère difficile pour un adepte de la « Mythologie française » de dissiper ces prétendues « ténèbres ». Il s'agit en fait du cheval Bayart[6] et du « jardin » (= forêt) d'Ardenne que l'on rencontre dans la chanson de geste de *RdM*, dite aussi *Les Quatre fils Aymon*[7], œuvre composée au tout début du XIIIe siècle, voire à la fin du XIIe siècle, si l'on peut tirer argument d'un passage d'un *sirventes* du troubadour Bertan de Born daté d'août 1182 (*incipit* : « Un sirventés cui motz no falh »). Il y déclare qu'il viendra assaillir Périgueux « armé sur son Bayart » (« Venrai armatz sobre Baiart »). Il a peut-être ainsi nommé son cheval bai (réel ou fictif) en référence au Bayart de la chanson de geste déjà connue dans une version qui ne nous est pas parvenue[8]. Quoi qu'il en soit, cette chanson de geste fut ensuite propagée sans interruption par la prose des incunables et des livrets populaires de la Bibliothèque bleue de Troyes jusqu'au XIXe siècle. En Belgique, son succès fut aussi assuré par des cavalcades, des processions, des Moralités jouées sur chariots, des spectacles de marionnettes (Liège), des chansons et des enseignes

---

5. Tsvadaris, 2005, 38.

6. *Baiars* au cas sujet et *Baiart* au cas régime en ancien français. H. Fromage signalait qu'à Verberie (Oise), le *Saut Bayard* du XVIIe siècle est devenu *Saut Boyard* au cadastre moderne (*MF*, juil.-oct. 1968, 71, 44).

7. Cette chanson de geste comporte plusieurs versions dispersées dans divers manuscrits. L'édition citée ici est celle de Jacques Thomas, *Renaut de Montauban. Édition critique du manuscrit Douce*, Genève, Droz (*TLF*, 371), 1989. Le ms. Douce (Oxford, Bodleian Library, Douce, 121 = ci-après *D*) est le témoin le plus ancien (milieu du XIIIe s.). Pour une très large, mais partielle traduction : Micheline de Combarieu du Grès et Jean Subrena, *Les Quatre fils Aymon ou Renaud de Montauban*, Paris, Gallimard (Folio, 1501), 1983. Elle est basée sur l'édition ancienne de Ferdinand Castets (1909).

8. Une mise en garde contre les conséquences parfois funestes des parties d'échecs dans le *De naturis rerum* (*ca* 1190) d'Alexandre Neckam (*ca* 1157-1217) pourrait aussi être une allusion à celle, tragique, de Renaud contre Bertholet dans *RdM* (*D*, laisse LXII). Cette datation est acceptée par Ph. Verelst sur la base de ce dernier exemple. Il fait aussi état d'un tombeau portugais qui daterait de 1146 ou 1137 sur lequel figureraient les Quatre fils Aymon (Verelst, 1995, 18 n. 73).

de bâtiments[9], tandis qu'à Naples au XIXe siècle les conteurs qui propageaient oralement la geste portaient le nom de *Rinaldi* (d'après Renaud). Moins connue est la tradition dramaturgique (tragédie) de la geste en Bretagne conservée dans des imprimés, souvent sous le titre de *Vie des Quatre fils Aymon... (Buez ar pevar mab Emon, duc d'Ordon, laquet e form eun drajedi)*[10]. En dehors de *RdM*, le cheval Bayart et les quatre fils Aymon réapparaissent dans *Md'A*, une œuvre postérieure de composition[11], mais prétendant raconter des événements antérieurs. Elle est centrée sur Maugis, le cousin des frères Aymon.

Contentons-nous ici d'une brève présentation du cheval Bayart, présentation qui sera approfondie plus loin quant à ses origines géographiques et lignagières. Ce cheval bai (brun rouge[12]), couleur d'où il tire son nom, peut aussi apparaître blanc « com flor en esté » (*D*, v. 4932) suite aux enchantements de Maugis[13]. Il comprend le langage humain et sa croupe s'allonge[14] à l'occasion pour porter jusqu'à quatre cavaliers en armure[15], ce qui leur permet d'échapper à la vindicte implacable de Charles. Pour la

---

9. Piron, 1946, 187-199.

10. Charles Foulon, « La légende des *Quatre Fils Aymon* en Bretagne », dans J.-M. D'heur et N. Cherubini, éd., *Études de philologie romane et d'histoire littéraire offertes à Jules Horrent à l'occasion de son soixantième anniversaire*, Liège, 1980, 661-667. V. la version imprimée à Morlaix par Alexandre Ledan en 1818.

11. 1re moitié du XIIIe siècle selon Vernay, 1980, 56 ; 2e moitié du XIIIe siècle selon Verelst, 1995, 18 n. 73.

12. « Adj, 1165-70 « brun rouge » (Benoist de Sainte-Maure, *Roman de Troie*, éd. L. Constans, v. 6241) [...]. Du lat. *badius* « de couleur brun rouge (en parlant du cheval) » attesté depuis Varron (*Men.*, 358) (*TLFi, s.v.*). D'autres ont proposé un dérivé du celtique *balios* « marqué au front d'une tache blanche » (Fromage 2000 : 139). Selon J.-P. Savignac, **balio-* est un mot reconstruit à partir du fr. *baillet* et du gallois *ball* « cheval dont le front est marqué d'une tache blanche ». Aux entrées *Bai* et *Jaune 1*, il indique que *badios, bodios* remontent à « une forme i.e. **bhH-dio-s*, issue de la racine **bha-, bho, bhH-* « briller, luire », cf. le lat. *badius* « brun clair », à l'origine du fr. *bai*. » (2004 : 51, 186). À l'entrée *Badius*, le *FEW* de Walther von Wartburg (I, 202) note que comme les chevaux bais ont souvent une marque blanche au front, déjà l'ancien français *baille* signifie « avec une tache sur le front » et *baillet* « marqué d'une pelote ou d'une étoile blanche sur le front ». Le *FEW* reprend sur ce point les entrées *Baille* et *Baillet* du dictionnaire de Frédéric Godefroy.

13. Sur les miniatures, il arbore des paturons blancs (*cf.* planches VIII a et b dans Dontenville, 1966, apr. p. 106).

14. « Il a bessié le col et escos le crepon » (*D*, v. 2243). Cette dernière expression veut dire « déployer sa croupe » (a. fr. *escorir, escore* < lat. *excutere* « secouer, agiter, déployer »).

15. À noter que ce nombre de cavaliers ne figure pas dans *D*, le plus ancien des mss, mais s'impose dans les versions ultérieures (fin XIIIe s. à l'écrit et début XIVe s. dans l'imagerie), puis dans les processions et *ommegangs* des villes du Nord. Dans *D*, Bayart porte trois (v. 2240) ou deux frères (v. 3305) (dont toujours Renaud). Bayart porte les quatre frères dans les mss *V* (v. 2272-2277) et *M* (v. 754-755, v. 845) notamment.

plupart des médiévistes et des mythologues, le caractère *faé* du Bayart souligné par tous ces éléments et d'autres qui seront analysés ultérieurement est à mettre au compte de son origine païenne[16]. Pour les Celtes et pour les anciens Germains notamment, le cheval était à la fois solaire, chthonien (psychopompe, funéraire) et aquatique[17], tandis que le Bayart folklorique est avant tout aérien (par ses bonds prodigieux dans l'espace, parfois d'une rive d'un cours d'eau à l'autre), terrestre (par ses empreintes ou *pas* sur les roches) et plus rarement aquatique ou subaquatique (empreintes sur des rochers immergés). Le Bayart épique est quant à lui surtout terrestre (fuites par les chemins) et aquatique (par ses traversées de cours d'eau). Ses rapports avec le soleil transparaissent par sa naissance dans une île volcanique dans *Md'A* et par ses apparitions à la Saint-Jean d'été, fête quasi solsticiale (*cf. infra*).

Revenons, après cette présentation succinte du Bayart épique, aux conjurations thérapeutiques. S'il en était encore besoin, le décryptage du *cheval boyard* en cheval Bayart serait confirmé par la conjuration suivante « pour les entorses du monde et des bêtes » tirée des recettes de guérison du livre de compte de Cyrille Poyet déjà mentionné pour le Loir-et-Cher[18] :

† *Opéré, par en su, parenté*
Mal, je te chasse de ce pied
Comme on a chassé le cheval Bayard de la forêt des Ardennes.

Il est précisé que le signe de croix initial doit se faire de la main droite et que l'on doit répéter ces paroles 3 fois en faisant à chaque fois le signe de croix. On termine par « 3 petits coups de pied » (c'est-à-dire 3 petites touches du pied). L'entorse ou la foulure des chevaux, le plus souvent à l'articulation du boulet, entorse résultant d'un « écart » ou faux-pas, répond aux noms populaires de *mémarchure*, *mémarche* (*mémairche*), *mépasse* ou *mépasure*. À défaut de vétérinaire diplômé, dans les temps anciens, c'était souvent dans les campagnes les maréchaux-ferrants, les forgerons ou les hongreurs qui soignaient ces affections. Nous retrouverons les deux premiers métiers plus loin.

Bayart en ses coliques

Le cheval Bayart a aussi été mis à contribution par la médecine vétérinaire des *tranchées* (coliques) des chevaux. P. Pognon, instituteur à Landaville dans

---

16. Anne Berthelot envisage pour sa part une origine germanique de Maugis et Bayart, les comparant à Loki et à Sleipnir, le cheval gris à huit pattes d'Odhin. Elle y voit cependant des souvenirs « sans doute subliminaux » et pense que Bucéphale, le cheval initialement sauvage d'Alexandre est le modèle direct de Bayart, tandis que Merlin est le modèle de Maugis (Berthelot, 1996, 324-327). Sur Sleipnir, v. Lecouteux, 2005, 206-207.

17. Le Roux, 1955 ; Lecouteux, 2005, 56, 178, 207 ; Wagner, 2005, 273-303.

18. Heude, 2011, 12.

les Vosges, indique rapporter « absolument tels que nous avons pu nous les procurer » un certain nombre de secrets de guérison. » Parmi ceux-ci, on trouve cette conjuration contre les *tranchées* du cheval[19] :

> *Tranchées rouges, tranchées blanches, tranchées grises, tranchées noires, telles sortes de tranchées que ce soit : Je te prie, je te supplie de quitter le corps de cette bête* (citer le nom de la bête, désigner le poil), *comme tu as quitté le cheval de Bayard dans la forêt des Ardennes. Au nom du Père, et du Fils, et du Saint-Esprit.*

L'expression « cheval <u>de</u> Bayard » pourrait nous envoyer sur une fausse piste (le chevalier Bayard), n'était l'indication de la « forêt des Ardennes ». Cette lecture est de toute façon confirmée par une autre conjuration du Blésois contre les *tranchées* des chevaux. Là encore, loin d'être chassé, Bayart est guéri de son mal. Cette nouvelle formule est extraite du carnet Pinglot, un carnet de remèdes découvert à Pierrefitte-sur-Sauldre (Loir-et-Cher). Celle-ci est précédée d'indications rituelles précises. Il faut se laver les mains, dire 3 *Pater* et 3 *Ave* « dans l'intention du bon saint Éloi », patron des chevaux et maréchal-ferrant selon le légendaire populaire (fêté le 1er décembre). Il faut aussi faire bien attention à ce que le cheval « [n']ai pas les crins bien noués ». Cette prescription observée[20], il faut « surpasser par la main sur le cheval depuis le [*sic*] croupe [« bout »] du nez jusqu'au croupe de la queue, chaque fois ; chaque fois que vous passerez la main sur [le] garrot, vous ferez une croix avec le pouce »[21]. En même temps que l'on fait cela, il faut dire cette formule conjuratoire :

> *Tranchées rouges, tranchées noires, tranchées blanches,*
> *Tranchées *cangreneuse, tranchées dévorantes,* (* *sic* pour « gangreneuses »)
> *Quelques tranchées que ce soient, ou indigestion quelquefois*
> *Que je prie Dieu qu'il te guérisse.*
> *Je prie que bon saint Eloi*
> *Te sorte de ces tranchées,*
> *Et des entrailles et que tu sois guéri*

---

19. Pognon, 1891, 22-23.

20. Dans les traditions populaires, ce sont les lutins domestiques qui, par espièglerie, nouent et tressent les crins des chevaux de la maison. Ceux-ci peuvent aussi être montés la nuit par le lutin. Dans ce cas, le cheval est retrouvé tout en sueur. Mais d'autre part, certains lutins peuvent eux-mêmes prendre une forme chevaline ; c'est même la plus courante : *Mourioche* (Haute-Bretagne) ressemble à un poulain, tandis que près de Carnac, *Pohr en Dro* jette à la mer le cavalier qui l'a enfourché ; au Danemark, le *Niss* est très lié aux chevaux. Sans en être un emprunt, ces lutins domestiques chevalins sont de la même famille que le *genius catabuli* (Sylvanus) romain, protecteur des chevaux (Lecouteux, 1988, 180).

21. Heude 2011 : 14, orthographe d'origine conservée.

Comme le cheval *ballars (* « Bayart »)
Qui est dans la forêt des Ardennes
Trois mois *son pied à terre. (* « sans » ?)
Cheval (ou Jument) quelque couleur que ce soit,
Tu es guéri.

On termine par un *Pater* et un *Ave* « en remerciant Dieu de l'opération que l'on vient de faire. »

Pour ce qui est du rituel précédant la formule du carnet Pinglot, Mᵐᵉ Despriée, une *toucheuse* qui avait hérité de ce carnet, procédait toujours au démêlage des crins des chevaux avant de soigner leurs *tranchées*. Il s'agit là d'une précaution liée à la magie des liens : les crins pouvant en effet, comme les boyaux, *se nouer*, il est impératif de les démêler pour empêcher qu'ils ne contrecarrent le rituel. Selon B. Heude, le lavage des mains relève moins de la propreté que d'un « rituel de purification indispensable pour lutter contre la maladie considérée comme impure. » Et d'ajouter ces remarques fort instructives pour ce qui est de la mentalité populaire en matière de guérison : « Jusque dans les années 1980, quand le cas paraissait grave au fermier, il n'était pas rare de faire venir séparément le vétérinaire et Madame Despriée. Le vétérinaire ne l'apprenait éventuellement qu'après le dénouement, sans trop savoir dans quel ordre avaient été appelés les deux intervenants, le succès étant généralement attribué à la toucheuse. »

Essai d'explication et de contextualisation de ces conjurations

Comme on vient de le voir, par une série de glissements contextuels, le fameux cheval Bayart est passé de la chanson de geste à la tradition populaire et même à la médecine humaine et vétérinaire par le secret.

Bayart et les entorses

Le scénario narratif de la formule poyaudine contre les entorses relie encore à ce stade la guérison à la chanson de geste : le mal du pied doit être chassé tout comme Bayart fut chassé et pourchassé par Charlemagne dans la forêt des Ardennes. Mais c'est très certainement à la vigueur de ses pattes et de ses sabots que Bayart doit d'avoir été mis en relation avec les entorses des humains et des chevaux. Une multitude d'indices de diverses natures vont le montrer. Tout d'abord, ses empreintes gravées dans la roche (*Pied-Bayard, Pas-Bayard, Saut-Bayard*[22]) après

---

22. Toujours en Belgique, une énorme *Pierre Bayart* marquée d'une empreinte, pierre dénommée par la suite *Pas-Bayard* et située en limite de Bouffioulx et de Couillet est mentionnée dans un acte de 1364 (Piron, 1951, VI, 15-16). Le cheval de Roland et le cheval (ou l'âne) de saint Martin sont aussi venus occuper l'espace de leurs « pas » et « sauts »,

ses bonds fantastiques dans l'espace sont nombreuses et fameuses. À Dinant (Belgique), une tradition locale lui attribue même le fait d'avoir fendu de son sabot une aiguille rocheuse de 40 m de haut, le *Rocher Bayard* (anc. *li rotche à Bayau*), qui bloquait la fuite des quatre fils Aymon. Cette « roche » correspond à un *pas baiart* mentionné dans un acte de 1355[23]. Pour la mentalité populaire, jamais Bayart pourchassé ne se tord les pattes en dépit de ses multiples bonds prodigieux dans les airs[24]. Ceci contraste avec le fait que : 1) la grande majorité des charmes magiques médiévaux pour les affections du cheval concerne la fourbure ou la paralysie du pied, la foulure, l'entorse ou la luxation ; 2) ces charmes mentionnent explicitement dans leur « récit » (*historiola*) que tel ou tel cheval, même celui de Wotan (Odhin) ou de Baldr, présente une entorse ou une boiterie[25]. Côté chanson de geste, il est dit dans *RdM* que d'une manière générale Bayart n'a jamais de douleurs aux pattes ni aux jarrets (*D*, v. 2221). Rappelons aussi cette scène emblématique de *RdM* : c'est à la solidité de ses sabots[26] que Bayart dut de s'être débarrassé de la meule de pierre (*mole, muele*) et des chaînes de fer dont Charlemagne l'avait fait lester autour du cou pour le noyer dans le Rhin à Cologne (*D*, v. 12931-12937).

Une série récurrente de motifs enchaînés – sommeil, coup de sabot, empreinte dans la roche – met encore en exergue la vigueur de la patte du cheval Bayart. À Stoumont en Belgique, une légende locale explique la profonde excavation circulaire d'un *pa bayâr* par le fait qu'un des frères Aymon s'étant endormi sur Bayart, ce dernier pour le réveiller donna sur la roche un formidable coup de

---

en concurrence avec ceux du Bayart. Sur d'autres empreintes du Bayart, v. notamment Dontenville, 1973, 193-198 ; Duvivier de Fortemps, 2008, 77-114 et Vaux Phalipau, 1939, 266-267. Il convient toutefois de rappeler avec M. Tamine que tous les toponymes *Bayard* (et var.) ne sont pas attribuables au fameux cheval. Une partie de ceux-ci sont en rapport avec d'anciens moulins (antérieurs à la geste), un anthroponyme et une dénomination ardennaise de la fosse. Toutefois, les choses peuvent se compliquer quand une meule de moulin brisée est associée à la légende du cheval *faé* (Tamine, 2000, 86-99)…

23. Piron, 1951, VI, 19, 22-23.

24. Une exception : selon une tradition locale (1877), contraints par des forces ennemies de quitter leur « château de Montauban » (à Buzenol, Belgique), les quatre fils Aymon enfourchèrent Bayart. Le cheval fit un bond de plus de 2 km jusqu'au lieu-dit *Pas-Bayard*, mais en retombant l'une de ses pattes heurta une énorme pierre et y laissa une empreinte (en lisière d'un bois à Ethe). Du coup, « l'excellente monture en demeura longtemps boiteuse. […]. Il fut néanmoins guéri, du moins soulagé, par le sorcier Maugis. » Une Dame blanche (femme enfermée dans un souterrain) apparaît encore au château de Montauban (Piron, 1951, VI, 10-11, 32).

25. Wagner, 2005, 414ss, 656 et Annexe D, 805-835.

26. Ce n'est que dans un songe de la femme de Renaud que Bayart trébuche et se brise le cou (*D*, v. 6697-6698).

sabot[27]. Par ailleurs, une confusion populaire assez fréquente entre le cheval Bayart et le cheval du chevalier Bayard[28] fait encore ressortir la force et le pouvoir magique de son sabot : à Forléans (Côte-d'Or), Bayard (le chevalier) accablé de chaleur s'endort à l'ombre d'un bosquet après avoir attaché son cheval (anonyme) à un chêne. Mais entendant le tonnerre venu de Quarré-les-Tombes[29], l'animal se met à gratter la terre d'impatience pour réveiller son maître. De plus, de son sabot, il fait surgir une source intarissable : la fontaine Baine ou Bonne Aide. Depuis, on montre la trace de son sabot sur la pierre[30]. Ces deux légendes locales ont un parallèle dans un épisode de *RdM*. Profitant de ce que Renaud et les siens – et même Maugis ! – sont endormis, un traître s'apprête à faire pendre Richard, frère de Renaud, qui a été capturé. Mais Bayart s'en vient avertir Renaud : il lève le pied droit qu'il a « gros et rond » et frappe son écu d'un grand coup de sabot. Renaud, ses frères et Maugis s'éveillent[31] et Richard est libéré. Une fois encore, le salut vient de la vigueur de la patte et du sabot… En outre, juste avant l'épisode de la course à Paris dont il va être question dans un instant, un *ribaut* reconnaît Renaud et tente d'ameuter le voisinage afin de le dénoncer. C'est Bayart qui se charge de lui régler son compte : « Quant Bayart le senti si a le pié levé, / .i. tel cop li dona le cuer li a crevé. » (*D*, v. 5052-5053). Solide et salutaire pied qui combat pour le bien du clan des Aymonides ! Dans *RdM*, Bayart aux pieds « bruyant comme la tempête » fracasse la tête du cheval de Roland (v. 8722-8724). Dans *Md'A*, Bayart casse, d'une ruade du pied arrière, quatre côtes au géant païen Antenor qui tentait de le monter, avant de le saisir à la gorge (v. 1585-1588) ! Plus tard, chez les païens de Palerme, il fracasse d'une ruade la tête d'un assaillant et les côtes d'un autre (v. 1949, 1952).

Un autre élément décisif à verser au dossier du rapport « entorse-Bayart » est l'épisode crucial de sa pseudo-boiterie dans *RdM*. Pour lui faire remporter une course de chevaux à Paris, Maugis maquille en blanc Bayart et lui met, dans un premier temps, un lien à la patte pour simuler une boiterie. Un cordonnier flaire le pot-aux-roses, mais est physiquement éliminé. Le lendemain, Maugis enlève le

27. Piron, 1951, VI, 57-58.
28. « La légende semble avoir été réactualisée au temps du Chevalier Bayard. » (Colombet, 1985, 61). Pour une telle confusion à Plaisians (Drôme), v. *MF*, oct.-déc. 1982, 127, 32.
29. Jean-Paul Lelu signale que les mères morvandelles « berçaient leurs bambins en leur promettant « de les mener voir saint Georges à Quarré, sur son beau cheval blanc » (*MF*, janv.-mars 1974, 92, 4).
30. Colombet, 1985, 61.
31. Ce motif du cheval qui réveille un maître endormi a un parallèle avec le cheval Broiefort dans *La Chevalerie Ogier de Danemarche* de Raimbert de Paris (*ca* 1192-1200).

lien et Bayart triomphe sur tous ses concurrents. Cette scène étant capitale pour l'interprétation que je propose ici, elle sera reprise plus loin en détail et replacée dans un contexte plus large.

Outre l'image épique du Bayart « clochant », l'association « entorse-Bayart » s'est certainement aussi nourrie d'une chanson populaire montrant Bayart ou un cheval bai (Bayart) déferré. Or, pour un cheval normal, la perte d'un fer ne peut qu'affecter sa démarche, comme l'atteste cette citation de *L'Agriculture et Maison rustique* : « car un cheval qui a perdu son fer, & va sans être ferré, s'offense [« se blesse »] en peu d'heures, & gâte tellement la corne, que souvent on en void la perte, ou au moins est rendu de peu de service. »[32]. Les versions ou témoins de « la chanson du Bayart déferré » ou du « cheval déferré » qui remontent au Moyen Âge ont traversé les siècles. Il ne peut être question ici de toutes les citer et je renvoie le lecteur à la collecte de Roger Pinon. Ces chansons sont assez allusives et ont fait l'objet de discussions complexes entre spécialistes. Je ne rentrerai donc pas dans les détails techniques et ardus soulevés par Roger Pinon (1955) et Patrice Coirault (1957) pour savoir si telle ou telle version est d'origine populaire, popularisante ou aristocratique (parisienne), etc. Seule me retiendra l'idée que l'image et le motif du cheval déferré (dont Bayart) sont restés profondément et longuement gravés dans la mémoire populaire. J'en tire un argument supplémentaire pour l'association « entorse-Bayart ».

Débutons par une chansonnette qui n'est citée par aucun de ces deux auteurs. Elle est destinée aux enfants et présente l'avantage de ne pouvoir faire l'objet d'interprétations divergentes sur les points essentiels. Il s'agit d'une « sauteuse » en breton provenant du Finistère que je cite d'après Daniel Giraudon[33] :

Marc'h Hamon a ya da Vrest,	Le cheval d'Aymon va à Brest,
Dishouarn ha digabestr,	Sans fers et sans licol,
Da gerc'hat gwin ha bara mat	Chercher du vin et du bon pain
D'am faotr bihan a zo paotr mat,	Pour mon petit garçon qui est sage,
Marc' Hamon a zailho, a zailho,	Le cheval d'Aymon *sautera, (*ter)
[a zailho,	
Ken a zailho pri er parkoù !	Tellement que l'argile jaillira des champs !

Une autre « enfantine » bretonne à chanter en se balançant sur un cheval à bascule évoque encore le Bayart : « Haido ! Marc'h Hamon » (« En avant ! Cheval d'Aymon). Il va à Quimper chercher notamment des bonbons et du bon pain

---

32. *L'Agriculture et Maison rustique*, 1680, 106.

33. Giraudon, 2000, 157. Cette formulette est très répandue en Trégor, Cornouaille et Léon. D. Giraudon en a publié dix-sept autres versions (*Le Trésor du breton rimé. Rimes de l'enfance*, Brest, Emgleo Breiz, 2014, vol. 4).

pour Kilda et son père. Le petit Kilda étant sur son dos, on voit ensuite le « cheval d'Aymon » bondir par-dessus les épines, les flaques et les pierres[34]. Il n'est pas ici déferré, mais toujours bondissant.

Même si dans la première sauteuse l'univers narratif est fantaisiste, le point essentiel pour mon propos est que c'est incontestablement du cheval Bayart qu'il est question ici sous la désignation de *Marc'h Hamon* et non pas d'un quelconque cheval bai. Or, Bayart est présenté comme étant *dishouarn* « sans fers » (et sans licol), ce qui ne l'empêche pas de galoper ni de sauter en vue d'accomplir une bonne action[35]. Par là, cette image se rattache au motif de la chanson du « Cheval Bayart déferré » ou du « Cheval déferré »[36] dans lequel le Bayart (ou un cheval Bayart) trouve sa place. Parmi les versions les plus récentes du « Cheval déferré », on trouve cette chanson de vaudeville publiée en 1728 (dans un recueil transcrivant des chansons du XVIᵉ siècle).

Elle situe l'action à la Saint-Jean d'été dans un milieu de bergers-bergères. Le chanteur ne peut aller rejoindre sa bergère car, dit-il, « Mon bayart est déferré ». Il le fera referrer avec trente clous dorés, ce qui implique un cheval géant ! Un doute survient : « En pourrait-on tant trouver ? » Puis, ce vers ambigu : « Dedans Paris y en a assez. » Des clous ? Non, « De jeunes filles à marier[37]. » Notons que l'action se situe à la Saint-Jean Baptiste, soit au 24 juin, proche du solstice d'été, et à la veille de la seconde fête de saint Éloi, le 25 juin, ce saint forgeron et maréchal-ferrant dans le légendaire populaire. Quant à la plus ancienne mention d'un Bayart déferré, elle se trouve dans le rondeau IX à trois voix du trouvère

---

34. Giraudon, 2000, 158. « Drein, drein, dreist an drein ! / Dreist ar poulloù hag ar vein ». Un informateur d'Yvias (Côtes-d'Armor) se souvient des enfants criant « Hei ! Moji, hei ! Bayard ! » montés sur des chevaux de manège en bois (Giraudon 2000 : 161).

35. D. Giraudon cite aussi ce dicton : « Aet eo war varc'h Amon » (« Il est monté sur le cheval d'Aymon ») : il est jaloux (Giraudon, 2000, 172). C'est prendre en mauvaise part l'homme, non le Bayart.

36. Dans un conte bien connu, c'est la jument de saint Éloi qui est déferrée. Celui-ci remet en place le forgeron orgueilleux en coupant la patte de sa jument et en la replaçant (Giraudon, 2000, 171). Dans d'autres versions, c'est un Éloi païen qui, forgeron orgueilleux, se fait remettre en place par Jésus forgeron avant de se convertir. Notons que le ferrage du cheval ne débute qu'à partir du IXᵉ siècle (Wagner, 2005, 712). À N.-D. de Crann (Spézet, Finistère), un vitrail montre *Oculi*, fils de saint Éloi, couper le pied d'un cheval ombrageux, puis le tendre à son père qui le ferre et le rajuste. Le souffle de la forge a aussi été mis à contribution dans une chanson d'humour scatologique : « Quand st Eloi forgeait / Son fils Oculi soufflait. » (Merceron, 2002, 278-279).

37. Même scénario dans une autre version de 1535 : le galant ne peut se rendre sur l'herbette voir sa brunette, car ses chevaux sont déferrés. Mais il les fera *enferrer* de cinquante clous dorés par un maréchal.

Adam de la Halle (*ca* 1240/50-1288) dont l'*incipit* est « Or est Baiars en la pasture, hure ! » : « Voilà Bayard dans les prés, ohé ! / Les deux pieds déferrés, (bis) / Il va doucement l'amble, ohé ! / Je lui donnerai une housse, ohé ! / À son retour des prés, (bis) (puis reprise des v. 1-3)[38].

Pour Badel, « Le Baïard du rondeau IX n'a probablement rien à voir avec la monture des quatre fils Aymon et bien davantage avec l'émotion d'un membre indiscret ! »[39]. Cette opinion tranchée n'est pourtant appuyée d'aucun argument. La présence du Bayart déferré dans le contexte galant des chansons postérieures peut certes lui donner raison[40], mais il n'y a aucune incompatiblité avec le fait que le Bayart des fils Aymon puisse être pris dans le rondeau d'Adam comme un « emblème de surface » renvoyant par clin d'œil au Bayart épique. C'est d'ailleurs l'opinion du médiéviste Henri Guy qui, après Paulin Paris, pense qu'Adam s'est inspiré d'une chanson populaire : « Adan [*sic*] a donc imité ici, il n'a pas créé. » Pour lui, cette chanson populaire (inconnue) et le rondeau d'Adam ressortissent d'une veine parodique, rançon du succès prodigieux de la geste des *Quatre fils Aymon*. Et d'ajouter, « On baptisa *Bayard* les animaux fourbus et poussifs »[41].

Cette dernière remarque est corroborée par une pièce anonyme intitulée *La Prise de Nuevile*, poème héroï-comique ou parodie épique. Un ménestrel de la fin du XIIIe siècle y met en scène un bourgeois grotesque qui, tel un baron d'épopée, se vante de prendre d'assaut la ville de Neuville. Il monte sur son cheval *Baielart* et, pour ne pas être désarçonné par l'ennemi, « D'un cordele de lins fu se .II. piés loé. » (v. 87). Ici, ce n'est donc plus comme dans *RdM* le cheval dont la patte est liée par un fil pour imiter la boiterie, mais le cavalier qui se fait lier les deux pieds avec une corde pour éviter de « verser » de sa selle ! Et il en a bien besoin, car son « Baiart fu ruveleus [« rétif »] » (v. 92). Il hennit tellement que toute la grand-rue

---

38. « Or est Baiars en la pasture, hure ! / Des deux piés defferrés (bis). / Il porte souef l'ambleüre, hure ! / Or est Baiars en la pasture, hure ! / Avoir lui ferai couverture, / Au repairier des prés (bis) / etc. » (Badel, 1995, 190-191).

39. Badel, 1995, 16-17.

40. La liaison entre le Bayart populaire et le domaine de l'amour est encore visible dans une pièce burlesque dont le titre explique le propos : « Cy s'ensuit un esbatement du mariaige des .IIII. filz Hémon, ou les enseignes de plusieurs hostels de la ville de Paris sont nommez ». L'auteur anonyme « brode » sa narration à partir du nom de réelles enseignes de cabarets parisiens et donne le nom des rues. On apprend à cette occasion qu'il y avait « de devant la Boucherie » un cabaret à l'enseigne des « .IIII. filz Hémon ». Il les marie burlesquement aux « trois filles Dan Symon de devant St-Leu et St-Gilles. Et pour avoir la IIIIe fille nous prendrons la Pucelle St-Georges du bout de Troussevache » (Jubinal, 1837, 370). Des enseignes au « Bayart portant les Quatre fils Aymon » sont attestées depuis la seconde moitié du XIVe siècle, notamment à Liège (Piron, 1981, 162).

41. Guy, 1898, 288-289.

en retentit au point qu'on croirait entendre la foudre[42] tomber du ciel (v. 92-94). Et quand le bourgeois pique des éperons, son Bayart bien que non entravé fait juste un bond de quatre pieds (v. 106-107)[43] ! Tout cela manifeste de la part de l'auteur une bonne connaissance de détail de la geste de *RdM*, encore diffusée dans des versions modernisées au xviiie siècle (éd. de Carpentras).

L'image du cheval déferré s'est aussi perpétuée dans le Sud de la France à travers un conte très populaire en Gascogne et dans l'Agenais, ainsi qu'à travers une variété de jeu carnavalesque provençal. Examinons-les dans cet ordre. Une version de ce conte-type 559 (« The Princess made to laugh ») recueillie à Tombebeuf est intitulée « Le forgeron de Fumel » d'après le nom d'une petite ville du Lot-et-Garonne, ici résumé[44] :

> Un roi « riche comme la mer » est cependant plus triste que les galériens, car sa fille « belle comme le jour » est si triste qu'aucun galant n'a été capable de la faire rire de toute sa vie et d'autre part parce que son cheval préféré *Brise-Fer*, un grand cheval blanc, est si méchant que même le plus habile forgeron[45] de la terre a été incapable de le ferrer. Le roi fait proclamer que quiconque pourra faire rire une fois la princesse et ferrer quatre fers à son cheval deviendra son gendre et héritier. Un jeune forgeron de Fumel, fils d'une veuve, se propose d'accomplir les deux épreuves. Il engage toute sa maigre fortune pour fabriquer quatre fers en argent et vingt-huit clous d'or, sept par pieds. Avec des aides magiques rencontrés en chemin – un grillon, un rat et la Mère des Puces –, il parvient à faire rire la princesse. Mais à l'approche du forgeron, Brise-Fer se cabre, rue et hennit à sept lieues à la ronde. Heureusement, le chant strident du grillon qui s'est glissé dans l'oreille du cheval l'assourdit tellement qu'il devient doux comme un agneau ; puis, le rat émettant des pets et des vesses qui empestent le tabac, le cheval s'endort à cette odeur. Le jeune forgeron peut alors le ferrer, le brider, le seller, puis le monter. Le forgeron épouse la princesse. Mais c'est au tour du forgeron de se désoler : il a en effet juré qu'il était riche en or et en argent. Après les noces, un homme l'approche : c'est un galant repoussé par la princesse. Il se dit lui aussi « riche comme la mer » et promet au forgeron un plein grand sac de quadruples d'Espagne si celui-ci ne consomme pas le mariage la première nuit. Il réussit l'épreuve et reçoit son or ; mais non satisfait encore, il poursuit l'épreuve pendant deux autres nuits et accumule de l'or. La princesse est outrée par ces négligences

---

42. À noter cette nouvelle association du Bayart avec la foudre et le tonnerre comme à Quarré-les-Tombes.

43. Scheler, 1879, 170-175.

44. Bladé, 1886, 23-35.

45. Note de Bladé : « En Gascogne, beaucoup de forgerons travaillent en même temps comme maréchaux-ferrants. » (Bladé, 1886, 24).

nocturnes et le vieux roi annule le mariage ne voulant pas d'un « chapon » pour gendre. Il accorde la main de sa fille à l'autre prétendant. Heureusement, grillon, rat et Mère des puces vont rendre sa nuit de noce impossible et l'endormir ! Le désormais riche forgeron peut de nouveau épouser sa princesse.

Il ressort de ce conte que l'épouse et la royauté s'acquièrent notamment par la conquête[46] et le ferrage d'un cheval sauvage (non ferré donc). Cette importance du cheval est probablement ce qui a incité l'Église à installer un saint Hippolyte (*hippos* « cheval ») à Fumel (au hameau de Condat)[47]. Notons aussi les clous dorés, comme dans les chansons précédentes, ainsi que le nombre sept, nombre « lugien » souvent associé à Bayart. En outre, comme le remarque D. Pauvert à propos de la dernière épreuve, pour obtenir la richesse matérielle, le forgeron a dû se mettre dans la position du « jeune marié cocu, c'est-à-dire du cornard de carnaval »[48].

En synthétisant ces diverses sources, on entrevoit un codage qui s'établit ainsi : un cheval sans fer est sauvage, voire démoniaque[49] ; un cheval ferré est domestiqué ; un cheval déferré signale un retour au sauvage ou bien un animal mi-sauvage mi-domestiqué, donc un « boiteux » capable de « chevaucher » entre les mondes. Introduit dans un schéma à caractère sexuel, ce codage se charge de nouvelles valeurs : le passage du non-ferrage au ferrage favorise la conjonction sexuelle, le mariage (ferrer le cheval et épouser la princesse), tandis que le déferrage empêche la conjonction (chansons du « cheval déferré »)[50] ; pour son propre compte ou

---

46. Dans une autre version de ce conte intitulée « Le Maréchal-ferrant de Barbaste », le vieux roi de France donne officiellement ce cheval au jeune maréchal pour prix de sa réussite aux deux épreuves. Lors de la première rencontre avec la princesse, le maréchal est décrit comme « portant la barbe inculte, la figure et les mains noires ». Il fait donc ici figure d'homme sauvage. En outre, il a le grillon pour hausse-col, la puce pour aiguillette et le rat pour plumet de chapeau. C'est tout cet ensemble qui fait rire la princesse (Seignolle, 1986, 35 ; ce conte a été publié en 1868 par Cénac Moncaut).

47. À un endroit qui marquait la frontière entre les Nitiobriges et les Cadurques (*MF*, 2005, 218, 57).

48. Pauvert, 2007, 54.

49. Dans un conte breton intitulé « Le cheval du diable », un homme rencontre de nuit un cavalier. Ce dernier l'invite à profiter de sa monture. Or, il remarque que le cheval ne fait pas de bruit : « On dirait qu'il n'est pas ferré ». Le cavalier inconnu répond : « C'est qu'il est encore jeune et qu'il a le sabot tendre », puis il confie un instant sa monture à son passager. Le cheval lui révèle alors qu'il est une femme et lui montre ses pieds de femme. Elle est à présent vouée au diable qui l'a métamorphosée (Le Braz, 1994, 418-420).

50. Dans *Le Conte du Graal* de Chrétien de Troyes, Gauvain est sur le point de rattraper une biche blanche dans la forêt quand son cheval se déferre. L'allure de celui-ci faiblit, puis il se met à boiter (*clocher*). Son écuyer soulève la patte avant et constate qu'il y manque un fer. Gauvain se met en quête d'un forgeron, mais en route tombe sur le jeune roi d'Escavalon (intensif probable d'Avalon) qui l'invite dans son château. Là, il se

plus souvent pour le compte d'autrui, le forgeron qui ferre les chevaux et les juments est un « marieur ».

L'image du cheval déferré a aussi été maintenue en Provence à travers le jeu carnavalesque du *chivau-frus*, une variété de cheval-jupon. Voici une description valable pour Orpierre, Laragne, Molines, etc., dans les Hautes-Alpes[51] :

> « [...] le carnaval amenait dans les rues la cavalcade de « Chivaufrus » qui, entourés de maréchaux-ferrants faisaient des sauts formidables. Un Arlequin, portant une épée, précédait le cheval que des cochers, armés de fouets, obligeaient à le suivre dans une course folle à travers murs et vallons. À plusieurs reprises, le cheval tombait. Tout-à-coup, il se mettait à boiter, puis, s'arrêtait près d'un bourbier préparé à l'avance. Un moment docile pendant le simulacre de ferrage que des maréchaux-ferrants armés de marteaux, de tenailles, d'un fouet, d'un chasse-mouche faisaient autour de lui : il s'emballait brusquement et précipitait le maréchal-ferrant et ses aides dans le bourbier, à la grande joie des spectateurs. *Au ferrement, rite de fécondité*, s'ajouta ce barbouillage de boue qui devait promouvoir la fertilité. » (je souligne)

Voici l'interprétation de Marcelle Mourgue de ce rituel à contexte calendaire : « Le jeu des 'Chivau-frus' apparaît comme un jeu de mort et de résurrection de la Nature : le boitillement du cheval correspond au ralentissement de la vie végétative, suivi de sa chute qui évoque la mort de la Nature et l'emballement soudain du cheval figurait l'explosion du Printemps. »

Il n'y a cette fois apparemment pas de femme dans ce jeu des Hautes-Alpes, mais si l'on suit l'interprétation de M. Mourgue la fécondité est transposée sur le plan de la fertilité de la Nature. Le manque de détails dans la relation du rituel rend son interprétation un peu incertaine. On doit supposer que le cheval « fou » n'est pas ferré au départ, donc sauvage ; sa boiterie ne serait pas due à un déferrage, mais à une chute (?) ou à une feinte du cheval (?). Il est ensuite ferré (domestiqué, donc prêt à la conjonction sexuelle du printemps), puis il s'emballe de nouveau et précipite le maréchal-ferrant et ses aides dans le bourbier apparemment fertilisant. Ce dernier épisode rapproche ce cheval du cheval-drac qui précipite ses cavaliers dans une mare (trépas « infernal » selon le christianisme, mais trépas aquatique et gage de renouvellement selon le paganisme).

---

retrouve bien vite dans les bras de la séduisante et peu farouche sœur du roi, mais s'attire les foudres d'un vavasseur qui apprend à celle-ci que Gauvain a tué son père, l'ancien roi, puis en butte à la haine des bourgeois (Méla, 1990, 400-414, v. 5587-5791). Si la poursuite d'une biche blanche met sur les traces d'une femme aux allures merveilleuses, le déferrage débouche ici sur une conjonction sexuelle avortée dans un contexte ambigu.

51. Mourgue, 1998, 95-96.

Ce genre de jeu du cheval déferré avec simulation de boiterie, suivi d'un simulacre de ferrage par les maréchaux-ferrants, ces spécialistes du fer à cheval et de la médecine vétérinaire, a certainement dû, comme le conte du forgeron de Fumel, contribuer à entretenir un réseau d'associations visuelles et mentales dans lequel aussi bien le souvenir de la chanson du « Bayart déferré » que l'image du Bayart épique boiteux a pu trouver sa place. On retrouve également la scénette mimée du ferrage d'un cheval-jupon (le *Zamalzain*) ou du *Txerrero*, un homme portant un bâton au bout duquel est fixée une longue touffe de crins de cheval, par les maréchaux-ferrants dans les mascarades basco-françaises souletines représentées durant le carnaval, période conçue comme s'étendant depuis le jour des Rois jusqu'au Mardi gras inclus. Comme le Zamalzain résiste, le fer à cheval est mal posé, d'où sa boiterie. Il s'enfuit et il faut recommencer l'opération (il est également castré par des hongreurs)[52]. « En Soule, le ferrage d'un pied le rend momentanément boiteux »[53].

À partir de ces exemples et pour en revenir spécifiquement au cheval Bayart, on constate que, directement ou indirectement, sérieusement ou parodiquement, c'est toujours autour du pied de l'équidé que revient l'attention de la chanson de geste et des légendes. Mais, demandera-t-on, pour ce qui est du Bayart, est-il déferré seulement dans les chansons ou dans les sauteuses pour enfants ? Non pas. Selon une légende locale, un jour qu'il franchissait d'un bond la rivière Apance[54] naissante au hameau de Fresnoy-en-Bassigny (commune de Parnot-en-Bassigny) pour atterrir à Aigremont (fief de Maugis) en Haute-Marne, non loin de Bourbonne-les-Bains, le cheval Bayart perdit un de ses fers. Le choc violent du métal sur la roche en fit jaillir la fontaine ferrugineuse de Larivière-sur-Apance[55]. Contrairement aux chevaux ordinaires, même privé d'un fer, le cheval *faé* non seulement n'en voit pas son allure amoindrie, mais il fait œuvre utile en créant une source (ferrugineuse, qui plus est). Sa soudaine boiterie apporte la fécondité et la vie.

Lié à l'eau courante et aux bourbiers, Bayart marque aussi de son pied des espaces aquatiques souterrains : à Anor (Nord), c'est sous un lac qu'il imprime l'empreinte de son pied sur une pierre qui porte le nom de *roche du Pas Bayart*[56]. De même, à Hirson dans l'Aisne où l'on connaît un étang et un hameau du *Pas-Bayard*, l'empreinte du sabot de Bayart serait sous une pierre vers l'extrémité de l'étang[57].

---

52. Baroja, 1979, 182, 184, 190, 197.
53. Pauvert, 2012, 110-111.
54. Un des principaux affluents de la Saône aux limites des anciennes provinces de Lorraine et Franche-Comté.
55. Hans, 1986, 19.
56. Coussée, 1996, 2.
57. Belot, 2004, 46.

Ces deux localisations suggèrent que Bayart peut sortir directement d'un lac ou d'une étendue d'eau[58]. Dans tous les cas, on comprend mieux dans ces conditions que le cheval Bayart réduit à ce pied bienfaisant, quasi infaillible[59], pied capable de supporter le choc de bonds prodigieux, et qui a obnubilé depuis des générations à la fois les poètes épiques et la tradition populaire, ait pu être impliqué dans des conjurations thérapeutiques contre les entorses. Vigueur constante des pattes et des sabots, fausse boiterie bientôt « guérie » ont certainement frappé l'esprit des guérisseurs et des patients et contribué à associer Bayart à la lutte contre les entorses et autres foulures.

Bayart et les tranchées

Pour ce qui est de la conjuration contre les *tranchées* des chevaux, le lien direct avec l'épopée est perdu ou ignoré. C'est avant tout à son statut de cheval célèbre dans la tradition populaire que Bayart doit d'être impliqué dans la guérison de cette maladie. Mais il n'est peut-être pas anodin de rappeler que dans *RdM* Bayart bénéficie d'une solide santé qui confine au prodige : alors que, soumis à des privations extrêmes dans certains épisodes, les autres chevaux des frères dépérissent, lui reste gros, gras et vigoureux quand bien même il n'a que des racines et des feuilles à se mettre sous la dent (*D*, v. 3438, 3442). C'est peut-être aussi, par la suite, son estomac à toute épreuve qui lui a valu de laisser son nom à l'*Arum maculatum L.* (arum tacheté ou gouet tacheté) qui est parfois appelé *Cheval-Bayart*. Mâchée, sa racine peut déclencher des douleurs d'estomac, des coliques, des convulsions. C'est aussi une plante toxique, irritante qui déclenche des vomissements[60]. Raisonnant selon l'adage « Qui peut le bien peut le mal » et vice versa, la mentalité populaire a-t-elle imaginé que ce *Cheval-Bayart* qui pouvait déclencher des coliques pouvait aussi les guérir ? En tout cas, de par son statut d'animal *faé*, Bayart participe du sacré et de sa puissance exceptionnelle. Invoquer un Bayart guéri était manifestement perçu comme un signe favorable par les guérisseurs et leurs patients. La solidité à toute épreuve de l'appareil digestif de Bayart est d'autant plus remarquable que les troubles de ce même système constituent la troisième maladie en importance dans les charmes magiques germaniques du Moyen Âge, après les maladies du pied et la morve ou farcin[61].

---

58. À Noville en Belgique, où se trouve *à pas bayâr*, une grande roche plate dont l'extrémité baigne dans l'eau d'un ruisseau, une empreinte se trouve sous l'eau. Selon une autre notice anonyme, « c'est de la roche voisine que cheval et cavalier se sont précipités dans le torrent. » (Piron, 1951, VI, 41). Il s'agit d'une entrée dans l'eau.

59. En dehors de la croupe qui s'allonge à volonté.

60. Van Heurk et Guibert, 1864, 396-397.

61. Wagner, 2005, 656-657.

Le v. 10 de la conjuration de Pierrefitte-sur-Sauldre (Loir-et-Cher) « *Trois mois* *son pied à terre* » (*« sans » ?), obscur et sans doute corrompu, pourrait, selon Heude, être en rapport avec les mois d'errance des quatre fils Aymon et avec la symbolique du chiffre 3 (Trinité). Mais il me semble plus pertinent de rappeler que Bayart est un cheval *faé* qui peut faire des bonds gigantesques par-dessus les vallées pour sauver ses cavaliers de la vindicte de Charlemagne. Or, justement, dans ce même département à Gy-en-Sologne, le cheval Bayart était conçu comme « une espèce de fantôme lumineux ou de lueur dont les bonds dans l'espace – dit-on maintenant – n'étaient en réalité qu'une lanterne se balançant au bout d'une longue perche »[62]. Si l'on écarte l'interprétation moderne, il s'agit donc du Bayart sous son aspect de feu follet, donc igné, qui peut voleter dans les airs. Ceci m'amène à évoquer d'autres aspects du Bayart populaire.

Parallèlement (antérieurement ?) à l'image du Bayart cheval *faé* épique, la tradition populaire l'a aussi présenté en cheval fantastique, « esprit malicieux » ou diablotin (plutôt que diable), de type lutin, *drac* occitan ou *goblin* normand dont la croupe peut s'allonger aussi[63]. Au Vigan (Lot), le drac-cheval s'allonge jusqu'à porter vingt-quatre jeunes gens désireux de franchir un petit cours d'eau transformé en torrent[64] ! Dans plusieurs régions, ce cheval fantastique a même reçu le nom de Bayart. Ainsi, dans l'Orne, le *cheval Bayart* se présente comme une sorte d'esprit malicieux qui surgit dès la tombée de la nuit sous la forme d'un cheval tout bridé et sellé. Il offre sa croupe au voyageur attardé. L'imprudent qui a eu le malheur de l'enfourcher se retrouve bientôt à caracoler furieusement avant d'être projeté dans un étang ou dans une mare boueuse[65]. Passons à présent en Bourgogne. À Vitteaux en Côte-d'Or, on connaît le *cheval Boya*. C'est un grand cheval qui se tient prêt à enlever les sorcières qui, réunies au bord de la Brenne, au lieu-dit le Carabin, pour y danser, ne respecteraient pas les règles du sabbat (on retrouvera dans un instant l'association cheval-danse). À Auxonne, son apparition était présage de mort ; à Grésigny, il apparaissait la nuit sous forme d'un grand cheval blanc galopant le long des chemins : « Il ne faisait pas bon le rencontrer »[66].

Le cheval Bayart est également présent en Limousin : près de Gajoubert (Haute-Vienne), il arrivait la nuit au grand trot par la *cafourche* (« carrefour ») de

---

62. Cartraud et Edeine, 1966, 107. H. Dontenville (1966, 102) indique que, selon J. Cartraud, ceci se passait à Lamotte-Beuvron (Loir-et-Cher). Or, Cartraud et Edeine indiquent bien Gy-en-Sologne dans leur étude de 1966.

63. H. Dontenville rappelle que s'il peut s'allonger, le *drac* peut aussi rapetisser pour devenir petit (1973, 141).

64. Saur, 2001, 22-23.

65. Bosquet, 1841, 350-351.

66. Colombet, 1985, 60-61.

Gouttelonge et entourait de cercles de plus en plus étroits l'homme qui avait eu le malheur de passer là à cette heure attardée. Si l'imprudent l'enfourchait, il l'emmenait bientôt au bord de l'étang du Ricourt où l'attendait un grand cercueil noir ouvert[67]. Avec ce dernier cas, nous atteignons la face ouvertement diabolisée et funéraire du Bayart. Retenons de ces témoignages la couleur blanche, la taille impressionnante (gigantesque ?) du *cheval Boya*, ainsi que ses liens avec la nuit et l'eau destinée à noyer. Blanc est encore le pelage du *cheval Bayart* à Walzin-sur-Lesse dans l'Ardenne belge, ainsi que celui qui laisse sur son passage un « pas » appelé *la piado dou tchivaou Bayar* près du pont de Maupas entre Bourg-Saint-Andéol et Bidon (Ardèche)[68]. Ainsi donc, la tradition populaire a accueilli massivement l'idée et l'image d'un cheval merveilleux à la croupe extensible (nommé Bayart dans certains cas) en lui donnant une tournure plutôt maléfique (cavaliers versés dans l'eau, voire noyés). La tradition épique du Bayart à croupe extensible portant de deux à quatre des fils Aymon est au contraire positive : elle permet aux frères d'échapper à la haine de Charlemagne. Or, on retrouve une version positive similaire dans le conte gallois de *Kulhwch et Olwen* datant de la fin du XIe siècle dans sa rédaction primitive[69] : Llamroi, la jument d'Arthur évacue sur son dos quatre hommes du roi blessés lors d'un combat dans la caverne de la Sorcière Très Noire située dans les hauteurs de l'Enfer[70].

Le motif du cheval qui, la nuit, verse son cavalier à l'eau, figure déjà au début du XIIIe siècle dans une configuration mixte qui associe cheval et esprit malicieux de type lutin ou goblin. Dans ses *Otia Imperialia* (*ca* 1210), Gervais de Tilbury (*ca* 1140-1220), ethnographe avant l'heure, recueillant des traditions orales, mentionne le cas des *portuns* anglais (*portuni*)[71] (équivalents des *neptuni, nuitons, nutons*, puis > *lutins* en français), génies domestiques de petite taille, à la fois serviables et espiègles. Parfois, la nuit, un *portun* s'agrippe sans être vu au cavalier, puis saisissant les rênes de son cheval le dirige dans un marécage. Là, celui-ci y reste embourbé et s'y vautre. Le *portun* s'éloigne alors en jetant un ricanement[72].

---

67. Maudhuy, 2007, 40. Souvent, le cheval fantastique, taquin, espiègle, se contente de ricaner après avoir projeté son cavalier dans l'eau qui s'en tire avec une belle frayeur et peut-être une pneumonie… Dans d'autre cas, c'est la mort par noyade.

68. Dontenville, 1951, 2-3. Le *tchivaou Bayar* y est en relation avec une fée : « Dona Vierna, bienfaitrice des pauvres gens », contrainte pour fuir des persécuteurs, l'avait enfourché (H. Fromage, *MF*, oct.-déc. 1971, 83, 169).

69. Lambert, 1993, 124.

70. Lambert, 1993, 163-164.

71. Gervais avoue n'être pas sûr de la nature de ces créatures : « je ne sais s'il faut les appeler des démons ou des apparitions secrètes et de race inconnue » (*Id.*).

72. Duchesne, 1992, 74.

Dans ce cas, on n'est pas en présence directe de la figure du cheval fantastique, mais il est aisé de comprendre que le *portun* (*nuiton*) malicieux ait pu fusionner avec le cheval, voire lui céder la place dans des versions postérieures ou même contemporaines. Par ailleurs, on a vu que le cheval Bayart épique comprend le langage humain. Or, ce motif est aussi présent chez Gervais de Tilbury avec le cheval *Bon Ami* de Giraud de Cabrera, un noble catalan. D'une rapidité sans égale, il est aussi « de bon conseil dans tous les cas difficiles [...] ; il [Giraud] s'adressait à son cheval, comme on demande conseil à quelqu'un de fort avisé ». On voit même le cheval danser et faire des courbettes extraordinaires en suivant la musique (équivalent des bonds prodigieux en version aristocratique ou élaboration à partir d'un jeu de *chivau-frus* ou cheval-jupon ?). C'est au point que Gervais se pose des questions sur son statut : Si le cheval « était fée [*fadus equus*], comme l'on assure, ou de quelque espèce mêlée de démons, comment mangeait-il ?[73] ». Sur ce point également, on peut trouver de possibles prolongements à cette danse du cheval. À Esquièze-Sère (Hautes-Pyrénées), jusqu'en 1949, une quinzaine de jeunes gens se livraient tous les sept ans à la *danse du cheval Bayart* sur une hauteur où se dressait le château Sainte-Marie. Jean-Michel Guilchier l'avait signalé et un film (*Pyrénées, terre de légendes*) en avait été réalisé en 1942 par Jean Lods (Dontenville 1963 : 114)[74]. « Dans ce film, c'est le chef maure qui possède le fameux cheval-fée Baïard [devenu Ben Yar !]. Il lui permet d'enlever Talismar, la belle fille du roi local qui habite au château Sainte-Marie. Récupérée par les soldats de son père, elle est enfermée dans la tour de la forteresse. Mais le Maure intrépide amoureux vient délivrer la belle et l'enlève à nouveau sur son cheval. Rattrapés, ils devront avouer leur amour devant le roi et tout le village. Le mariage est accepté sous les cris de joie des villageoises, mais à condition naturellement que le Maure se convertisse... »[75].

---

73. *Id.*, 102-103. Il est dit qu'il ne se nourrit que de pain de froment servi dans une écuelle d'argent. On a vu que la question du régime alimentaire surprenant du cheval Bayart est aussi mentionnée dans *RdM*.

74. D'autres sources parlent de la danse du *cheval de Bayard*. Bayard est monté sur un cheval de bois. Le jeu consiste en l'enlèvement d'une jeune fille que le chevalier délivre et reconduit à ses parents (Joanne, 1862, 322). Mais un site Internet bien documenté insiste sur le fait qu'il s'agit bien du *cheval Bayart* : « Le cheval-fée et ses quatre cavaliers ont été transformés en homme-cheval, appelé en Pays basque, zamalzain. [...] Dans la danse, l'homme-cheval que certains souletins associent au roi Sanxto, défend le village avec les siens, contre les envahisseurs et va délivrer une belle captive aux mains des « méchants ». Celle-ci est la fille d'un seigneur local du château Sainte-Marie et son ravisseur un roi maure. « En fait, la belle est amoureuse de son beau ravisseur et tout se termine par un mariage. » (http://www.patrimoines-lourdes-gavarnie.fr/les-traditions/69-4-les-danses).

75. http://www.patrimoines-lourdes-gavarnie.fr/les-traditions/69-4-les-danses.

Si le cheval Bayart de la chanson de geste a connu un tel succès, succès populaire durable sur des siècles, c'est à mon avis qu'il a très certainement, jusqu'à un certain point, fusionné avec la figure du cheval merveilleux ou fantastique indo-européen qui l'a précédé (cheval anonyme ou connu sous d'autres noms) et qui, en aval dans les traditions populaires, se rencontre un peu partout en France et ailleurs[76] sous d'autres noms. Outre le drac-cheval déjà mentionné, sous sa forme de goblin et de cheval fantastique, Bayart s'apparente en effet au *cheval Mallet* que l'on rencontre dans l'Ouest (Vendée, Poitou) et le Centre de la France[77] ; c'est aussi le pendant du *cheval Gauvain* (*tchevâ Gâvïn*) franc-comtois, de la *blanque jument* (Boulonnais) et du *ch'blanc qu'vo* ou *qu'vau blanc* (« cheval blanc »), dit aussi *ech' Goblin*, dans le Nord de la France[78]. La Bretagne ne l'ignore pas non plus : « À Bruz près de Rennes, des jeunes filles qui se confiaient à la croupe d'un cheval magique, une jument blanche, étaient laissées embourbées dans un marais »[79]. On peut encore leur joindre les chevaux *Pacoret* de Plévenon, *Cabino* de Ploermel et *Gobino* d'Ercé[80]…

Il existe aussi une version bénéfique du cheval fantastique, mais elle est plus rare en contexte chrétien, si l'on excepte le cas particulier des âmes damnées transformées en cheval ou jument du diable et qui viennent mettre en garde une de leurs connaissances contre celui-ci[81]. En dehors donc des légendes de « l'équidé fantôme secourable » propageant une morale d'origine cléricale, je ne peux guère citer qu'une légende de Bagnoles-de-l'Orne. D'après cette légende publiée en 1840, le seigneur Hugues de Tessé, jadis vigoureux et vaillant, était désormais un vieillard perclus de douleurs. À l'écurie, *Nerf d'acier*, son destrier, qui était dans le même état de décrépitude que lui, se morfondait. Pris de pitié, le seigneur décida de le libérer. Le cheval partit à pas mesurés, mais le soir les palefreniers le virent revenir transformé en un cheval fringant. Stupéfait, le seigneur décida de connaître la raison d'une telle métamorphose. Le lendemain, il enfourcha péniblement son cheval et se laissa conduire. Peu après, il se retrouva près d'une source dans la gorge et les bois d'Andaines. « Le cheval piaffant et hennissant montra son contentement et d'une ruade désarçonna le cavalier qui se retrouva

---

76. Une légende de l'ondin cheval en Bohême raconte qu'un paysan ayant un jour aperçu un magnifique cheval blanc voulut le chevaucher, mais il s'aperçut qu'il n'avait pas de lèvre inférieure. Le cheval se mit alors à rire : « Tu as de la chance ; si tu étais monté sur mon dos je t'aurais noyé. » À ce moment, il saute dans l'étang et disparaît (Vaux Phalipau, 1939, 258).

77. Le Quellec, 1996, 392, pour la Vendée ; Bernard, 2001, 257, pour la Brenne.

78. Dontenville, 1966, 103 ; v. aussi Coussée, 1996.

79. Dontenville, 1951, 1 ; v. aussi Giraudon, 2000, 160.

80. Robreau, 2011, 32.

81. Melchionne, 2010.

baignant dans la source. Le vieillard eut toutes les peines du monde à se redresser, mais bientôt, retrouvant des forces nouvelles il rejoignit le cheval. Ce fut un homme ragaillardi qui regagna son domaine. » Il épouse même une belle jeune femme dans certaines versions[82]. Autrement dit, le cheval qui, de jour, plonge son maître dans la « Fontaine de Jouvence » (eau « vive »)[83] est la face inversée du cheval nocturne qui jette ses cavaliers dans des étangs et mares boueuses (eaux « mortes »), ces ouvertures vers l'Autre Monde[84]. Le cheval indo-européen est monture de vie et de mort.

Ainsi, dans tous les cas, le cheval fantastique est en rapport avec les frontières aquatiques[85]. C'est aussi le cas du Bayart dans *RdM*. Une fois Maugis et les quatre fils Aymon réconciliés avec Charles, il ne reste plus que Bayart-l'irréductible à résister au Carolingien. S'étant délesté à coups de sabots de la funeste meule de pierre destinée à le noyer, il traverse le fleuve à la nage et s'enfuit dans la forêt. Dans le ms. *D*, après avoir traversé le Rhin, il s'enfonce dans la forêt de Valfonde et rejoint Maugis qui l'accueille avec joie, puis disparaît du récit (v. 12945-12950). Dans le ms. La Vallière (ci-après *L*), jeté à l'eau meule au cou au pont de Meuse à Liège (le pont des Arches)[86], il s'enfuit, solitaire, dans la forêt d'Ardenne où il trouve

---

82. Colin, 1992, 170-171.

83. Dans la version de Vaux Phalipau (1939, 263-264), le cheval déjà rajeuni plonge dans un lac et son vieux maître le suit à son tour. Le sens de la légende en est changé dans un sens « touristique » : « Ainsi, grâce à l'instinct d'un animal, venaient d'être découvertes les qualités merveilleuses des eaux de Bagnoles-de-l'Orne… »

84. Sur cette thématique, je renvoie à mon étude, « Marie *emperiere des infernaux paluds* : la Vierge, les marais et la mort », *MF*, juin 2015, 259, 50-65. Par là, je rejoins aussi les analyses de B. Sergent sur la fonction primitive du cheval (cheval Tetroni du héros géorgien Amirami, chevaux de certains contes populaires merveilleux qui se déplacent par bonds dans l'espace ou explorent les espaces souterrains, etc.). Ni moyen de transport, ni animal de guerre, il était conçu dans un passé très lointain comme un moyen de traverser « de ce monde-ci dans l'autre ». Et de conclure : « bien avant d'avoir été monté, bien avant d'avoir été domestiqué, le cheval a été un moyen de voyage chamanique, au même titre, par exemple, que l'aigle ou le cerf. » Pour ce qui est de la Grant Jument de Gargantua, dans le contexte de « la culture médiévale et de la Renaissance [qui] n'est pas chamanique », elle « a donc perdu toute trace de ce qu'elle paraît avoir été initialement, un cheval pour voyage chamanique : la domestication du cheval a transformé son image et a fait de la Jument un animal de bât […]. Et malgré ces rationalisations, sa fonction mythique, celle de faire « passer » d'un monde à l'autre, est amplement demeurée. » (Sergent, 2009, 151-152, 154-155).

85. C'est aussi le cas dans l'espace occidental : le cheval « est la forme la plus courante des génies des eaux, *kelpi* écossais, *pooka* irlandais, *nennir* et *vatnahestur* islandais, *nykur* des îles Feroé. » (Lecouteux, 1988, 180).

86. À Termonde en Belgique, au confluent de l'Escaut et de la Dendre dans les versions flamandes.

sa pitance. Il se rend invisible, refusant tout contact avec l'homme, « tel un diable qui ne se soucie pas de Dieu. » (v. 15338-15341). Cette ultime caractérisation souligne avec force l'hétérogéité du cheval Bayart par rapport à tous les autres protagonistes et l'« insolubilité » du mythe préchrétien dans la geste carolingienne d'obédience chrétienne. L'auteur de L souligne en outre que le lieu de retraite de Bayart est connu de tradition orale et confirmé par l'écrit : « Encor dient al regne, ce conte l'escriture… » (v. 15337) (« On raconte encore dans le pays, et l'écriture le confirme… »). Cette croyance populaire révèle le travail de mythologisation déjà à l'œuvre, travail qui se poursuit et trouve son expression la plus achevée dans la dernière laisse de La Mort Maugis (laisse XXV) : « Encor i est Baiars, se l'estoire ne ment, / Et encor l'i oit on a feste saint Jehan / Par toutes les années hanir moult clerement. » À tout jamais caché au cœur de la forêt d'Ardenne, Bayart hennit encore clairement chaque année à la *feste sainct Jehan*[87]. Cheval cosmique (aérien et chthonien, aquatique et igné), Bayart devient aussi cheval immortel où il a peut-être rejoint Arduinna, la Diane ardennaise. Invisible désormais, il fait pourtant signe à qui veut bien tendre l'oreille…

Pour la tradition populaire qui, ici, se rattache directement à la geste de RdM, c'est dans les Ardennes françaises, après sa sortie de la Meuse, que Bayart « sort parfois la nuit pour aller s'abreuver aux lavoirs publics, aux sources, par exemple au rû Bayart de Damouzy. » Autrefois, il y a très longtemps, il apparaissait toutes les sept années près de la *table de Maugis*[88]. Albert Meyrac précise en 1898 : « Il ne faisait qu'un seul bond, de sa montagne de Château-Regnault, jusques au ruisselet de Damouzy [bond de 8 km !]. On entendait alors, à minuit, un quadruple bruit de sabots : c'était Bayart qui, passant invisible, allait boire… »[89]. Au Bayart épique qui hennit pour saluer le soleil, la tradition populaire offre en contrepoint un Bayart nocturne, sonore mais invisible, qui se confond désormais avec les ombres mystérieuses…

Vers de nouvelles perspectives

Assurément, les traces du cheval Bayart dans la médecine populaire du secret ou dans la médecine populaire tout court sont plutôt rares (faute d'avoir été documentées ?), diffuses, ténues, mais elles existent. Outre les quelques conjurations thérapeutiques et le terme de flore populaire relevés, d'autres indices affleurent. Certains Pas-Bayard se sont vus attribuer des propriétés

---

87. Jour anniversaire de son triomphe parisien dans la course qui valut à Renaud la couronne de Charles.

88. Vaux Phalipau, 1939, 268.

89. Cité par Pierre Glaizal, *MF*, 2006, 224, 12.

thérapeutiques. Ainsi, selon la croyance locale, l'eau qui stagne dans le *Pas-Bayard* de Stoumont (Belgique) passe pour guérir les affections de la vue et même les verrues[90]. En outre, comme les saints, Bayart eut ses « reliques[91] » – plutôt fausses que vraies ! – et celles-ci, comme les autres, ont bien dû avoir des applications thérapeutiques. La Reinoltskirche[92] de Dortmund (Allemagne) – Trémoigne dans *RdM* – conservait jusqu'à son transfert au musée de la ville, de concert avec un gantelet en fer de Renaud (devenu saint), un fer à cheval géant[93] (*ein riesiges hufeisen*) ayant appartenu à Beyart (Bayart) : il mesure plus d'un pied de large. Ceci confirme, une fois de plus, l'importance et la taille gigantesque du pied du Bayart. Fridrich Pfaff suppose qu'il s'agit en fait d'une enseigne de maréchal-ferrant[94]. La liaison entre le travail du fer et la médecine apparaît quand on se souvient que jadis, dans bon nombre de campagnes, les maréchaux-ferrants et forgerons tenaient lieu de vétérinaires pour les chevaux. Ainsi, à Salomé (Nord), un forgeron était réputé pour guérir les chevaux *encloués* pourvu qu'on lui apportât le clou qui avait causé le mal[95].

Ce fer à cheval-relique et son association probable avec une corporation artisanale spécialisée sont intéressants et fournissent de nouvelles pistes de recherche quand on les associe à un autre document, assez insolite il est vrai, mais qui semble aller dans le même sens. Ce document est une parodie de réception compagnonnique figurant dans un petit livret datant du XVIIIᵉ siècle ayant pour titre *Le Devoir des braves Compagnons de la petit Manicle*[96]... Le maître savetier-cordonnier

90. Piron, 1951, VI, 53 ; Dudant, 2010, 44, n. 14. Le *grès saint Martin* d'Assevillers (Somme), un polissoir néolithique dont les deux cuvettes passaient pour être la marque des sabots postérieurs de la monture de Martin, faisait « l'objet d'un rituel : les paysans d'alentour amenaient leurs chevaux atteints de tranchées ou de coliques, leur faisaient effectuer un triple tour de la pierre et boire de l'eau contenue dans une cavité médiane, afin d'obtenir leur guérison, racontant que saint Martin lui-même y avait fait se désaltérer sa monture ! » (Gabet, 1987, 5).

91. « Près de Louvain, à Bertem, où l'on vénérait autrefois les reliques de saint Aalard, identifié légendairement à l'un des fils Aymon, on montrait une étable de Bayart et une pierre où il avait imprimé son sabot » (Marquet, 1996, 43).

92. St Renaud fut confondu avec un incertain saint Reinold, martyr de Cologne et vénéré à Dortmund (Xᵉ siècle).

93. D. Giraudon signale aussi des ex-voto de fers à cheval dans les églises de Bretagne. On en voit de toutes les formes et tailles. « Certains sont si grands qu'ils pourraient chausser des éléphants » (Giraudon, 2000, 166).

94. Pfaff, 1885, 584 ; Castets, 1901, 48 et 1909, 100, n. 3.

95. Coussée, 1987, 53, 59-60.

96. Nisard, 1854, 321. Manicle : « Gant de cuir très résistant dont certains artisans et ouvriers se protègent les mains pendant leur travail » ; « Demi-gant du savetier » (*TLFi*, *s.v. Manique*).

Pied-Tortu[97] pose des questions au Toulousain sur la signification des outils de la corporation :

« Pied-Tortu : — Que signifie l'astic ?

Toulousain : « — C'est une des dents du cheval Bayard, par lequel est venu le commencement de la guerre, et par elle finira ; il est encore vivant dans la forêt des Ardennes. ».

La réponse n'est pas tout à fait exacte, mais pas aussi farfelue qu'on pourrait le penser au premier abord. Tout d'abord, il convient de préciser que l'astic est un « Outil en os, parfois en acier ou en buis, utilisé par les cordonniers pour polir le cuir des semelles. » (*TLFi, s.v.*). Le *Littré* précise même : « Gros os de cheval ou de mulet... » (*s.v.*, en ligne). Or, le folkloriste des Ardennes françaises Albert Meyrac signale qu'au début du XIXe siècle « l'outil servant à plier le dessous de la semelle des chaussures, avec injection de salive après barbouillage au savon, était le tibia que les cordonniers appelaient *l'os Bayard*». Et d'ajouter : « Il en était de même d'un autre outil que formait un petit os aiguisé en biseau : spatule à l'aide de laquelle on rabattait les lisses de la monture et nommée *la dent Bayard* »[98]. Parodie ou erreur de l'auteur du livret pseudo-compagnonnique, il n'en reste pas moins que les savetiers-cordonniers avaient conservé le souvenir du cheval *faé* à travers l'*os Bayard* et la *dent Bayard*, deux outils en os de cheval. Ainsi donc, aussi bien avec le fer à cheval de Bayart du musée de Dortmund qu'avec ces deux outils, on reste toujours dans le domaine de la chaussure : « chaussure » du cheval[99] d'un côté, chaussure des humains de l'autre. Je reviendrai sur le rapport cheval Bayart-cordonnier dans un instant.

À travers tous ces éléments quelque peu disparates au premier abord, je relève une convergence de sources et de milieux entre les ouvriers-artisans, les compagnons et la littérature de colportage dont on sait qu'elle fut grande pourvoyeuse à la fois de la geste des *Quatre fils Aymon* et du Bayart, ainsi que des livrets de recettes médicales à bon marché, y compris des conjurations thérapeutiques « secrètes » (cf. *Le Médecin des Pauvres*). N'oublions pas non plus que Renaud repenti à la fin de *RdM* s'engage comme portefaix sur le chantier de la cathédrale de Cologne. « Porte-pierres » trop zélé au goût des ouvriers, il est mis à mort, selon un scénario qui rappelle celui de la mort de Maître Jacques, ce qui lui valut de devenir un improbable saint Renaud[100]. Ce sont encore des membres d'une corporation,

---

97. *Tortu* signifie « tordu ». Il s'agit donc d'un boiteux.

98. Meyrac, 1896, 172-173.

99. *Cf.* anglais *horseshoe*, littéralement « chaussure de cheval ».

100. Est-ce le prix de sa « trahison » aux idéaux de Bayart ? Ce faisant, il se confond avec un saint Renaud vénéré depuis le Xe siècle en l'abbaye Saint-Pantaléon à Cologne (fêté le 7 janvier) (Dudant, 2010, 46, n. 70). Un saint Renaud (*Reginoldus*) était aussi depuis longtemps vénéré à Dortmund (*DMA* 2002 : 1202).

celle des portefaix (*pijnders*), que l'on retrouve comme porteurs du mannequin géant du *Ros Beiaard* (cheval Bayart) dès la première mention de l'*Ommegang* de Dendermonde / Termonde en 1480[101].

De la chanson de geste à la mythologie celto-hellénique
Renaut de Montauban
    Le cheval merveilleux, le cordonnier et le roi

L'univers des artisans qui vient d'être évoqué ouvre donc des perspectives nouvelles quant aux rapports du cheval Bayart et de Renaud avec la mythologie celto-hellénique. Plus encore que le portefaix et le maréchal-ferrant (ou le forgeron), c'est le cordonnier qui est mis en avant dans le rapport avec le cheval Bayart depuis la chanson de *RdM* jusqu'aux corporations de savetiers-cordonniers (*os Bayard*, *dent Bayard*) du XIXe siècle précédemment mentionnées. Pour ce qui est de *RdM*, il me faut à présent revenir en détail sur deux scènes en rapport avec la course de chevaux à Paris. Celle-ci a pour objectif de fournir à Roland un cheval qui soit digne de lui, cheval qui puisse vaincre Bayart et Renaud (*D*, v. 4797). Conseillé par Naimes, Charlemagne décrète que le propriétaire du cheval vainqueur recevra en échange de sa monture qu'il devra céder à Roland sa couronne en or, une grande quantité d'or et des vêtements de luxe. Renaud décide de participer incognito au concours avec Bayart. C'est à cette occasion que, dans un verger de Montlhéry, « el mois de mai, a l'entree d'esté[102] » (*D*, v. 4915), Maugis métamorphose Renaud en un jeune homme de douze ans (*D*, v. 4938 ; quinze ans dans le ms. *L*) et teint tout en blanc le cheval bai au moyen d'un vin herbacé[103]. Un peu plus tard, il lui lie la patte droite pour le forcer à boiter : « Bayart s'en vet clochant, bien resemble espiné [« qui a une épine »] » (*D*, v. 5115). Le lendemain, jour du concours, Bayart

---

101. Verelst, 2006, 680. Florimond Duyse mentionne une procession du Bayart à Termonde en 1461, le plus ancien mannequin du Bayart (en osier) étant celui de Malines en 1415 (Guériff, 1984, 29).

102. Cette date calendaire semble en contradiction avec deux indications précédentes. On donne en effet congé aux barons de Charles pour qu'ils puissent aller chercher leur meilleur cheval. Ils doivent être rentrés pour le jour de la Saint-Jean, le 24 juin donc (*D*, v. 4813, 4849). Mais on peut voir dans *mai* une licence poétique désignant la belle saison, saison claire à l'approche du solstice d'été (*idem* dans *L*, v. 4680, 4722, 4790). On retrouve cette dualité dans l'Irlande antique et médiévale qui fonctionne avec deux calendriers : celui de sainte Brigitte nommé « les vrais quarts / les saisons vraies» (*na raithi firinneacha*) dans lequel l'été est au 1er mai (nuit de Beltaine) et celui de saint Patrick nommé « les faux quarts / les saisons tordues [ou fausses] » (*na raithi cama*) dans lequel l'été est au 24 juin « Jour de Jean / Jour du vieux Jean » (*Lá Seáin / Lá Shain Seáin*) (Muller, 2003, 188).

103. Dans *La Mort Maugis*, l'enchanteur teint Bayart en noir pour tromper Charles (laisse VII) : il est plus noir que la poix bouillie.

toujours pied lié (*D*, v. 5141) est la risée des barons de Charles. Mais en fin de compte, Bayart à qui Maugis a délié le pied (*D*, v. 5161) aura vaincu plus de vingt mille concurrents et fait « couronner » son maître (*D*, v. 5316).

Focalisons-nous à présent sur quelques détails du texte. Dans un premier temps, on voit l'enchanteur Maugis teindre Bayart du brun rouge (bai) au blanc éclatant avec une teinture. Si l'on met à part la nature magique du changement de couleurs, du point de vue technique son geste s'apparente à celui des peaussiers teignant des cuirs d'animaux. Puis, dans un second temps, Maugis utilise un fil de cordonnier pour lier la patte de Bayart. L'enchanteur maîtrise donc les techniques de la peausserie et de la cordonnerie afin de donner le change sur l'identité réelle du cheval Bayart. À ce point, l'auteur affirme qu'aucun homme « né de mère » ne saurait reconnaître le Bayart en ce cheval immaculé ni Renaud dans le garçonnet de douze ans (*D*, v. 4933-4946).

Or, si l'on reprend le détail de l'ensemble de la scène de la teinture-ligature jusqu'à la veille de la course, on s'aperçoit qu'à chaque instant les plans de Maugis sont quelque peu éventés. En effet, à plusieurs reprises, Bayart et Renaud sont soit sur le point d'être reconnus comme à Montlhéry par Naimes, Ogier et Fouques (« Or avon nos Renaut, mien escient, trové » ; « Bien resenble Bayart cil destrier abrivé », *D*, v. 4996 et 5001), soit explicitement reconnus comme à leur entrée à Paris par un *ribaut* (« Or est Renaut trové ! », *D*, v. 5048). Mais l'attention de l'auteur se focalise surtout ensuite sur un *cordoanier* (*D*, v. 5062) chez qui Maugis, Renaud et le Bayart viennent se loger à Paris. Or, ce cordonnier aperçoit la ligature à la patte de Bayart. Ce qui l'intrigue d'abord, c'est qu'elle est faite avec du *fil de suour* (« fils de cordonnier » *D*, v. 5069). Puis, il déclare en regardant le « jeune » Renaud : « Mult resemble Renaut » (*D*, v. 5075). Pour ce qui est de la ligature, Maugis biaise en répondant que le cheval est abattu et dérangé, si bien qu'il refuse de manger son foin et son avoine (*D*, v. 5078-5079). Aussi curieux que cela puisse paraître, la ligature avec du fil de cordonnier est donc présentée comme un remède qui tend à rétablir l'appétit de Bayart. Mais Maugis, par inadvertance, laisse échapper le nom de Renaud ! Le cordonnier jure qu'il ira les dénoncer à Charles. Sur quoi Renaud l'étend raide mort d'un coup d'épée. Assez piètre performance tout du long pour un magicien ! Tout cela incite à penser que cette scène comporte une certaine dose de réécriture facétieuse ou parodique. En dépit de ces contretemps, le stratagème concocté par Maugis parviendra à duper Charlemagne et ses barons. Objectivement, le texte met en face-à-face un enchanteur qui se mêle des techniques de la peausserie et de la cordonnerie face à un vrai cordonnier qui n'est, en toute apparence, pas dupe et qui ne s'en laisse pas conter. On a l'impression que l'auteur a ici, pour son propos, dédoublé le personnage du cordonnier. En outre, curieusement, quand Renaud tue le cordonnier d'un coup d'épée, Maugis le blâme pour ce geste « diabolique » et insensé (« Qu'as-tu fet, vis [« vivant »] diable ? As-tu le sens desvé [« perdu la raison »] », *D*, v. 5106). La vie d'un cordonnier serait-elle donc si précieuse aux yeux du magicien ?

Cette attention particulière consacrée à un artisan des cuirs ne laisse pas d'interroger. À ce point de l'enquête, une piste semble se dessiner[104], piste pour laquelle il faut d'abord réunir en faisceau quelques fils disparates en apparence avant de poursuivre. On sait que chez les peuples indo-européens, le cheval est, entre autres, un animal solaire. Par ailleurs, vers la fin du XIXᵉ siècle, Désiré Monnier et Aimé Vingtrinier notamment avaient reconnu dans le nom *Belin* ou *Bel* (et autres var.) la figure de la divinité gauloise *Belenos* (« le Brillant »), l'Apollon gaulois[105]. Cette direction de recherche avait été poursuivie et amplifiée par Henri Dontenville[106] et l'École de Mythologie Française[107]. Dontenville avait pour sa part assimilé le nom Bayart à *Béliard* et à *Belin* (entre autres), avatars de *Belenos*. D'autres chercheurs ont depuis montré que *Belenos* est une épiclèse de Lugus gaulois (Lugh irlandais, Llew gallois), le dieu jeune, fils du Dadga (Taranis, Jupiter gaulois), le dieu père[108]. À partir de là, d'autres équivalences ou proximités fonctionnelles ont été mises en lumière : Lugus gaulois[109] = Apollon gaulois = Mercure gaulois. Lugh est aussi en proximité filiale et fonctionnelle avec le dieu irlandais Manannán mac Lír (son père adoptif), dieu de l'Autre Monde marin (équivalent de Poséidon / Neptune). Sinon équivalents, du moins proches de Lugus / Apollon sont encore Aengus (irl. Mac Óg « Fils Jeune »), Maponos (irl. « Fils Divin ») et Mabon (gall.) ; une certaine proximité existe aussi entre Lugh et Odhin / Wotan[110].

Ces quelques jalons posés, on peut continuer la comparaison entre Maugis, Renaud et le cheval Bayart avec un certain nombre de ces figures de la mythologie

---

104. Elle a été amorcée par Anne Dudant (2010 et 2014).

105. Monnier et Vingtrinier, 1874, 175, 177-184, 201.

106. Dontenville, 1950, *passim*.

107. En revanche, c'est surtout du Jupiter gaulois que traite Henri Gaidoz dans son étude de 1886 sous-titrée « Le dieu gaulois du soleil » (*passim*, mais n. p. 87-88 et surtout 91-100). Nulle mention n'est faite de Lugus/Lugh.

108. Sergent, 2004, 63, 357.

109. Pour B. Sergent, G. Hily (2012, 197) et d'autres, Esus = Mercure gallo-romain et Lugus, dieu Fils ; en revanche, selon Cl. Sterckx, Esus = Dagda (Taranis, Jupiter gaulois), dieu Père.

110. Acceptée par de nombreux auteurs (Sergent, 2004, 344), elle est implicitement rejetée par Cl. Lecouteux qui voit en Odhin l'équivalent du dieu Père, Jupiter (2005, 182). Il est vrai qu'ailleurs, Sergent note qu'Odhin et son fils Baldur se répartissent certains traits mythologiques (2004, 347).

celto-hellénique. Si la macro-structure de *RdM* et de *Md'A* est indéniablement épique d'obédience carolingienne[111], certains éléments (personnages, motifs, mythèmes) semblent ressortir d'une autre tradition que l'on peut qualifier de « bretonne » et ultimement de celtique (avec des parallèles grecs). Laissons à ce sujet parler un connaisseur en la matière, Léon Gautier, médiéviste du XIXᵉ siècle et catholique farouchement conservateur[112] :

> « Maugis entrant dans le roman des *Quatre Fils Aymon*, c'est la légende celtique pénétrant dans le domaine de notre vieille épopée nationale ; c'est la fable, c'est le mensonge, c'est la magie, ce sont d'odieux mélanges. Il faudra nous résigner à cet amalgame. […] Mais nous avons l'espoir qu'on retrouvera quelque jour une antique rédaction de *Renaus de Montauban* où l'enchanteur Maugis sera relégué au dernier rang, qu'il mérite. »

En dépit des fulminations assez hargneuses de Gautier, nouveau Charlemagne poursuivant de sa vindicte l'*enchanteor* Maugis et le cheval Bayart, ces derniers, tout comme Huon de Bordeaux et Merlin, connurent auprès du public un succès retentissant qui ne s'est pas encore démenti.

On vient de voir que dans *RdM*, Maugis « joue » au peaussier et au cordonnier et qu'il a affaire, avec Renaud et Bayart, à un vrai cordonnier. Or, les celtisants ont depuis pas mal de temps déjà attiré l'attention sur le fait que, parmi les multiples talents de Lugh *Samildánach* (« Polytechnicien, Polyartisan »), maître d'une foule de techniques artisanales (charpentier, forgeron, champion, héros, poète-historien, sorcier, médecin, échanson, artisan)[113], celui de cordonnier tenait une place proéminente, bien qu'insolite pour un dieu suprême aux yeux des modernes[114]. Le fait qu'il porte lui-même des bottes de cuir en est un premier indice. Mais ce sont surtout ses adorateurs qui nous le confirment. À Osma (anc. *Uxama* celtique) en Tarragonaise (Espagne), c'est un collège de cordonniers qui fait une dédicace aux *Lugoves* (*Lvgovibvs sacrum L. L. Vrcico Collegio Svtorum D. D.*). Ces cordonniers ont pour nom *sutores* en latin, tandis que Mercure est

---

111. Avec de possibles origines communes avec l'épopée indienne. C'est la thèse esquissée jadis par Joël Grisward qui assigne à *RdM* un lointain modèle narratif dans l'épopée indienne du *Mahābhārata*, les quatre frères Aymon plus Maugis correspondant aux cinq frères Pāndava (1984).

112. Léon Gautier, *Les Épopées françaises…*, Paris, Victor Palmé, 1867, t. II, 196.

113. Sur une stèle de Strasbourg, on peut voir Lugus sous les traits d'un Mercure gaulois au marteau levé. « Lugus est ici campé en dieu forgeron – une autre activité technique où excelle l'*inventor omnium artium* –, la maîtrise du feu et de la métallurgie étant considérée selon la tradition comme consubstantielle de capacités magiques potentiellement redoutables. » (Gricourt et Hollard, 2005, 65).

114. Mais Lugus / Lugh est aussi dieu souverain-prêtre et dieu guerrier. Il chapeaute et subsume les trois fonctions.

qualifié de *Sutus Aug(ustus)* « Auguste Cordonnier » sur un bronze gallo-romain où le dieu porte des bottes, des braies, une cuirasse et des liens en peau[115]. Or, rappelons-nous que le fil utilisé par Maugis pour lier la patte[116] de Bayart n'est pas un fil quelconque : c'est un *fil de suour*[117] passé à la cire (« si l'a mult bien ciré », *D*, v. 5069). Il s'agit donc du ligneul, « fil enduit de poix utilisé par les cordonniers et les bourreliers » (*TLFi, s.v.*), ce qui leur vaut le surnom collectif de *tire-fil*.

La triple conjonction si particulière « cordonnier-fil-patte » de *RdM* se retrouve dans le *Mabinogi de Math* qui relate la naissance de Lleu (« Brillant, Lumineux »), équivalent gallois de Lugh. Un bref résumé est nécessaire avant d'examiner l'épisode des cordonniers. Présentée comme vierge pour être la « porte-pied » de Math (« Ours »), roi-magicien, Aranrhod ou Arianrhod[118] (« Disque / Roue d'Argent ») donne pourtant naissance à des jumeaux, Dylan eil Ton (« Fils de la Vague ») et Lleu. Le blond Dylan plongeant dans la mer, puis tué, disparaît du récit, mais Lleu, avorton au départ, est recueilli par Gwydion, le frère d'Aranrhod. Il le place dans un coffre enveloppé d'un tissu (équivalents de la matrice et du placenta), lui offrant une seconde naissance. En l'élevant, il devient en outre son père culturel. Quand Lleu est présenté à sa mère, elle le rejette, car elle a été violée avec la complicité de Gwydion ou par Gwydion lui-même (le texte est ambigu). Ce rejet se manifeste notamment par le refus de donner un nom à l'enfant (ainsi, plus tard, que des armes et une femme, trois refus relevant des trois fonctions indo-européennes).

L'épisode des « cordonniers » a précisément pour but de faire donner un nom à Lleu par sa mère. Gwydion use de ses talents de druide-magicien pour changer son apparence et celle de Lleu et les deux comparses se déguisent en cordonniers ; ils s'installent dans une barque au bord de la mer pour fabriquer des souliers dorés ; Aranrhod se rend sur le navire pour leur en commander une paire. Or, c'est au moment précis où Gwydion est en train de mesurer son pied et que Lleu est en train de coudre des chaussures que ce dernier, apercevant un roitelet (« petit roi »), le frappe habilement « entre le tendon et l'os de la patte »[119]. C'est alors qu'il

---

115. Sergent, 2004, 44, 155 ; Gricourt et Hollard, 2005, 61.

116. Sous le *gieret* (« jarret ») dans *D* et sous le *fillon* (« cheville ») dans *L* (v. 4833).

117. « *Suor*, n. m., cas régime *sudre, surre*, cas sujet (fin XIIe siècle, *Aymeri de Narbonne* ; latin *sutor, sutorem*) : cordonnier ». *Cf.* aussi *Sueure*, n. f. (latin *sutura*) : couture (Greimas 1980 : 614 ; lat. *suere* « coudre »).

118. Elle est fille de Dôn (équivalente des déesses mères Danu, Ana). Dans les *Triades* galloises, Aranrhod a pour père *Beli*.

119. Dans le conte gallois de *Kulhwch et Olwen*, Medyr, fils de Methredydd (= « Visée, fils de Pointeur »), est décrit comme celui « qui, de Kelliwig en Cornouailles [cour d'Arthur], pouvait atteindre un roitelet à Esgeir Oervel en Irlande en visant exactement au travers de ses deux pattes » (Lambert, 1993, 135, 373 n. 127).

reçoit de sa mère émerveillée par ce geste son nom de *Lleu Llaw Gyffes* « Lleu à la Main Sûre », équivalent de l'épiclèse *Lámfáda* « À la longue Main » appliquée à Lugh. L'objet ayant permis à Lleu de frapper le roitelet n'est pas précisé dans le texte du *Livre Blanc*[120]. Certains ont pensé à une pierre[121], tandis qu'A. Dudant pense à l'astic (*os Bayard* des cordonniers)[122], mais rien ne le prouve. Le roitelet est très près de Lleu puisqu'il est sur le pont du navire où les « cordonniers » ont établi leur échoppe. À l'arrivée d'Aranrhod, Lleu cousait des chaussures. Il a donc en main une alène et du fil. C'est certainement dans cette version avec l'un ou l'autre ou l'ensemble de ces outils qu'il frappe l'oiseau.

Quel est le sens de ce geste ? Il faut le rapprocher de traditions folkloriques persistantes dans l'espace celtique occidental qui désignent la chasse au roitelet comme le reliquat d'un rituel d'intronisation royal. Or, ce geste du « cordonnier » Lleu, accompagné du magicien-« cordonnier » Gwydion rappelle fortement celui de Maugis magicien-« cordonnier par ruse » liant la patte de Bayart sous le jarret, pseudo-ligature qui vaudra à Renaud d'emporter grâce à Bayart la couronne de Charlemagne. Maquillé en enfant de douze ans et désormais « couronné », Renaud fait bien figure de « roitelet » par rapport aux figures paternelles ennemies (Charles et Aymon, son propre père). Le parallèle entre Gwydion le druide-magicien, « cordonnier » qui fait couronner Lleu par l'intermédiaire du roitelet « boiteux » et Maugis l'enchanteur, « cordonnier » qui fait « couronner » Renaud par le cheval Bayart « boiteux », est frappant. Parallèle il y a, mais la comparaison ne peut être poussée plus loin, car dans le contexte charnière du raffermissement de la royauté capétienne sous Philippe Auguste (1180-1223), il ne saurait être question de disputer au roi en place sa souveraineté, même dans une œuvre littéraire censée mettre en scène le passé carolingien des VIIIe et IXe siècles. L'œuvre se focalise sur les conséquences calamiteuses pour ses sujets d'un roi obstinément injuste et vindicatif. Vassal engagé dans une lutte pour la justice, Renaud rendra d'ailleurs la couronne à Charles.

Du côté des prolongements et avatars de Lugh cordonnier, on doit mentionner saint Gengoult (fêté le 11 mai, dans la proximité de Beltaine au 1er mai), avatar chrétien bien connu de Lugh, et lui-même patron des cordonniers et autres métiers du cuir. Il fait subir à Ganéa, sa femme adultère, une ordalie : elle trempe sa main dans une fontaine et la peau s'en détache comme un gant[123]. Dans une

---

120. Lambert, 1993, 109.

121. Dans un autre ms. (probablement le *Livre Rouge*), Lleu atteint le roitelet avec la balle de sa fronde (Sterckx, 2009, 249).

122. Dudant, 2014, 79.

123. De même, la source de l'Apollon d'Autun d'une douce tiédeur brûle néanmoins la peau des parjures (Gricourt et Hollard, 2005, 63). À Éphèse, une source d'Apollon noie les conjoints infidèles (Sergent, 2004, 294).

autre version, Gengoult punit sa femme en l'enfermant dans une peau de vache et la jette à la rivière[124]. C'est encore une peau détachée que l'on retrouve avec le couple des frères saints Crépin et Crépinien (fêtés le 25 octobre, dans la proximité de Samain au 1er novembre), patrons de tous les métiers du cuir (cordonniers, savetiers, corroyeurs, tanneurs, bourreliers et gantiers). Lors de leur supplice à Soissons, on leur arrache des lanières de peau sur le dos. Ces lanières rappellent le cuir de leur métier et plus précisément le *tire-pied*[125], tandis que la scène de leur suspension à des potences où ils sont roués de coups rappelle le « martyre » de Lleu (avatar gallois de Lugh), blessé et transformé en oiseau (aigle) aux chairs pourrissantes en haut d'un arbre, de même que le supplice d'écorchement avec suspension à un arbre (pin ou platane) qu'Apollon fit subir au silène Marsyas, son rival en musique[126]. Sur un vitrail de Nicolas Leprince (1530) de la collégiale Saint-Gervais-Saint-Protais de Gisors, vitrail offert par la corporation des cordonniers, ce n'est pas la scène de bastonnade, mais bien celle de l'écorchement qui est représentée : les martyrs sont suspendus en l'air sur une potence et les bourreaux, couteaux en main, leur taillent de longues lanières de peau[127]. Voyant que Crépin et Crépinien restaient de marbre, Rictiovaire, leur tortionnaire, leur fait attacher une meule de pierre autour du cou et précipiter dans l'Aisne, mais la meule flotte comme du liège et les conduit de l'autre côté de la rivière… On retrouve le même motif de la meule qui flotte dans la légende de saint Vincent (22 janvier).

Ce dernier supplice et son issue rappellent fortement celui du cheval Bayart à la fin de *RdM*. La meule n'est pas simplement accrochée au cou ; elle est passée à travers la tête et repose sur l'encolure du cheval (« Eu milieu de la muele en fu le chief boté »), puis elle est maintenue par la chaîne de fer (*D*, v. 12931-12934). Outre Bayart, les jumeaux Crépin et Crépinien et Vincent, cette image de la meule autour du cou se retrouve avec les géants que sont Jean de l'Ours émergeant d'un puits (image d'Épinal) et Udj Adi ibn Onoq, la tête prise dans la meule-montagne

---

124. Sergent, 2004, 295.

125. « Lanière de cuir dont les cordonniers et les bourreliers se servent pour maintenir l'ouvrage sur leur genou. » (*TLFi*, *s.v.*).

126. Sergent, 2004, 146-147, 201-202.

127. Sur un vitrail (baie 8) du XVIe siècle de l'église Saint-Étienne d'Arcis-sur-Aube, les deux martyrs bastonnés sont en suspension, mains liées en haut d'un portique de bois. Sur un tableau du Musée de Varsovie (1490), Aert van den Bossche semble avoir fait fusionner les scènes de bastonnade et de lacération : les deux martyrs ont les mains liées à un arbre. Celui de gauche est à genoux sur le sol, mais celui de droite semble suspendu en l'air, ses mains attachées à une branche plus haute qui se détache du tronc d'arbre. À y regarder de plus près, il semble qu'il soit assis, jambes bizarrement croisées, sur un tronc d'arbre que l'on distingue mal, tandis qu'un bourreau lui lacère le dos. À droite, un personnage monté sur un cheval blanc observe la scène (sans doute Rictiovaire).

qu'il avait voulu lancer sur l'armée de Moïse (miniature persane)[128]. Ce supplice infligé à Bayart par Charlemagne s'apparente à certains types de châtiment du droit germanique ancien[129]. Une forme de ce supplice encore pratiquée à Strasbourg au XIIe siècle et au-delà présente également des points communs avec celui de Bayart jeté dans la Meuse depuis un pont de Liège dans le ms. *L* (v. 15295, 15305), en particulier le fait que le supplicié est jeté dans l'eau à partir d'un pont (le pont du Corbeau), alors surnommé le *Schindbrücke* (« Pont aux supplices »)[130].

Le rapport d'équivalence ou de proximité entre le cheval et le cordonnier est encore parfaitement démontré par leur équivalence fonctionnelle dans des variantes irlandaise et bretonne du conte du « Lièvre d'argent » : « Un jeune homme passionné de chasse poursuit chaque jour un lièvre d'argent qui l'entraîne au bord de la mer et disparaît quand le soleil se couche. Grâce à l'aide de son cheval (ou d'un vieux cordonnier qui le charge sur ses épaules), il parvient à une île où il découvre une jeune fille condamnée à courir le jour sous forme de lièvre d'argent. Après de nombreuses épreuves, les jeunes gens reviennent dans le monde des vivants et fondent un foyer[131]. »

Certains autres détails précis permettent encore de lier le cheval Bayart et le cordonnier. On a vu que pour ce qui concerne le Bayart populaire, les nombreux clous servant à le ferrer sont souvent en or. La patte étant au cheval ce que le pied est à l'homme, le fer à cheval à clous d'or peut être considéré comme l'équivalent d'une chaussure en or ou dorée pour un homme. Or, il est dit dans le *Mabinogi de Math*, après l'épisode des chaussures et du roitelet, que Lleu fut appelé « l'un des trois fabricants de souliers dorés »[132]. Dans les triades galloises, Lleu est dit appartenir à la triade des « cordonniers d'or » en Bretagne[133]. On retrouve des chaussures en or (*Shooes of gold*) et des vêtements de même matière sur le portier du roi de Cornwall dans une ballade anglaise de la fin du Moyen Âge intitulée « King Arthur and King Cornwall » (malheureusement amputée du début et

---

128. Reproduits dans P. Gordon, 1998, 244, 246. Une meilleure reproduction figure sur le site Internet : http://expositions.bnf.fr/inde/grand/cgm_137.htm .

129. « Gondebaud, comme Genséric, fit jeter la mère de Clotilde dans l'eau avec une pierre au cou. C'est un châtiment propre au droit germanique ancien : la noyade était réservée aux crimes les plus abominables. » (Michel Rouche, *Clovis*, Fayard, 1996, 235, cité par Tonon, 2007, 55).

130. Par la suite, la peine s'étant atténuée, les « petits malfrats » étaient exposés sur le pont dans des cages de fer. Au dernier jour de leur supplice, ils devaient sauter dans l'Ill. « S'ils parviennent à regagner la rive, ils peuvent quitter librement la ville. » (cité par Tonon, 2007, 55).

131. Édith Montelle dans *MF*, déc. 2008 : n° 233, 41.

132. Lambert, 1993, 109.

133. Gricourt et Hollard, 2005, 61, n. 25.

même fragmentaire pour le reste)[134]. Si un simple portier est si richement chaussé et habillé, c'est que son roi est présenté comme le plus riche en or de la terre. Il possède une baguette magique en or avec laquelle on parviendra à amadouer un monstre en le touchant trois fois. Dans la « Fondation du domaine de Tara » (*Suidigud tellaig Temra*), il est dit que Lugh porte deux sandales aux pieds dont « on ne savait de quelle manière elles étaient faites »[135]. Comme tout le contexte décrit sa personne comme blonde, lumineuse, brillante, sinon solaire, il y a fort à parier que ses chaussures sont en or ou en cuir doré. D'autres textes montrent d'ailleurs ses vêtements brodés de fil d'or, sa cuirasse en or, etc. Apollon n'a rien à lui envier de ce point de vue[136].

Outre les correspondances des pattes et des pieds chaussés d'or, on peut observer dans divers contextes liés à la geste de Bayart et à la mythologie du dieu jeune la présence récurrente du pied et de la main. On a vu que la Reinoltskirche de Dortmund conservait au titre de reliques un fer à cheval géant de Bayart et un gantelet de fer de saint Renaud. On peut aussi noter qu'à l'adresse de la main de Lugh / Lleu correspond la sûreté de pied de Bayart. Ne pourrait-on aussi mettre en parallèle l'allongement du bras de Lugh qui lui permet de lacer ses chaussures sans se baisser et l'allongement de la croupe du cheval qui lui permet d'accueillir jusqu'à quatre cavaliers armés ?

Ligature, boiterie et danse

Bayart, issu de parents serpentiformes dans *Md'A* (cf. *infra*), est transformé en pseudo-boiteux trompeur lors d'une compétition dans la chanson de geste de *RdM* et en cheval déferré / boiteux « affrontant » les maréchaux-ferrants dans les contes et les mascarades populaires comportant des danses avec mimes. Ce motif double « parenté démoniaque-boiterie » a un correspondant exact, encore que transposé pour un physique « humain », dans la *Seconde Bataille de Mag Tured* : Lugh, issu par sa mère Ethne, fille du géant Balor, des « démoniaques » Fomóire, exécute sur un pied (et avec une main et un œil) une incantation (*glám dicinn*) qui consiste en une danse en rond à cloche-pied autour des armées. Dans la version I, c'est autour de sa propre armée pour l'encourager ; dans la version II, c'est après avoir crevé l'œil venimeux de Balor. Dans tous les cas, Lugh « démonisé » est à cet instant dans la position du monosandale (ou du boiteux)[137]. Côté grec, on a

---

134. On peut en lire le texte dans Helen Child Sargent and George Lyman Kittredge, eds, *English and Scottish Popular Ballads*, Boston-New-York, Houghton Mifflin Company, 1904, 49-54.

135. Sergent, 2004, 24.

136. *Id.*, 28-33.

137. *Cf.* Merceron, 1986 et 1990.

rapproché ce sautillement dansé sur un pied du *Géranos*, la « danse des grues » exécutée à Délos, l'île d'Apollon, par des jeunes gens faisant sur un pied des tours et détours, censément à l'imitation des grues qui tournoient en passant d'un pied à l'autre et qui dorment sur un pied. Initiée par Thésée, cette danse était censée reproduire les tours et détours qu'il dut faire dans le labyrinthe avant d'affronter le Minotaure, une épreuve qualifiante[138].

On n'a pas évidemment de véritable danse sur un pied pour Bayart, mais la boiterie rythmée des mascarades populaires avec affrontement peut en tenir lieu. Pour ce qui est de la danse en rond ou encerclement, on a vu qu'en Limousin, près de Gajoubert (Haute-Vienne), le cheval Bayart arrive la nuit au grand trot par la *cafourche* (« carrefour ») de Gouttelonge et entoure de cercles de plus en plus étroits l'homme qui a eu le malheur de passer là à cette heure tardive. On a vu aussi qu'à Vitteaux en Côte-d'Or, le *cheval Boya* a la charge d'enlever les sorcières réunies pour danser qui enfreindraient les règles du sabbat. Les détails manquent, mais on peut supposer que *Boya* encercle les danseuses transgressives. On voit que si les danses en rond mythologiques célèbrent des victoires, les encerclements du Bayart populaire semblent plutôt avoir pour objectif de lier l'adversaire ou le transgresseur dans des liens magiques, ce qui ultimement revient à en triompher. D'une manière générale, tous les héros boiteux et toutes les formes de déséquilibre (boiterie, danse ou saut à cloche-pied, monosandalisme, etc.) signalent des personnages capables de « chevaucher » les deux mondes (Héphaïstos, Jean de l'Ours, Diable boiteux, Cendrillon, etc.) et d'en surmonter les épreuves[139]. Dans sa composante sacrificielle et rituelle, cette mutilation donne accès à une sagesse supérieure. Le cheval Bayart, Lugh et Apollon font assurément partie de cette sage cohorte temporairement boiteuse.

En outre, François Delpech et Bernard Sergent ont montré que certains des rituels de déséquilibre qui impliquent des affrontements et célèbrent des victoires pouvaient être suivis de rituels ou d'allusion à l'amour et au mariage[140]. Rien de plus banal que le désir du héros ou du dieu ayant triomphé de ses adversaires de se livrer au « repos du guerrier » ou de prendre épouse. La chanson de geste de *RdM* ne livre pas de

---

138. Sergent, 2004, 271-277.

139. Pauvert, 2012, 110-111. Saint Pierre, gardien des clés du paradis, du pouvoir de lier et délier (cf. Saint-Pierre-aux-Liens) est aussi celui qui guérit les estropiés à la porte du Temple. Ce n'est donc pas un hasard si le jeu de marelle était autrefois connu en France sous le nom de *jeu de saint Pierre*. Les enfants vont « symboliquement de la Terre au Paradis en claudicant comme des boiteux, poussant devant eux leur âme sous forme de palet à travers les cieux des sept planètes. » (Merceron, 1990, 67 n. 30).

140. Sergent, 2004, 275-276.

véritable scène de boiterie suivie de galanterie ou de mariage[141], mais on a vu que la tradition populaire des chansons du « Bayart » ou du « Cheval déferré » débouchait souvent sur un contexte galant, le déferrage étant un obstacle ou un retard à l'amour ou au mariage et le ferrage étant, selon Marcelle Mourgue, en rapport avec la fécondité. Pour sa part, le conte du « Forgeron de Fumel » lie explicitement le ferrage du cheval *Brise-Fer* et le mariage du héros avec la princesse. Certaines mascarades et certains carnavals basques, notamment à Lanz en Navarre et en Soule, présentent une variante de ce motif : le cheval-jupon poursuit les filles et pète d'abondance. Puis, il est capturé et amené aux forgerons qui le ferrent[142]. C'est apparemment quand il est sans fer (sauvage) qu'il poursuit les filles et leur envoie son souffle (fécondant ?), puis il est ferré (dompté) par les maréchaux. De plus amples détails seraient néanmoins nécessaires pour parvenir à une meilleure compréhension du rituel.

La rivalité entre deux rois à propos d'un cheval merveilleux

On a vu que la chanson de *RdM* met en place une rivalité entre le vieux roi Charlemagne et le jeune Renaud pour la possession du cheval le plus rapide (destiné à capturer Renaud et Bayart), puis pour l'élimination physique de Bayart issu de parents serpentiformes (*cf. infra*). Or, on retrouve une constellation de motifs similaires dans la ballade anglaise de « King Arthur and King Cornwall » déjà mentionnée (à propos des souliers dorés) : le roi Arthur, piqué au vif par Guenièvre affirmant connaître un roi qui possède une table ronde plus belle et plus précieuse que la sienne[143], se met en quête de ce roi le plus riche en or de la terre avec quatre autres compagnons. Après avoir longtemps voyagé à l'est et à l'ouest, il le découvre en Cornouaille, non loin de son royaume. Arthur est arrêté devant un palais magnifique par le portier aux chaussures en or. Le roi de Cornwall se vante bientôt auprès d'Arthur – déguisé en pèlerin venu de Petite Bretagne – d'avoir eu une liaison avec Guenevière[144], de posséder une épée et un

---

141. J'hésite à qualifier ainsi la séquence suivante de *RdM* : Renaud désarçonne (déséquilibre donc) Berges, seigneur païen de Toulouse, puis descend volontairement de Bayart afin de continuer à pied le combat (*D*, v. 4090-4091, 4100). Bayart neutralise le cheval adverse, puis Renaud triomphe de Berges (v. 4110-4115, laisse CIV). Puis au récit de cet exploit, Clarice, sœur du roi Yon de Gascogne, fixe son intérêt sur Renaud (v. 4155-4163). Le mariage s'ensuit (v. 4400-4401 et laisse CXII).

142. Pauvert, 2012, 110-111.

143. On a depuis longtemps remarqué la similitude narrative entre cette ballade et *Le Pèlerinage de Charlemagne à Jérusalem et à Constantinople*.

144. Durant les sept ans pendant lesquels il a résidé en Petite Bretagne, il en a eu une fille « qui maintenant est appelée ma fleur » (§ 24). Faut-il la rapprocher de *Blodeuwedd* (« Visage de Fleur »), la femme de Lleu fabriquée magiquement à partir de fleurs par Gwydion et Math, celle-là même qui le trahira ?

cor magiques, ainsi qu'un cheval magique trois fois plus rapide que celui d'Arthur. Il possède aussi une sorte de monstre / démon à sept têtes cracheur de feu, le *Burlow-Beanie*[145]. Pour espionner Arthur et ses compagnons, le roi de Cornwall le fait placer dans une sorte de baquet près du lit d'Arthur[146]. Un compagnon magicien d'Arthur parvient à apprivoiser le monstre qui apporte alors à Arthur le cheval magique blanc (*faire steed*)[147] et l'épée magique avec laquelle il décapite son rival[148]. On retrouvera le cheval merveilleux, l'épée « magique » et le monstre ambivalant dans *Md'A*.

Une sage sottise, une sotte sagesse

Revenons à la course de chevaux à Paris dans *RdM*. On a vu que, la veille du concours, l'enchanteur Maugis avait concocté un plan ingénieux qui, grâce au « blanc » cheval Bayart, avait ultimement permis à Renaud de conquérir la couronne de Charles. Mais j'avais fait remarquer que son plan avait failli être éventé à trois reprises (pairs de France, *ribaut*, cordonnier). En dépit de sa confiance en ses pouvoirs magiques, Maugis n'avait pas su rendre Bayart et Renaud complètement indécelables. Et comme si cela ne suffisait pas, il avait par inadvertance révélé le nom de Renaud au cordonnier ! Or, si l'on regarde du côté du *Mabinogi de Math*, on retrouve une situation en partie similaire, comme le note B. Sergent : « Lleu paraît un total idiot lorsqu'il révèle à son épouse Blodeuwedd la manière dont il peut être mis à mort »[149]. Dans le cas de Maugis et plus encore de Bayart, il ne fait guère de doute que Charles n'aurait pas hésité à les sacrifier (il vouera Bayart à la noyade à la fin de *RdM*). On a bien dans les deux cas une sagesse assortie

---

145. Il est d'abord appelé *lodly groome* (« répugnant serviteur »), puis *lodly feend* (« répugnant démon ») par les compagnons d'Arthur. F. J. Child apparente ce monstre au *Billy-Blin(d)*, *Belly-Blin(d)* (et autres var.), un génie domestique de type *hobgoblin* ou *brownie*.

146. Ceci rappelle Gwydion plaçant l'avorton Lleu dans un coffre près de son lit.

147. Sir Marramiles tente de le monter, mais échoue. Il n'y parvient qu'après que le monstre a révélé qu'il faut l'avoir frappé trois fois d'une baguette magique en or appartenant au roi de Cornwall.

148. Par recoupement avec l'*Historia regum Britanniae* (IX, chap. 1, 5) de Geoffroi de Monmouth, il apparaît que Corwall est *Cador*, duc de Cornouaille (Rejhon, 1983, 205-206). Dans *Breudddwyd Rhonabwy* (« Le Rêve de Rhonabwy »), texte gallois (XIIe ou XIIIe siècle), *Cadwr* (*Kadwr*) est un neveu d'Arthur (Würzbach and Salz, 1995, 86). C'est donc ici dans un schéma celtique de rivalité / alternance spatio-temporelle (saison sombre / saison claire ; monde humain / Autre Monde), avec tous les épisodes transitionnels de passage de l'un à l'autre, entre deux figures royales autour de la reine Guenièvre incarnant la Souveraineté que se situe la conquête du cheval magique et des autres objets de pouvoir.

149. Sergent, 2004, 60.

de sottise aux possibles conséquences funestes. La sagesse de Maugis se révèle toutefois quand il condamne la « folie » de Renaud qui tue le cordonnier (« As-tu le sens desvé [« perdu la raison »]?).

Maugis d'Aigremont
Qui est Maugis ?

Bien plus encore que *RdM*, la chanson de geste de *Md'A* contient, particulièrement en son début, des motifs et des éléments structuraux qui conservent la trace de schémas narratifs provenant de la mythologie celto-hellénique. Une analyse détaillée du texte épique va nous permettre d'en faire la démonstration. La chanson de *Md'A* relate les « Enfances » du héros, tout en changeant quelque peu la donne par rapport à certains éléments mis en place dans *RdM*. Maugis est fils du duc Beuves, seigneur d'Aigremont, une ville perchée sur un rocher et située « sus mer »[150] (*Md'A*, v. 37). Mais il n'est pas seul, car sa mère, la duchesse Avice (v. 9026), a en fait accouché de jumeaux. L'accouchement a lieu le jour de la Pentecôte, alors qu'elle se promenait sur la *marine* (« bord de mer », v. 46). Selon la coutume du pays, elle pourvoit de suite chacun des enfants d'un anneau d'or fin à l'oreille droite, anneau qui, grâce à une pierre magique, les protégera contre les démons et les enchantements (v. 83), ainsi que contre le poison, le venin, les bêtes féroces et la trahison (v. 502-503). Survient une attaque des Sarrasins « païens » de Sorgalant (assimilés à des démons d'Outre-Monde). Les deux enfants sont enlevés, mais séparés. Maugis, le cadet, est enlevé par une esclave sarrasine de la duchesse et emporté à Palerme (v. 214), puis au détroit de Messine, comme on l'apprendra plus tard (v. 1757). Là, l'esclave est dévorée par des bêtes sauvages qui s'entre-tuent ensuite. Maugis se retrouve seul, abandonné au bord de la mer ; il est recueilli par une fée chrétienne, Oriande[151], qui habite à Mongibel une puissante forteresse appelée Rocheflor. Cette forteresse est sise entre quatre montagnes, entourée d'eau et d'une vaste forêt obscure des temps anciens (v. 572-576). Oriande fait baptiser le bébé, lui donne son nom, puis quand il est un peu plus âgé, le fait instruire dans les arts de *nigromance* (magie) par son frère, l'enchanteur Baudri (qui a séjourné sept ans à Tolède) et par le nain Espiet, son cousin. Quand il sut parler (ayant atteint « l'âge de raison ») et sut galoper à cheval, elle lui fit apprendre les échecs et le jeu des tables (v. 633-635). C'est encore elle qui lui donne une épée et la lui ceint, ce qui revient à l'adouber chevalier (v. 639). Elle devient aussi son amante (v. 598-599) et l'auteur esquisse même une scène

---

150. La situation géographique d'Aigremont n'est pas précisée, mais d'après le contexte des autres lieux, on comprend qu'elle est située sur la côte de Sicile.

151. Ceci rappelle le *Lancelot* dans lequel le fils du roi Ban et ses cousins Lionel et Bohort sont recueillis et élevés par la fée Viviane, Dame du Lac et amante de Merlin.

érotique : « Son cors li abandone besier et acoler, / Desoz son covretor ensemble o li joër. » (« Elle s'abandonne à lui, au point qu'ils peuvent se livrer sous la couverture au jeu du baiser et de l'étreinte. », v. 641-642). Oriande est donc tout à la fois fée nourricière, éducatrice et amante pour Maugis qui ignore alors tout de ses parents biologiques.

Or, il est frappant de constater que le sort réservé à Vivien, le jumeau aîné de Maugis, présente de fortes similarités avec celui de Maugis. Vivien (futur V. de Montbranc) est recueilli et élevé par Esclarmonde. Lors de sa première présentation dans le récit, celle-ci est décrite comme « La fame Sorgalan plus bele que n'est fee. » (v. 338). On sait que ce genre de comparaison sert souvent à connoter de façon atténuée un être de nature féerique. (D'ailleurs, dans *Escanor* de Girart d'Amiens, *ca* 1280, Esclarmonde sera le nom d'une fée enchanteresse.) Après la mort de son mari, elle deviendra la femme de Vivien et finalement convertie recevra d'Avice, mère biologique des jumeaux, son nom de baptême : elle sera nommée... Avice. Esclarmonde partage donc avec Oriande sa qualité de fée et avec Avice son nom. Oriande et Esclarmonde recueillent et élèvent toutes deux l'un des jumeaux et en deviennent l'amante ou la femme. On pressent derrière ces rapprochements onomastiques et cette circularité des statuts un désir de l'auteur de signaler indirectement une forme d'identité ou de forte proximité entre ces différentes femmes. Un autre détail peut encore étayer cette impression de proximité des personnages féminins. L'accouchement d'Avice qui aboutit à la naissance des jumeaux se place au bord de la mer et dans un *char* (« chariot »). Or, le mot *char* est répété treize fois dans les laisses 2, 3, 4, 6, 7, 8, 9, 10, 11. Cette insistance sur un détail apparemment sans importance doit inciter à la réflexion. Il me semble que l'auteur insiste sur ce mot, car dans le même temps, il tait un autre mot : le mot *cheval*. On doit en effet supposer que ce chariot est tiré par des chevaux. La duchesse enceinte et sur le point d'accoucher n'a certainement pas été installée dans un chariot tiré par des humains, d'autant qu'il est signalé que les chevaliers, pour se divertir, organisent des joutes à cheval au bord de l'eau. Avice est donc entourée de nombreux chevaux au moment même de l'accouchement des jumeaux. Par ailleurs, lors de sa première apparition dans le récit (v. 474), la fée Oriande est montrée à cheval (puis à mulet). Là encore, ce ne saurait être une coïncidence. Aussi bien donc, la mère biologique des jumeaux que la mère nourricière, puis amante de Maugis sont des femmes qui sont en liaison avec le cheval. On verra un peu plus loin quels rapports intimes unissent aussi Oriande et le cheval Bayart.

Maugis : un jumeau aux multiples talents

Bien que recueillis tous deux par une fée et une quasi-fée, les deux jumeaux ont reçu de leur mère un nom qui marque un contraste entre eux. Esclarmonde donne à l'aîné le nom de *Vivien*, car elle prédit qu'il *vivra* longtemps (v. 360-361), tandis qu'Oriande donne au cadet celui de *Maugis* (« Le Mal gisant »), car il fut trouvé pleurant, « gisant a grant paor » ou encore « malement gisoit » à côté de restes de cadavres (v. 586-588). Mais bientôt, de façon merlinesque, ses pleurs s'inversent en rire quand la fée Oriande le serre contre son corps, comme en une seconde naissance : « En son giron le met, li enfes li rioit. » (v. 489). *Vivien* est un nom qui porte sur une destinée future qui s'annonce bénéfique, *Maugis* sur un avenir qui a failli tourner au carnage et à la mort, comme le rappelle la tête décapitée de l'esclave laissée à côté de l'enfant par les bêtes sauvages. Ce type de différenciation entre jumeaux se retrouve fréquemment dans la mythologie. On peut l'observer aussi dans le contexte celtique du motif des jumeaux nés au bord de la mer et séparés à la naissance. À la naissance et à la séparation des jumeaux Vivien et Maugis correspond par exemple dans le *Mabinogi de Math*, la naissance des jumeaux Dylan et Lleu dont la mère est Aranrhod. Dylan est lié à la mer et Lleu au feu ou au soleil. Le premier est voué à une disparition précoce, le second à un avenir brillant, mais semé d'embûches. On a dit comment Aranrhod les rejetait et comment les jumeaux étaient séparés à la naissance. À la prise en charge de Maugis bébé par la fée Oriande correspond la prise en charge de Lleu bébé par le magicien Gwydion, son oncle ou peut-être son père. Comme Maugis, Lleu devient par la suite l'un des principaux protagonistes du récit. Pour ce qui est de Lugh, aucun des textes mythologiques médiévaux conservés ne rapporte les circonstances de sa naissance[152], mais on peut déduire de certains textes qu'il a passé son enfance en fostérage, dans une sorte d'exil dans la « Terre de Promesse » (*Tír Tairngire*), chez Manannán, dieu de l'Autre Monde marin, qui lui a servi de père adoptif avant son retour à Tara, la résidence royale.

On a vu d'autre part à travers *RdM* que Maugis possède une certaine familiarité avec les techniques artisanales de la peausserie et de la cordonnerie, ce qui sera confirmé par son déguisement en ours dans *Md'A* pour ce qui concerne la peausserie et les métiers du cuir en général (*cf. infra*). Mais là ne s'arrêtent pas ses talents communs avec Lugh et Apollon. Tout comme celles de ces derniers, on a vu que l'éducation de Maugis comprend les jeux de stratégies que sont les échecs et le jeu de table (Renaud, son fils spirituel, participera à une partie d'échecs à l'issue tragique dans *RdM*). Lugh, pour sa part, est l'inventeur et par suite un maître du *findchell* (« sagesse du bois »), une sorte de jeu d'échecs. Lors d'une partie, il l'emporte sur Nuada, ce qui

---

152. Seules des légendes tardives expliquent qu'il est l'un des triplés nés du viol d'Ethne, la fille du méchant Balar (Balor), par Mac Cioannola. Balar parvient à noyer deux enfants en mer, mais le troisième est sauvé. Il est ramené à son père qui le met en apprentissage chez son frère, le forgeron Goibhne, où il reçoit le nom de Lugh (Sterkx, 2009, 251-252). Cette période d'apprentissage chez le forgeron constitue une forme d'exil aussi.

constitue une « épreuve royale » selon B. Sergent[153]. Plus importante encore pour Maugis est la maîtrise complète des instruments de musique et du chant (y compris magique) (v. 636-637). *Md'A* ne précise pas que de quels instruments il joue, mais le ms. *P* de *RdM* nous l'indique[154] : la première fois où Maugis apparaît en action dans le récit, c'est lors d'une scène où il régale son père de ses talents musicaux. Il a alors vingt ans et c'est au début du mois de mai (équivalent de Beltaine) : « Il harpe et si vielle, assez sot d'estrument » (v. 542). Or, Lugh et Apollon sont aussi des maîtres des instruments de musique à cordes (souvent en boyau) : harpe, lyre[155] et arc musical, pour le premier, cithare pour le second[156]. Partant Lugh est le « dieu de la poésie lyrique, l'inspirateur des bardes »[157].

Maugis est cela et encore plus : comme il l'expliquera plus tard synthétiquement à Hernaut de Montcler, son aïeul qui ne le connaît pas encore, il est également clerc sachant lire et chanter, et chevalier (laisse CXXVIII). Il est dit aussi que face au problème posé par le diable Raanas, « il sot de la clergie assez plus qu'Ipocraz » (v. 776). Il s'agit certes ici moins de médecine (Hippocrate) que de la sagesse dans l'observation et la déduction de la conduite à suivre, mais la référence classique montre que Maugis s'éloigne largement du type antérieur du simple enchanteur-larron de la chanson de geste de stricte tradition carolingienne. La médecine n'est toutefois pas étrangère non plus à Maugis, comme on va le voir dans un instant. Ainsi, par l'étendue de ses connaissances, Maugis peut passer pour l'équivalent médiéval d'une figure « druidique »[158], figure placée sous le patronage de Lugh, dieu des druides. Il se déguisera d'ailleurs plus tard en cardinal (équivalent chrétien du druide) pour berner Charlemagne : confirmant son rapport au cheval, il ensorcelle

---

153. Sergent, 2004, 157.

154. Ce vers de *P* figure dans l'éd. de J. Thomas qui édite *D*, car le premier cahier du ms. manque, soit environ 672 vers (1989 : 621 n. 540-4).

155. Au sujet de ce dernier instrument, on connaît avec la pendeloque en bronze de Vasseny (Ain) un remarquable concentré iconographique des pouvoirs de Lugh associé aux liens : « Celle-ci représente un personnage stylisé [...]. Ses jambes dessinent une lyre terminée par trois cercles évidés tandis que ses coudes sont reliés l'un à l'autre par une chaîne similaire à l'attache de suspension. » (Gricourt et Hollard, 2005, 52).

156. Sergent, 2004, 176.

157. Gricourt et Hollard, 2002, 134.

158. Ceci invalide à mon sens l'opinion de W. W. Kibler qui décrit Maugis comme un magicien « techniquement » post-Huon de Bordeaux (par la date), mais dont les pouvoirs sont « strictly those of pre-Huon magicians. » (1987 : 176). *Huon de Bordeaux* est daté entre 1261 et 1268 selon Marguerite Rossi (*DLF* 1992 : 703). Comme on l'a vu, *RdM* est largement antérieur à *Huon* et *Md'A* pourrait l'être aussi. En tout cas, dans *Md'A*, les pouvoirs de Maugis vont bien au-delà du simple *larron*. Il peut se métamorphoser en animal et se dit clerc.

quinze poulains chargés de victuailles destinées à l'armée de Charles et les oblige à se diriger vers le château de son aïeul Hernaut (laisses CXXVII-CXXVIII). Dans *La Mort Maugis*, il impressionne ses auditeurs en tenant un discours en latin (laisse IV), puis suite à la mort du pape Simon, son cousin, il est même élu pape, mais il s'enfuit dans un ermitage de la forêt des Ardennes (laisse XXIII).

En tant que classique *larron* (mot non péjoratif), il maîtrise la science du déguisement, celle de l'évasion et du déverrouillage des portes. S'il dérobe, ce n'est pas pour s'enrichir, mais c'est pour humilier Charles et s'amuser à ses dépens[159]. En tant qu'enchanteur, Maugis maîtrise toutes les techniques de cet art (*nigromance*) : il peut endormir ses adversaires et rompre un sommeil de léthargie. Dans le ms. *Z* de *RdM* (détruit, Metz, Bibl. Mun. 192), il est dit de Maugis que « tant sot d'empoison » (v. 176). Il connaît donc les herbes médicinales pour guérir et préparer des potions et des breuvages magiques, tout comme il connaît les herbes tinctoriales pour maquiller ses amis (Bayart notamment) ; il peut répandre une odeur insupportable[160]. Le ms. *C* de *RdM*, nous révèle encore une autre facette du talent de Maugis (absente des autres mss) : la veille de la course de chevaux à Paris, Maugis et sa petite troupe n'ont ni argent ni de quoi manger. Maugis se déguise en écuyer, met sa coiffe à l'envers (« cen de devant derier »), fait des grimaces, puis en ce jour de la fête du Lendit[161], il contrefait le fou, crachant aux nez des gens et leur jetant de la boue. Les gens lui font alors des largesses. Mais cela ne lui suffit pas. Il se dirige vers les tables des changeurs et, tel un Christ semant le désordre parmi les marchands du Temple, il renverse les étals ; l'argent vole un peu partout ; un attroupement se crée, les gens se battent pour récupérer les pièces. Puis, Maugis avisant un charbonnier portant un sac « noir comme mûre » s'en empare et se met à le remplir d'argent. Il retrouve son vrai écuyer qui était déguisé en chevalier, échange les vêtements, puis dans un château, il achète dix bœufs qu'il fait écorcher, ainsi que toutes sortes de victuailles[162]. Maugis ajoute donc ici à son répertoire la figure du fou.

Tout comme les druides historiques et comme Lugh et Apollon, Maugis est aussi un prodigieux guerrier : il le prouve d'abord par la conquête de Bayart, conquête qui, si au départ elle utilise le déguisement pour s'introduire dans la place, se fait ensuite en grande partie « à la force du poignet » ou du croc et de l'épée (il avait aussi emporté celle qu'Oriande lui avait donnée) ; et il le prouvera encore peu

---

159. Dans *RdM*, après s'être introduit dans la tente de Charles, il lui dérobe Joyeuse, son épée, avant de s'emparer de Durendal (Roland), Hauteclair (Olivier), Courtaine (Ogier) et Autemise (Turpin).

160. Verelst, 1995, 20.

161. Elle durait de la Saint-Barnabé (11 juin) à la Saint-Jean. C'est cette dernière date qui est visée ici.

162. Castets, 1909, 934-935.

après en s'illustrant dans un titanesque combat contre les « démons » sarrasins (*Md'A*) : de retour de l'île de Bocan, il trouve Rocheflor assiégé par les « Sarrasins » du géant Anténor, roi d'Esclavonie et frère de l'émir de Palerme. Lors d'un long et palpitant combat singulier contre Antenor (âgé de cent ans passés), il conquiert de haute lutte Froberge, sa fameuse épée flamboyante au pommeau d'or pur. L'auteur souligne que ce combat a pour résultat de débarrasser définitivement le domaine de la fée de son pire ennemi (v. 1711).

Comme on le voit, Maugis dépasse de tous côtés la figure de l'enchanteur larron traditionnel, ce qu'il est assurément, mais il tend à couvrir tout le champ de la connaissance des trois ordres de la société féodale : clerc (lecture, magie, musique), guerrier et artisan. Joël Grisward, dans le cadre d'une interprétation trifonctionnelle de type dumézilien des frères Aymon[163], voyait en Maugis un personnage venant « combler la case laissée vide sur le premier niveau », celle de la souveraineté en sa nuance « varunienne » (Alard, sage, prudent et juste, en constituant l'aspect « mitrien »)[164]. Cet aspect varunien définit notamment la souveraineté en ses aspects de magie coercitive en rapport avec les liens, en sa dimension prophétique et en sa violence parfois cruelle, voire mortifère. Cette manière de voir les choses me paraît forcer quelque peu le texte épique et surtout introduire les multiples talents de Maugis dans une camisole de force de première fonction. Certes, comme le note B. Sergent, ces aspects varuniens sont aussi amplement présents chez Lugh et chez Odhin (« Fureur »), son correspondant germanique, tandis qu'Apollon est varunien par rapport à son père mitrien[165]. Mais la personnalité textuelle de Lugh, Apollon et Odhin, personnalité faite d'ambiguïté (tueurs / médecins, splendides / pourris, méchants / protecteurs)[166], tout comme celle de Maugis, est d'une richesse qui déborde largement cette vision quelque peu réductrice.

Qui est Bayart et d'où vient-il ?

J'ai déjà eu l'occasion de présenter brièvement le Bayart épique quant à ses caractéristiques extérieures principales lors de l'examen des conjurations contre l'entorse. Complétons ici le portrait par ses origines géographiques et lignagères. Entre les divers manuscrits de *RdM* et de *Md'A*, l'origine de Bayart, cheval *faé*, et la

---

163. Alard, l'aîné, représentant de 1ᵉ fonction (aspect juridique, conseillère) ; Renaud, 2ᵉ fils, représentant de la 2ᵉ fonction (force et violence guerrière) ; Guichard et Richard, 3ᵉ et 4ᵉ fils, représentant de la gémellité de 3ᵉ fonction (Guichard étant attiré par la sexualité et Richard par les biens matériels) (Grisward, 1984, 83-84).

164. Grisward, 1984, 85.

165. Sergent, 2004, 146-153, 177, 365, 382.

166. *Id.*, 365.

façon dont Renaud en devint propriétaire sont assez confuses et même tout à fait contradictoires. Le ms. *D* de *RdM* (v. 888), le plus ancien témoin, indique que si Bayart peut courir trente lieues sans s'essouffler, c'est « por ce qu'en Normendie fu le cheval faé. » Est-ce là son origine ? Sans doute, puisque le ms. *Z* (fragmentaire) explicite au v. 45 : « La dedens Normendie fu li cevaus trovés. » Pourquoi la Normandie conférerait-elle un statut féerique au cheval ? On n'en saura pas plus. De toute façon, le ms. *O* nous offre une autre version : « Li frans hons [Renaud] l'acheta vers les pors de Bretaigne / A I povre vilain qui l'amena d'Espaigne. » (v. 149-150). Le ms. *V* change encore la donne : « Baiart avoit a non si fu nez en Bretaigne. » (v. 459). Exit l'Espagne ! Mais ce n'est pas tout : « Un borjois l'acheta au duc de Loeraine » (v. 460). Exit le paysan ! Pour comble, le même *V* avait indiqué plus haut : « Renaut avoit Baiard qui li vint de Baionne, / Le cheval fu faé, il li vint d'Avalonne » (v. 323-324) ! Sauf pour *D* et *Z*, c'est l'assonance qui détermine l'origine du cheval.

Avec la mention de l'île d'Avalon, on semble toutefois amorcer un tournant. Dans le ms. *C*, le nom même *Baiars* est expliqué ainsi : « Car il fu pris en l'ille entre II mers, / faerie fu li chevaux amenés ». C'est *Morge* (Morgue / Morgane) la fée qui l'a élevé quand il était petit (v. 57), puis qui l'a envoyé au roi Pépin qui lui-même le donna à son fils Charles. Cette chaîne de dons a pour but d'expliquer comment Bayart aboutit entre les mains de Charlemagne qui le donna à Renaud lors de son adoubement (v. 54-59). Le ms. *D* (v. 886), le plus ancien, ignore toute cette chaîne de dons : Renaud reçoit Bayart de Charles lors de son adoubement. Dans *Md'A*, au contraire, c'est Maugis qui le remettra à Renaud à la fin de la chanson (v. 9052) dans des circonstances qui seront examinées ultérieurement.

Au-delà de cette apparente confusion sur l'origine géographique et sur la transmission du cheval Bayart, on perçoit que ce dernier vient toujours « d'ailleurs ». Plus précisément, il semble bien d'abord venir de contrées ayant un accès sur la côte maritime atlantique (Normandie, *pors* de Bretagne, Bayonne, Espagne). Ces terres sont toutes situées à l'Occident du monde connu d'alors. L'Espagne, aussi bien chez les Celtes que dans tradition populaire ultérieure, conservera longtemps la valeur de pays quasi mythique, ultramarin, borne occidentale du monde. C'est ainsi que Tailtiu (Tallan), nourrice, mère adoptive de Lugh et incarnation de la terre d'Irlande, est dite parfois fille de Madhmor (Magmor), roi d'Espagne[167].

Cette origine marine de Bayart se précise et se mythifie encore davantage avec les mentions de l'île d'Avalon, puis de l'île entre deux mers et de la fée Morgue. Avec le ms. *A*. de *RdM*, l'idée de l'île continue à faire son chemin, mais va se doubler du

---

167. Sergent, 2004, 37 ; Gricourt et Hollard, 2005, 68.

phénomène volcanique, tandis que le théâtre des opérations va se déplacer vers l'Orient méditerranéen. Il s'agit là d'une autre tradition de *RdM* qui sera appelée à un bel avenir : on y apprend incidemment que Bayart fut trouvé sur l'île de Bocan et engendré par un dragon en un serpent (femelle) (v. 42-45)[168]. Ces dernières précisions seront reprises et longuement développées dans *Md'A* (laisses XXI-XL). Retenons de tous ces éléments qui se mettent progressivement en place une proximité marine et même insulaire du cheval Bayart. Quant à ses origines lignagières, elles se situent dans une certaine ambiguïté : féerique avec Morgue, puis royale avec les Carolingiens dans *RdM*, mais « sulfureuse » dans *Md'A* par ses géniteurs serpentiforme et « démoniaque », rebelle enfin par son association avec Renaud et les fils Aymon. Cette ambiguïté n'a néanmoins pas empêché Bayart, tant épique que populaire, d'être toujours perçu comme un cheval au service du bien[169].

La conquête d'un cheval faé

Voyons à présent comment Bayart a été conquis par Maugis. Un jour de fin avril, à l'entrée du mois de mai (à Beltaine donc, v. 647), Maugis se promenant avec Oriande aperçoit à l'horizon une île fumante : c'est l'île volcanique de Bocan (ou Boucan), île que la critique a identifiée avec Vulcano, une des Lipari (les « îles d'Éole »), au nord de la Sicile. Une tradition locale rapportée par Thucydide (III, 88) place dans Hiéra, ancien nom de Vulcano, une des forges du dieu forgeron Héphaïstos (Vulcain) où il forge des masses de fer. D'autres versions ajoutent aux talents de métallurgiste du dieu ceux de dieu magicien (Delcourt 1957 : 190). Oriande apprend à Maugis, futur enchanteur, que sur celle-ci se trouve un cheval *faé* nommé Bayart. Il a été engendré par un dragon (père) dans un hideux serpent (mère) (v. 668). Ses progéniteurs et un diable nommé Raanas le retiennent prisonnier dans une sombre caverne seulement éclairée par la lueur rouge d'une escarboucle. Il y est attaché par quatre chaînes d'argent tendues entre quatre piliers[170]. Maugis décide de le conquérir. Pour cela, en ce « mois des dragons », il

---

168. Piron, 1981, 164-167.

169. En contradiction avec l'origine « sulfureuse » de Bayart dans *Md'A*, il est dit dans *RdM* (antérieur) que ce cheval est une créature de Dieu : « Onques Dex ne fist beste de la soe bonté » (« Jamais Dieu ne créa un animal d'une telle valeur », *D*, v. 885). Il combat d'ailleurs contre le cheval d'un « païen » sarrasin : « Et quant Bayart le voit, mult ot le cuer irié [rempli de colère] ». Il le saisit par la crinière et le tire (*D*, v. 4110, 4113). Appliqué à un cheval, *bonté* n'a pas nécessairement ici un sens moral, mais connote la valeur. On parle au Moyen Âge de la *bonté* d'une maison.

170. Le motif du cheval merveilleux ensorcelé par un magicien et enfermé dans une caverne au moyen de chaînes de fer est aussi attesté ailleurs dans le domaine eurasiatique

quitte Oriande et se déguise en « diable » dans un costume qui sera bientôt décrit en détail. Avec le croc de fer fourni par Baudri, il ressemble désormais à un vrai démon (v. 708-719, 730, 732). Après une traversée en bateau, Maugis débarque sur l'île[171]. Il pousse bientôt des cris, des hennissements, des beuglements et meuglements auxquels répond de même le diable Raanas qui croit accueillir un confrère. Mais Maugis lui lance, au nom de Dieu et de saint Nicolas (6 décembre), un enchantement qui fait s'écrouler la roche sous lui et le tue. Il jette encore sur lui une grosse pierre qui l'ensevelit. Maugis affronte et vainc ensuite la serpente[172] qui reste coincée dans une caverne et enfin ensorcelle le dragon mâle. Il apprivoise Bayart et le ramène à Rocheflor.

Maugis en ses cornes (ours et cerf)

Par deux fois dans *Md'A*, Maugis arbore des cornes pour conquérir un « objet » précieux. Pour s'emparer du cheval Bayart, il se déguise en « diable » dans une peau d'ours hérissée et noire qu'il avait au préalable écorchée ; il complète ce costume avec une visière (pièce protectrice mobile du visage), puis se frotte avec du cuir de bœuf tanné et s'attache des queues de renard[173] sur le corps ; enfin, il arbore deux cornes dressées sur la tête. Cette sorte de costume de mascarade le fait ressembler à un ours cornu[174] et plus généralement à l'Homme Sauvage velu. Ce déguisement peu banal confirme les accointances de Maugis déjà entrevues dans *RdM* avec les métiers de la peau et du cuir, tout en y ajoutant l'équarrissage et la tannerie. Pour observer la sortie d'ours cornus, il faut se déplacer sur le terrain du Carnaval. À

(mythes de Sibérie et du Caucase, contes russes et polonais, etc.). Délivrés, ces chevaux bondissent et s'élancent dans les airs. Ils sont souvent nés le même jour que le héros ou lui sont prédestinés, étant des *alter ego* ou jumeaux de ce dernier (Lajoye, 2012, 88-90, 94).

171. La sortie annuelle du blanc *cheval Mallet* pour le « mystère du cheval Mallet », un jeu dansé-mimé de cheval-jupon, avec notamment des porteurs d'épées et un porteur de bâton ferré à Saint-Lumine-de-Coutais (Loire-Atlantique), se déroulait tout près du lac de Granlieue à la Pentecôte et était lié à une concession féodale du marais aux habitants. Ce jeu était aussi en liaison avec l'érection d'un « mai ». Robreau assimile ce rituel à une sortie d'un cheval hors d'un lac au 1er mai et rappelle les combats de dragons à cette date (2011, 24), toutes choses qui présentent des traits communs avec le combat pour faire sortir Bayart hors de l'île à cette date.

172. Ce serpent femelle géant, aux mille couleurs (v. 793), lové en rond dans une crevasse (v. 796), a des allures de dragonne : il crache du feu, à des oreilles, une crête poilue et des griffes (v. 815-818).

173. Outre son caractère traditionnel de rusé et de fourbe, le renard fait partie des animaux « puants ».

174. *Cf.* le tableau de Loiset Liédet, enlumineur flamand du XVe siècle. Anne Berthelot qui utilise le ms. *L* de l'éd. Castets indique que ce sont des cornes de cerf, mais cela ne ressort pas du texte (v. 734-739) (Berthelot, 1996, 328).

Ituren-Zubieta (Navarre), on rencontre deux ours cornus, masqués et recouverts de peau de moutons. À Itassou (Labourd), *Artza* (« L'Ours » en basque) porte aussi deux cornes ; à Briscous (Pyrénées-Atlantiques), l'ours arbore même trois paires de cornes[175].

Plus tard, à Tolède, Maugis, promu sénéchal, se voit follement aimé d'une reine, la femme de Marsile (Bramimunde dans *La Chanson de Roland* où elle se convertit *in fine*). On est alors au mois de mai. Ils font l'amour, mais sont découverts par un *vilain* (laisse CXIV). Mis au courant, Marsile surprend à son tour les amants. Pour échapper à ses ennemis païens, Maugis se métamorphose en biche à quinze bois de cerf (ms. *P*, v. 3763-3770)[176]. Ces bois sont en or et terminés par une pierre qui brille intensément. Il y a donc correspondance entre l'anneau en or incrusté d'une pierre sur l'oreille de Maugis, anneau donné par sa mère, et les bois en or incrustés d'une pierre sur les ramures de Maugis en biche-cerf, enchantement suggéré par Oriande. En effet, le texte précise qu'il s'agit là d'un enchantement que sa fée nourricière et amante lui a enseigné et qu'il affectionne tout particulièrement. Notons au passage que l'aspect de biche à ramures de cerf de Maugis rappelle le caractère androgyne d'Apollon[177]. Pour en revenir au cocuage de Marsile, on voit que comme en Carnaval, les cornes qu'elles soient d'« ours » ou de cerf, ou plus banalement de vache ou de bouc, voient le triomphe des cornus sur leurs rivaux. Les rapports de Lugh et d'Apollon aux animaux à cornes sont à la fois plus étendus et plus diffus que dans le contexte épique médiéval (vache, bouc, bélier, cheval pour Lugh et le Mercure gaulois ; bouc pour Apollon, taureau pour Esus)[178]. Mais c'est surtout du côté du cerf que la comparaison avec Maugis est la plus fructueuse : « Les relations entre Lug et le cerf sont incontestables ». Dans l'Antiquité, le dieu Mercure gallo-romain est « un dieu cornu, un dieu au cerf ». Dans le *Mabinogi de Math*, Lleu absent est cocufié par un rival à l'occasion d'une chasse au cerf peu avant la fête de Samain (1er novembre). Les apparitions de cervidés ou les métamorphoses en cervidés sont souvent en rapport avec une affaire d'adultère ou de transgression sexuelle. Ainsi, dans cette même œuvre, Gwydion avait été auparavant, par punition d'un viol précédent sur la première « porte-pied » de Math, transformé pendant un an en cerf par le roi-magicien. Dans l'histoire de Dáire, son fils Lugaid Laígde (hypostase de Lugh) attrape un daim à la toison d'or lors d'une course de chevaux et devient roi d'Irlande après avoir couché avec la Souveraineté. On connaît aussi les rapports de Merlin au

---

175. Pauvert, 2007, 53 et 2014, 25.
176. Le ms. *C*, v. 3766 a *beste*. Il s'agit là d'un cerf.
177. Sergent, 2004, 45-47.
178. *Id.*, 81-82.

cerf et au cocuage[179]. La capture d'un cheval merveilleux par Maugis, puis la métamorphose de ce dernier en cervidé au bois d'or à l'occasion d'une affaire de cocuage avec une reine au mois de mai a incontestablement un rapport avec les épisodes mythiques centrés sur un dieu jeune et conquérant. Ainsi, le cocuage de Marsile par Maugis à Beltaine (saison claire) est l'inverse du cocuage de Lleu à Samain (saison sombre). Rappelons que Beltaine (« feu de Bel ») est la fête de Belenos, une épiclèse de Lugh.

Les actions de Maugis ont d'ailleurs tendance à se caler sur les fêtes celtiques (ou leurs reprises quelque peu décalées par le christianisme), en particulier sur Beltaine (1er mai). Outre le cocuage de Marsile, c'est à l'équivalent de Beltaine, « el mois de mai, a l'entree d'esté » (*D*, v. 4915), que, dans un verger de Montlhéry, Maugis métamorphose Renaud en un jeune homme de douze ans et teint tout en blanc le cheval. C'est encore à l'équivalent de Beltaine (*Md'A*, v. 647) que Maugis déguisé en ours cornu, noir et poilu, effectue sa « descente en enfer » pour se lancer à la conquête du cheval Bayart, juste avant le 3 mai que le christianisme a consacré à l'apôtre Philippe, cet autre « Amant des chevaux ». Dans la tradition occidentale, la sortie de l'ours a traditionnellement lieu le 1er février (Imbolc), possible début du printemps qui peut cependant être encore retardé de 40 jours, donc vers le 10 mars. Même si les fêtes celtiques débordent de 15 jours en amont et en aval, le compte n'y est pas pour Beltaine. Cette sortie de l'ours Maugis n'est donc pas une annonciation du printemps. Comme on a vu que Maugis cocufiait Marsile à Beltaine, c'est sans doute du côté du cocuage qu'il faut chercher (saint Gengoult le cocu qui prolonge Lugh est fêté avec dépôt de cornes le 11 mai). Qui serait alors le cocu ? On peut proposer le diable Raanas ou le dragon mâle, père de Bayart. On peut aussi observer que cette conquête de Bayart implique la mise à mort d'un diable et de dragons sur une île crachant du feu et du soufre. Les cris, les hennissements, les beuglements de Maugis déguisé en ours cornu démoniaque auxquels répondent ceux de Raanas croyant accueillir un confrère ne laissent pas de rappeler les cris effrayants que se lançaient le 1er mai deux dragons ennemis dans l'île de Bretagne dans le conte gallois de *Lludd et Lleuelys*[180]. D'ailleurs

---

179. *Id.*, 221-223.

180. Lambert, 1993, 181, 183-184 ; Sergent, 2004, 301-302. À noter que ces deux personnages (plus un troisième) sont fils de *Beli Mawr* (« B. le Grand »), une divinité sans doute dérivée de *Belenos* qui fait figure de grand ancêtre géniteur de tous les dieux gallois, époux de Dôn (équivalent de Dana, la mère des dieux irlandais). On a vu que dans les *Triades galloises*, il est aussi le père d'Aranrhod, mère de Lleu (MacKillop, 1998, 39). Lludd, roi de Londres, est l'équivalent de Nuadda Airgetlám (« à la Main d'Argent ») et Lleuelys, roi de France (en tant qu'Autre monde), est l'équivalent de Lleu (Lugh irl.) (Sergent, 2004, 61, 157 ; Sterckx, 2009, 201).

Maugis « démon envahisseur » et Raanas « démon indigène » s'affrontent ensuite en une lutte à mort[181].

Mais qui est donc la fée Oriande ?

Une série de rapprochements textuels va permettre de répondre à cette question, tout en approfondissant la personnalité mythique de cette fée et en liant plus solidement encore la chanson de geste et la « matière de Bretagne ». On a vu qu'Oriande réside à Mongibel en Sicile. Loin d'être fantaisiste, cette appellation est la désignation médiévale de l'Etna. On la retrouve notamment dans les *Otia Imperialia* de Gervais de Tilbury (*ca* 1210) : « In Sicilia est mons Aetna. Hunc autem montem vulgares Mongibel appellant. » (II, chap. 12, cité d'après Harf-Lancner 1984 : 269 n. 21), ainsi que dans le *Livre dou Trésor* de Brunetto Latini (av. 1266) : « Et si est mont Gibel, ki tosjors giete fu [« feu »] par .ii. bouches, et nanporquant il a noif [« neige »] desus tozjors »[182]. On sait aussi qu'Oriande habite avec d'autres fées, ses sœurs, à Mongibel (v. 567, 570). Or, le nom de l'une d'elles nous est fourni bien plus loin dans le récit. On apprend en effet qu'une fée nommée *Morgant* habitant le bois de Mongibel (v. 6703) a fabriqué un riche vêtement pour un de ses amants. Ce vêtement est magique car tout homme qui le revêt cesse de ressentir la douleur ou le mal et ne peut jamais recevoir de blessure grave (v. 6702-6709)[183]. Ainsi donc, Morgant la fée habite aussi comme Oriande à Mongibel. L'Etna-Mongibel est vraiment le royaume des fées au Moyen Âge. Dans le roman de *Floriant et Florete* (apr. 1268 et p.-ê. *ca* 1280) qui se passe en partie en Sicile, trois fées dont Morgain s'emparent de l'enfant Floriant, l'emmènent à Mongibel, leur château principal et entament son éducation[184] ; après de nombreuses aventures, il deviendra roi de Sicile, puis empereur de Constantinople, avant de retourner définitivement au « paradis » de Mongibel. La mention d'une fée était déjà associée au nom *Gibel* dans le roman occitan de *Jaufré*[185] : sortant de la fontaine aventureuse qui marque la frontière

---

181. Dans le *Brut* de Wace (1155), Arthur endormi a l'*avision* (« rêve prémonitoire ») d'un combat entre un dragon volant contre un ours volant gigantesque. À son réveil, on lui en explique la *senefiance* : il est le dragon qui combattra et vaincra un géant venu d'Espagne sur l'île du Mont Saint-Michel. Ce dernier a violé et tué Heleinne, la nièce de Hoël, le roi d'Armorique et le fils de la sœur d'Arthur. Il continue d'abuser sexuellement de sa vieille nourrice et servante (Arnold et Pelan, 1962, 110, v. 2695-2866).

182. Cité d'après Ribémont, 2004, 65.

183. Charlemagne qui l'a conquis à Tolède sur l'amant de Morgant l'offre à Hernaut, l'aïeul de Maugis, en signe de réconciliation.

184. Combes et Trachsler, 2003, 34, v. 551-569.

185. La date de composition est incertaine : 1225-1228 selon Clovis Brunel (en 1943), mais rajeuni par la critique plus récente : premier quart du XIIe siècle selon Michel Zink ;

entre son domaine et le royaume d'Arthur, la Dame fée remercie Jaufré qui l'a aidée et lui révèle son nom : « Eu sui la fada de Gibel, / E-l castel on vos fos am me / A num Gibaldar... » (« Je suis la fée de Gibel. Le château où vous fûtes reçu s'appelle Gibaldar... », v. 10654-10656)[186]. Pour L. Harf-Lancner, cette fée anonyme bienfaisante est Morgane, car « dès le XIIᵉ siècle, une tradition situe au cœur de l'Etna le royaume dans lequel Arthur attend sa guérison aux côtés de la fée. Or l'Etna, c'est aussi le Gibel (de l'arabe *djebel*, montagne) »[187].

Cette dernière légende est également rapportée par Gervais de Tilbury au début du XIIIᵉ siècle, dans un récit a le mérite d'indiquer également les circonstances ayant conduit à cette découverte, circonstances d'autant plus intéressantes qu'elles impliquent un cheval : un palefrenier de l'évêque de Catane laisse échapper le palefroi de celui-ci. Le cheval s'enfuit vers l'Etna « du côté des cavernes obscures de la montagne ». Le valet le suit par un sentier étroit, puis débouche sur une très large plaine remplie de délices. Nul doute qu'il a franchi, guidé par le cheval, les frontières de l'Autre Monde, équivalent volcanique des *sídh* irlandais. Dans un château magnifique, il découvre Arthur allongé sur un lit d'allure royale. Ce dernier s'enquiert des raisons de la visite du palefrenier et fait récupérer le cheval. Le roi raconte que blessé lors d'une bataille contre son neveu Mordred et le duc des Saxons Childéric, il réside ici depuis longtemps, « ses blessures se renouvelant chaque année ». Par l'intermédiaire du valet, Arthur fait transmettre des présents à l'évêque (qui prouvent la véracité de l'aventure). Gervais parle ensuite de la « chasse Arthur » en Grande et Petite Bretagne[188]. Gervais ne parle pas de la fée Morgane, mais évoque sa probable remplaçante, sainte Agathe (5 février), qui réside à Catane et conjure le feu du volcan. Pour lui, l'Etna-Montgibel est le domaine de repos d'un roi blessé et (éternel ?) convalescent. C'est ailleurs dans son ouvrage (Livre I) que Gervais mentionne conjointement Arthur et sa demi-sœur, Morgue la fée (*Morganda fatada*) quand il évoque les soins qu'elle lui prodigue dans l'île d'Avalon[189]. Néanmoins, le point commun entre la légende de l'Etna et la séquence de la conquête de Bayart sur l'île volcanique de Boucan est le fait que, d'une façon

---

vers 1169-1170, puis remaniement après 1200 selon Martin de Riquer ; 1180 selon Rita Lejeune.

186. Lavaud et Nelli, 1960, 592-593. Il ne m'appartient pas ici de m'atteler à la question disputée de savoir si *Gibaldar* (var. *Guibaldar*) est Gibraltar, l'Etna, voire un toponyme d'une « Bretagne poétique » (*cf.* Lavaud et Nelli, 1960, 592 n. 2). Dans *Le Chevalier au Papegau* (XIVᵉ siècle), une « Dame sans Orgueil » se déclare « la sœur de Morgane, la fée de Montgibel » (Régnier-Bohler, 1989, 1094).

187. Harf-Lancner, 1984, 269.

188. Duchesne, 1992, 152.

189. Harf-Lancner, 1984, 52.

ou d'une autre (engendrement ou intrusion), un cheval ait été introduit dans les profondeurs de la terre, puis en soit ressorti. Le caractère royal des profondeurs de l'Etna pourrait donc conférer indirectement à Maugis affrontant les puissances telluriques (diable, dragons) un surplus de souveraineté. Ceci d'autant que dans *Floriant et Florete*, Floriant, roi de Sicile et empereur de Constantinople, finira ses jours à Mongibel en compagnie de Morgane, sa fée nourricière qui l'y a attiré au moyen d'un grand cerf blanc. Elle prophétise qu'Arthur, gravement blessé dans un combat, viendra plus tard les rejoindre (v. 8177-8250).

Arthur n'est d'ailleurs pas le premier personnage masculin à avoir pris résidence sous l'Etna ou à y être enseveli. Déjà dans l'Antiquité, on rapportait que lors de la gigantomachie, Zeus avait lancé le mont Etna sur Typhon, géant anguipède ailé et plus jeune des fils de Gaia, qui s'enfuyait dans la mer de Sicile[190]. Le volcan l'avait écrasé et recouvert ; depuis lors, les flammes du volcan sont celles qu'il vomit[191]. Selon le Pseudo-Apollodore, Athéna avait arraché la Sicile et l'avait jetée sur le géant Encelade en fuite. Cette localisation est due à Callimaque (*ca* 305-240 av. J.-C.) (Vian 1952 : 201). Selon Diogène Laërce, le philosophe Empédocle (*ca* 492-432 av. J.-C.) né à Acragas en Sicile passait pour avoir disparu dans l'Etna en laissant une seule sandale de bronze projetée du fond du cratère comme seule trace de lui (Ginzburg 1992 : 228). Selon certains, c'était dans l'espoir de devenir semblable à un dieu (immortel). Le monosandalisme est l'équivalent bien connu de la boiterie et connote la capacité d'un personnage de passer de notre monde dans l'Autre Monde. Le tréfonds de l'Etna est donc le lieu de « repos éternel » de personnages sacralisés ou divinisés ou bien, au contraire, de mort de monstres vaincus après avoir défié les dieux.

Pour ce qui est de Morgane, son souvenir sur la côte nord-est de la Sicile se perpétue plus tard encore avec les étranges mirages du détroit de Messine – visions de palais cristallins – appelés *Fata Morgana* et attribués aux enchantements de la fée. Or, selon *Md'A*, Oriande-Morgue est aussi présente au *Far* (= « détroit de Messine »). En effet, l'esclave sarrasine qui a enlevé le bébé Maugis fait, en traversant le *Far* côté Sicile, halte dans une lande « soz l'espine à la fee » (v. 377). Peu après que l'esclave a été dévorée par les bêtes féroces, la fée Oriande apparaît à cheval, puis sur un mulet – détails équins significatifs – avec quatre de ses sœurs afin de se reposer sous l'aubépine où elle avait l'habitude de venir (v. 473-479). Oriande-Morgane est donc présente sur toute la côte ouest de la Sicile et règne sur le domaine volcanique de l'Etna et des îles Lipari, notamment Bocan-Vulcano.

---

190. De même, Maugis lance une grosse pierre sur le diable Raanas qui désormais se trouve recouvert et immobilisé dans l'île de Bocan (laisses 26 et 27).
191. Grimal, 1979, 466 ; Vian, 1952, 14-15.

L'équivalence d'identité entre Oriande de Mongibel et Morgane de Mongibel ne peut plus faire de doute. J'ai déjà évoqué les variantes des mss concernant l'origine de Bayart, mais ces variantes prennent à présent tout leur relief. Le ms. *V* avait déjà amorcé un lien entre la geste et la « matière de Bretagne » : « Le cheval fu faé, il li vint d'Avalonne » (v. 324) ; le ms. *C* nomme la fée qui dispose de Bayart tantôt *Morge*, tantôt *Orguellouse* ; pour *P*, Bayart fut trouvé « la dedenz Mongibel » (v. 46)[192]. Or, on vient de voir qu'une tradition bien établie fait de Mongibel l'Etna. L'île volcanique de Bocan (Vulcano) n'est donc qu'un site alternatif à l'Etna ; des chevaux merveilleux y entrent, y naissent, en sortent.

Essayons de creuser encore plus avant la personnalité d'Oriande-Morgue en revenant à l'épisode du combat sur l'île de Bocan. Alors que le dragon mâle et Raanas sont rapidement éliminés par des incantations, c'est le combat contre la dragonne, mère de Bayart, qui retient longtemps toute l'attention de l'auteur (laisses XXVII-XXXIII). Et là point de magie, mais un combat de guerriers sans merci ! Or, on trouve à cela un parallèle saisissant dans le récit d'un fameux combat d'Apollon. Encore tout jeune (plus encore que Maugis), il tue à Delphes *Delphunè* ou *Drákaina*, un dragon femelle gardien et éponyme du site[193]. Selon B. Sergent, ce dragon représente la Terre (Gaia, Gê, Thémis), « première titulaire du site »[194]. Sur ce site, le dragon ou plutôt la dragonne est liée à la puanteur et au pourri : l'autre nom de Delphes était en effet *Puthô* « La Puante », car c'est là que la dragonne tuée avait pourri dans sa puanteur sous l'ardeur du soleil. Cette victoire fait par suite d'Apollon un maître de la pourriture[195].

On a vu que Maugis peut répandre une odeur insupportable[196]. Et par rapport à cela, on peut dire qu'il a été à bonne source : la puanteur est en effet bien présente sur l'île de Bocan à travers les projections soufrées du volcan décrit en termes chrétiens comme une bouche d'enfer infecte. Maîtresse de ce haut lieu du volcanisme puant qu'est Mongibel-Etna et qui habite le château de Rocheflor[197],

---

192. Il est vrai toutefois que *P* est postérieur à *Md'A* et a pu lui reprendre cette donnée.

193. Quand on conçut ce dragon comme masculin, il prit même le nom de *Púthôn* (Python), « le Puant ». *Delphunè* est aussi le nom d'une autre dragonne (mi-femme mi-serpente) : Typhon ayant coupé les nerfs et les muscles de Zeus et les ayant enveloppé dans une peau d'ours déposée dans une caverne de Cilicie, il chargea cette dragonne de veiller sur eux. Hermès et Égipan ayant récupéré ces tendons les replacèrent sur Zeus qui put s'enfuir de la caverne de Corycie en s'élançant vers le ciel sur un char aux chevaux ailés (Delcourt, 1957, 122 ; Grimal, 1979, 119, 466).

194. Sergent, 2004, 37-38, 310, 331.

195. *Id.*, 278-279.

196. Verelst, 1995, 20.

197. *Caer Aranrot* la « Demeure d'Arianrhod » est aussi située sur un rocher près de la mer.

Oriande-Morgue est parfaitement renseignée sur ce qui se passe sur ce site alternatif qu'est l'île de Bocan-Vulcano. Loin d'être une petite fée locale, elle chapeaute tout le système volcanique des environs. Elle a par conséquent de bonnes chances d'avoir endossé la dépouille d'une plus ancienne divinité tutélaire de tous ces lieux. Déjà dans la *Théogonie* hésiodique, *Aetna* est une nymphe sicilienne fille d'Ouranos, personnification du Ciel, et fils de Gaia, la Terre. Or, l'équivalent de Gaia en Irlande est Tailtiu, la nourrice de Lugh. Le parallèle entre Lugh et Maugis se poursuit quand on note qu'Oriande fut de même la nourrice de ce dernier.

On ne peut dès lors éluder la question : Oriande fut-elle aussi à un moment, à l'instar de *Delphunè* ou *Drákaina*, la dragonne, mère du cheval Bayart, que Maugis dût affronter ? Un indice intratextuel à *RdM* et deux légendes grecques vont le prouver en deux temps. Déjà dans le ms. *C* (v. 57), c'est la fée Morgue qui élève le cheval Bayart ; elle en est donc la mère nourricière. Deux légendes grecques, l'une de Delphes, l'autre d'Onkhestos, vont encore plus loin dans l'intimité biologique de la femme et du cheval. Dans un doublet de la légende de Delphes, c'est une déesse tutélaire qui est mère d'un cheval. Voici comment les choses se passent dans cette variante : Apollon décide de s'installer sur le site d'Onkhestos, mais son occupante, Télphousâ, l'en dissuade et le dirige vers Delphes. Or, Télphousâ qui était dite *Erinús Tilphossâ* en Béotie fut la mère du cheval Areiôn, tandis qu'en Arcadie, dans un lieu nommé Télphousâ, la déesse nommée *Dèmèter Erinús* en s'unissant sous forme de jument à Poséidon avait donné naissance au cheval Areiôn[198]. Ainsi, une fée ou une déesse tutélaire peut être nourrice ou mère d'un cheval, à l'instar de la déesse gauloise Epona souvent figurée entre deux poulains, voire près d'un cheval dont l'une des pattes repose sur la tête d'un enfant[199].

Reste à montrer qu'une serpente peut être mère d'un cheval. La légende grecque de Méduse en fournit un bel exemple. Elle a en outre l'avantage de réunir encore plus d'éléments correspondant au récit de la conquête du cheval Bayart par Maugis : Persée fait le projet d'éliminer Méduse, la seule des trois Gorgones, ces filles de divinités marines, à être mortelle. Elle est alors enceinte des œuvres de Poséidon qui, au moment où paraissaient les fleurs de printemps, s'était uni à elle

---

198. Sergent, 2004, 316.

199. Sterkcx, 1986. Entre deux poulains (ou chevaux) : n°s 76, 110, 127, 130, 142, 143, 151, 174, 181, 185, 205, 240, 241, 247, 252, 253, 260, 262, 263, 267, 278, 279, 280, 281, 288, 296, 297, 343 ; patte du cheval reposant sur la tête d'un enfant : n°s 111 et 246. Inversement, une tête surdimensionnée de Mercure (= Lugh) est représentée entre deux Epona s'en éloignant en directions opposées sur un bas-relief de Strasbourg (Gricourt et Hollard 2002 : 137).

sous sa forme chevaline (« dieu aux crins d'azur » dit Hésiode, *Théog.* 279)[200]. Pour se protéger de son regard pétrifiant, Persée se sert de son bouclier poli comme d'un miroir réfléchissant[201]. De son cou qu'il tranche d'un coup d'épée sort un couple d'êtres jumeaux : Pégase (« Source »), le cheval ailé, et Chrysaor « L'Homme à l'Épée d'Or ». Le lieu du meurtre se situe « aux sources de l'Océan », à l'extrême Occident, près du royaume des morts ou Autre Monde[202]. Ainsi, Méduse « serpentiforme » – sa tête est entourée de serpents – donne directement naissance à un cheval ; sur un vase béotien (un *pithos*), elle a elle-même la forme d'un cheval (Sergent 2008 : 261). Méduse (*Mêdousâ*) dont le nom signifie « la Maîtresse » ou « la Souveraine » donne à Persée accès à la souveraineté.

Cette double naissance simultanée d'un cheval et d'un homme extraordinaire (et « doré ») révèle un mythème qui peut se rattacher aux naissances « gémellaires » d'un enfant et d'un poulain (ou un chiot) dans les récits celtiques (gallois notamment). En outre, grâce à l'importante étude sur Gauvain « le chevalier solaire » de Ph. Walter, on peut apercevoir que le meurtre de Méduse débouche sur une triade mythique « homme-cheval (féerique)-épée (magique) »[203]. En l'occurrence, il s'agit de Chrysaor, Pégase et l'Épée d'Or. Ce critique a retrouvé cette triade autour de saint Galgano (de Sienne), doublet de Gauvain, lié à un cheval oraculaire et à une épée magique, tout comme le neveu d'Arthur est lié au cheval Gringalet et à l'épée Escalibor[204]. Cette triade se retrouve aussi dans un épisode de l'épopée médiévale arménienne *David de*

---

200. B. Sergent note que « le couplage d'Athéna Hippià et de Poséidon Hippios double le couple Poséidon-Méduse. » Par ailleurs, Melanippê (fille d'Aiolos et Hippê) qui s'est unie avec Poséidon donne naissance, comme Méduse, à des jumeaux mais ceux-ci sont strictement humains (Sergent, 2008, 260- 261). Ces éléments rappellent le rite de hiérogamie indienne (*asvamedha*) entre un mortel royal et une déesse chevaline (incarnée par une jument). Côté celtique, on connaît outre le témoignage de Giraud de Barri sur l'accouplement du roi et d'une jument blanche (*Topographia hibernica* III, 25), le mythe de la naissance d'Epona Regina née de l'accouplement de Fulvius Stellus et d'une jument, ainsi que les aventures de Rhiannon, reine et jument.

201. On peut se demander si la visière de Maugis qui est en cuir de bœuf tanné et durement *poli* (« durement fu froiez », v. 715) ne serait pas une transposition du bouclier poli de Persée.

202. Détail significatif rappelé par C. Ginzburg : « Persée, qui affronte Méduse muni de la sandale magique que lui a donnée Hermès (qui était pour cette raison appelé « monocrépide », autrement dit « monosandale ») est, lui aussi, associé au monde souterrain » (Ginzburg, 1992 : 220). On a vu aussi que dans les versions de *RdM*, l'origine de Bayart se situait aux bornes occidentales du monde connu, sur la façade Atlantique et même en Espagne, avant de se déplacer dans *Md'A* à l'Orient de la Méditerrainée, vers la Sicile.

203. Walter, 2013.

204. *Id.*, 168-175.

Sassoun : deux jumeaux, Sanasar et Balthasar, se promènent au bord du Lac Salé. Seul Sanasar ose plonger au fond du lac pour voir de quoi il en retourne. Bientôt, le lac s'entrouvre et il marche comme sur la terre ferme ; il aperçoit un palais, puis un jardin sous les eaux avec au milieu un bassin d'eau jaillissante. C'est alors qu'il voit un beau cheval marin, le poulain Djalali et l'épée Fulgurante suspendue à son flanc. La voix de la mère de Dieu lui enjoint de s'approprier tout cela[205]. Or, on constate l'existence de cette même triade mythique avec Maugis l'enchanteur, Bayart le *faé* et Froberge au pommeau d'or flamboyant (v. 8525), épée « sarrasine » tranchante comme un rasoir de forgeron[206] (v. 1528, 1543-1544) ou de barbier (v. 2800)[207]. Bien sûr, en fonction des époques et du genre littéraire des différents textes, les éléments narratifs de cette triade ne sont plus présentés de la même manière : le mythe grec, l'épopée arménienne, la légende hagiographique et la chanson de geste ont chacun leur logique et leur idéologie propres. Néanmoins, au-delà des effritements et des gauchissements narratifs, on peut encore entrevoir la structure du mythe. La convergence entre le sort de la serpente de l'île de Bocan et celui de Méduse est encore manifeste dans une autre version de la légende de Méduse : c'est de son sang échappé du cou et tombé en terre que naît Pégase, à l'instar de Bayart qui (re)naît au jour suite au meurtre de sa mère serpente perpétrée par Maugis.

Ainsi, ces diverses déesses Terre, divinités tutélaires des lieux sacrés (fée Oriande-Morgue, Télphousâ, Dèmèter), sont aussi mères de chevaux, tout comme la « dragonne » Méduse. Un esprit rationaliste se demandera peut-être comment il peut se faire qu'une déesse tutélaire, chthonienne et serpentiforme – Mélusine est dragonne à ses heures – puisse engendrer un cheval. On peut certes comprendre la perplexité d'esprits positivistes moulés de longue date par le « fixisme » chrétien, mais la question ne se pose guère pour la pensée polythéiste qui privilégie la métamorphose constante des êtres vivants, voire des objets. Raisonnant aussi évidemment hors des schémas de la biologie moderne, elle n'a aucune peine à imaginer un être hybride combinant le cheval et serpent (voire le poisson) : un bel exemple nous est fourni par une statuette de l'âge du bronze trouvée sur le

---

205. Dumézil, 1994, 120-121.

206. « Rasor de forgier ». Faut-il comprendre une « faux tranchante de forgeron » ? Le ms. *C* parle ici de « rasoir de barbier ». Par ailleurs, Antenor peut faire figure de roi d'Outre-monde dans la mesure où dans le *Buez ar pevar Mab Emon* breton, l'épée *Flamberjé* est dite avoir été forgée en enfer et trempé dans le sang des aspics venimeux. À noter que selon le ms. *C*, l'épée qu'Oriande avait confiée à Maugis pour conquérir Bayart avait une poignée en or (« Si a traite l'espee, d'or fu l'enheudëure », v. 805).

207. La ballade anglaise de « King Arthur and King Cornwall » avec ce riche roi magicien, son cheval et son épée magiques, conquis par Arthur grâce à l'entremise du monstre-dragon à sept têtes une fois apprivoisé, relève aussi de cette triade fondamentale.

site archéologique de Faardal en Norvège. Elle représente un cheval à corps de serpent, au corps ondulé se déployant en plusieurs courbes (ce qui rappelle la croupe extensible de Bayart). En outre, on a trouvé au même endroit une statuette de femme « aux formes opulentes, nue à l'exception d'une courte jupe plissée et d'un collier ». Gutorm Gjessing voit en cette dernière une déesse de fécondité, une déesse Terre (elle en porte le collier caractéristique) et suppose que sa main droite levée tenait le cheval-serpent par des fils figurant des rênes. Sans rejeter cette lecture, Marc-André Wagner pense qu'il pourrait aussi s'agir d'une prêtresse du culte du cheval comme emblème de la fécondité[208].

Tous ces exemples textuels et iconographiques suggèrent qu'il y a de très fortes chances – paradoxe apparent pour le médiéviste de stricte obédience – que la fée Oriande, génie tutélaire de la zone volcanique sicilienne, puisse être à la fois la « dragonne » de l'île de Bocan et la mère du cheval Bayart. Sous son aspect féerique, elle est l'équivalent positif de la dragonne combattue et tuée par Maugis. Le paradoxe de ces deux facettes apparemment contradictoires et opposées se résout quand, avec B. Sergent, on observe que la passation de pouvoir de la déesse souveraine au héros masculin « n'est pas une éviction de la grande déesse chthonienne[209] » et même que « l'antériorité de la déesse sur le dieu appartient à la mythologie du dieu », c'est-à-dire qu'elle n'est pas un ajout postérieur[210]. En effet, on constate que dans ces lieux sacrés, on vit se succéder ou coexister des versions d'affrontement et des versions de coopération entre la déesse et le dieu jeune. Ces deux schémas – affrontement et coopération – sont d'ailleurs présents dans la légende d'Apollon saurochtone. C'est ce dernier schéma qui a été retenu pour l'île de Bocan : Oriande non seulement signale à son protégé (fils adoptif et amant) la présence du cheval merveilleux, mais elle le lui « octroie[211] » et l'encourage à le conquérir : « Amis, ce dit la fee, il vos est otroiez. / Alez hardïement, ne soiez esmaiez [« effrayé »]. » (v. 697-698). Elle lui confirme en outre que l'anneau d'or que sa mère biologique lui a confié le protégera de tout.

---

208. Wagner, 2005, 44 et illustration I après p. 482

209. Sergent, 2004, 313. Arianrhod, mère de Lleu, est un personnage ouranien et chthonien installé au bord de la mer, tout comme Oriande. On n'ose pas tirer trop de conclusions de la similitude partielle de leurs noms : *Arian*-rho*d* et *Orian*-d*e*.

210. *Id.*, 364.

211. D'autres dons d'un cheval merveilleux par une déesse ou une fée à un héros sont connus. Le Gris de Macha à Cúchulainn est un don de la déesse Macha ou de la Mórrigan (antécédent de Morgue). Par ailleurs, Richard Trachsler pense que le don du cheval Gringalet par la fée Esclarmonde au Bel Escanor, le jour de son couronnement, dans *Escanor* de Girart d'Amiens (v. 20160-20162), est un démarquage de cet épisode de *Md'A* (1992 : § 11). C'est d'Escanor que Gauvain le conquit.

On est désormais en mesure de répondre à la perplexité de Maurice Piron et d'éliminer la plate réponse de Philippe Verelst qu'il faisait sienne : « On peut se demander pourquoi le *Maugis d'Aigremont* n'a pas donné à Bayart une ascendance plus noble qu'un engendrement monstrueux qui le relie au monde infernal. Sans doute, faut-il admettre avec Philippe Verelst que 'l'auteur était bien plus préoccupé de faire ressortir la grandeur de l'exploit héroïque plutôt que de donner une origine cohérente et plausible au cheval' »[212]. Et pourtant, quelle plus noble ascendance qu'une grande déesse tellurique ? Quelle plus grande fierté pour le cheval Bayart que de se rattacher ainsi à la grande lignée des prestigieux chevaux mythiques ? La méconnaissance de la mythologie indo-européenne combinée à l'offuscation chrétienne (diabolisante) du texte aboutit à une plate interprétation qui attribue son embarras et son impuissance à un manque de cohérence de la part de l'auteur.

Si, à présent, l'on admet l'équivalence entre la fée Oriante et la serpente et que l'on reprend le schéma de la triade mythique type représentée par le meurtre de Méduse, il s'ensuit qu'à l'instar de Pégase et Chrysaor, le cheval Bayart né de la serpente et Maugis élevé (y compris au sein) par la fée Oriande sont dans une situation de « gémellité » aussi proche que l'épopée médiévale chrétienne pouvait le permettre[213]. Cette conclusion surprenante *a priori* dans le contexte d'une chanson de geste est pourtant parfaitement mise en avant dans certaines versions du conte-type n° 314, « Le Petit Teigneux aux Cheveux d'Or ». Notons tout d'abord que dans plusieurs versions de ce conte, le cheval parlant qui aide le teigneux est en fait un prince métamorphosé par un enchantement ; quand on coupe la tête du cheval, il redevient homme ; dans une version, il est question d'un cheval à tête d'homme. Dans une version canadienne, le plus jeune de trois frères parvient à récupérer ses deux autres frères disparus qui sortent du cheval ; dans une version de la Louisiane, connue aussi en Sicile, une vieille femme donne à manger une pomme à une femme stérile : peu après, elle accouche d'un garçon, mais une jument qui avait mangé la pelure du fruit met bas un poulain. Ainsi, non seulement le passage du cheval à l'homme (et vice versa) est possible, mais un cheval peut « enfanter » des enfants (deux en l'occurrence), tandis qu'un même fruit magique peut engendrer des « jumeaux » humain et équin. Or, dans deux versions de ce conte, le cheval enchanté et merveilleux s'appelle *Bayard* : une version de Lorraine (« Le prince et son cheval ») et une version de Corse (« Le Petit teigneux »)[214].

---

212. Thomas, Verelst et Piron, 1981, 168.

213. Je n'implique pas par là que l'auteur était même conscient de cette gémellité et de cette triade.

214. Delarue, 1976, 246-260.

Un autre point est digne d'être signalé. Dans la guerre qui oppose le roi à un ennemi, le jeune Teigneux est vu alternativement sur un cheval boiteux et sur un cheval merveilleux. En Arménie, David de Sassoun choisit d'abord comme monture un cheval galeux avant de récupérer le cheval de son père, le poulain Djalali[215], cheval merveilleux doué de parole et capable de voler jusqu'au soleil. Dans d'autres récits mythologiques ou fokloriques (russe, serbe, ossète, moldave…) réunis par P. Lajoye, cette dualité réduite à une alternance de qualités opposées pour le même cheval : le cheval maigre, crasseux, galeux (lépreux) ou morveux devient un bel étalon vigoureux, parfois étincelant comme l'or, après avoir été frotté ou secoué par le héros[216]. Le cheval et ce héros populaire sont donc des êtres jumeaux et solaires[217]. Boiteux ou vigoureux, selon les circonstances, ce cheval est bien le jumeau équin du petit Teigneux aux cheveux d'or ! C'est le moment de rappeler que si le nom de Bayart vient de *badius* « bai » qui connote le brun rougeâtre de la terre (et du feu terrestre), cet adjectif a aussi pris le sens de « marqué au front d'une tache scintillante », comme l'est le Petit Teigneux qui sous son bonnet ou sa vessie cache une éclatante chevelure lumineuse. La pseudo-boiterie de Bayart dans *RdM*, tout comme l'alternance des pattes ferrées et déferrées du Bayart populaire prennent dès lors toute leur signification.

Maugis est-il aussi, comme Bayart, « lughien » et « apollinien » ? *Md'A* répond de façon magnifique à cette question. On se souvient que Bayart attaché dans la caverne par quatre chaînes se cabre furieusement et arrache trois de ces chaînes en voyant Maugis en « ours diabolique ». Comprenant la méprise, Maugis « la grant pel d'ors locue [« hérissée »] prist donques à oster. » (v. 1034)[218]. Il remet sa tunique et dès lors, « n'avoit en tot le monde nul plus bel bacheler : / Les cheveux avoit blons, le vis vermeil et cler. » (v. 1036-1037). Nous tenons là une version ancienne du mythème du petit Teigneux qui enlève son bonnet crasseux ou la vessie qui cachait ses cheveux d'or. Beauté sans égale, cheveux blonds et clair visage, Maugis est aussi le portrait tout craché de Lugh et d'Apollon. À cela, on

---

215. Sanasar qui conquit le poulain Djalali est l'arrière-grand-père de David.

216. Lajoye, 2012, 84-88, 93.

217. Dans le conte-type n° 303, « Le roi des poissons », la femme qui a mangé le roi des poissons accouche de trois garçons marqués d'un soleil au front, tandis que la jument et la chienne qui en ont mangé les arêtes accouchent respectivement de trois poulains marqués d'une lune et de trois chiots marqués d'une étoile (version nivernaise) (Delarue, 1976, 148). On est très près de la donnée du *Mabinogi de Pwyll* (*cf. infra*).

218. Notons que la transformation de Maugis d'ours en homme avait déjà été amorcée par la serpente (Oriande-Morgue) qui, en crachant du feu, avait brûlé les poils de son costume d'ours, équivalent d'un début de « rasage » de l'ours (v. 821, 849). À quoi le ms. *C* ajoute que la serpente lui brise les ongles (= griffes) de devant (v. 850).

peut ajouter un détail précédent qui trouve à présent sa pleine signification : non seulement la mère de Maugis lui avait mis un anneau d'or à l'oreille, mais elle l'avait enveloppé dans un « paile doré » (« une étoffe dorée », v. 510) et c'est ainsi que la fée Oriande le recueillit sous l'aubépine. On ne saurait mieux souligner la splendeur rayonnante qui se dégage de Maugis depuis sa naissance jusqu'à la conquête de son jumeau équin, tout aussi solaire que lui. On comprend mieux dès lors la raison de l'enchaînement de Bayart par ses géniteurs dans une sombre caverne, par sa mère notamment, serpente et fée Oriande. En fonction d'un niveau d'interprétation du mythe qui n'en exclut pas d'autres, il s'agit de l'« enchaînement » de l'astre solaire durant la nuit par la face chthonienne de la génitrice. Le « cheval » solaire se libère pour une bonne part par lui-même, mais doit néanmoins compter sur l'aide de son jumeau (Maugis) pour être libéré et guidé vers le jour par une « haute bride en or fin » (v. 1044) où il retrouvera la face claire et même *rosine* (v. 1176) de sa génitrice, *Oriande*, au nom prédestiné à cette fonction. La dragonne Oriande n'est d'ailleurs pas seulement sombre ou claire : son corps lové dans la roche a « mille couleurs » (v. 793).

Les motifs et la structure narrative de la conquête de Bayart par Maugis se retrouvent dans une séquence du *Mabinogi de Pwyll prince de Dyved* qui raconte l'apparition concomitante d'un poulain et d'un enfant. La même nuit (veille de Beltaine) apparaissent en effet côte à côte un magnifique poulain et un enfant enveloppé dans un riche tissu de soie chez des parents d'adoption. Ici, c'est le père adoptif qui sauve d'un monstre griffu le poulain qui vient de naître. Quant à l'enfant, d'origine inconnue, il reçoit alors le nom de *Gwei Wallt Euryn* « car ce qu'il avait de cheveux sur la tête était aussi jaune que l'or[219]. » Le poulain qui lui est donné comme monture est manifestement son jumeau ou son double équin. Retrouvé après une disparition de cinq ans, l'enfant est finalement nommé *Pryderi* (« Souci ») par ses vrais parents qui sont en réalité le roi Pwyll (« Sagesse ») et Rhiannon (« la Grande Reine = déesse souveraine), à la fois reine et jument blanche[220]. De même, selon la version I de *La Conception de Cúchulainn (Compert Conculaind)*, le héros éponyme (alors nommé Setanta) naît, probablement à Samain (1er novembre), en même temps que deux poulains qu'on lui donne pour compagnons. Selon un autre récit, les deux chevaux merveilleux de son char, le Gris de Macha (*Liath Macha*) et le Noir de Saingliu (*Dubh Sainglenn*), sont issus d'un lac, le lac Gris, situé près de la montagne de Slieve Fuad. Macha est une femme – en fait une déesse – enceinte qui a été forcée de courir contre les chevaux du roi. Elle les dépasse à la course, mais meurt en accouchant de

---

219. C'est donc un précurseur du Teigneux aux cheveux d'or.
220. Lambert, 1993, 52-56.

jumeaux de sexe opposé (Fíor et Fial). On ne saurait mieux dire que la jument ou la déesse à tendance équine sont une seule et même figure. P. Lajoye cite d'autres récits mythologiques où l'on retrouve la même configuration[221]. Ces naissances concomitantes rejoignent donc la structure mythologique profonde liant Maugis et le cheval Bayart, « jumeaux[222] » nourris ou issus d'Oriande-Morgue, fée et dragonne poulinière à ses heures.

Il convient de signaler qu'au sud de l'Etna, les Sicules (lat. *Siculi*) d'origine indo-européenne, proto-Siciliens de l'Est, honoraient de longue date (avant l'arrivée des Grecs) des dieux jumeaux locaux, les *Palici* ou Paliques, fils de Zeus et de Thalèia (elle-même fille d'Héphaïstos / Vulcain) ou bien fils d'Héphaïstos[223] et de la nymphe Aetna (éponyme de l'Etna). Selon Macrobe (*Sat.* V, 19, 17), craignant la jalousie d'Héra, Thalèia enceinte s'était dissimulée sous terre. C'est pourquoi les jumeaux naquirent en sortant de la terre par deux cratères « gémeaux » remplis d'eaux bouillonnantes (d'où leur nom grec de *Palikoi* < *Palin ikesthai* = « Revenants », selon une étymologie tardive douteuse). Les critiques ont reconnu dans cette Thalèia une Coré (Perséphone), équivalente *in fine* à Gaia, la Terre-Mère. Le culte des Paliques était lié au Lago di Naftia (anc. Lago dei Palici), près de Palagonia. Ce lac est associé à des phénomènes volcaniques (geysers, gaz soufrés, etc.). Les Siciliens juraient des sermons solennels, ordaliques, sur ces divinités redoutées[224]. Les jumeaux Paliques ne sont apparemment pas équins ou en rapport avec les chevaux, du moins rien ne l'indique dans les débris connus de leur mythologie, mais leur naissance depuis les entrailles volcaniques de la terre a certainement constitué un terrain favorable à l'apparition d'autres récits de jumeaux ayant une origine chthonienne.

Pour en revenir à la comparaison des naissances gémellaires de Maugis et Bayart et de Pégase et Chrysaor, on doit insister sur le fait qu'en dépit des apparences, celle des premiers est presque aussi concomitante que celle des seconds dont la naissance résultait d'un seul et même coup d'épée de Persée. En effet, il faut se souvenir que lors du combat contre la serpente, mère de Bayart, Maugis se réfugie dans une anfractuosité caverneuse de l'île. La serpente le poursuit, engage son corps, mais reste coincée entre les parois rocheuses. Maugis lui porte de sévères coups d'épée, mais le monstre, seulement blessé, continue à obstruer la sortie. Dès lors, Maugis reste à son tour enfermée dans la roche. Heureusement, le lendemain

221. Lajoye, 2012, 92-93.

222. La gémellité humaine étant assurée par le couple Maugis-Vivien.

223. Avant d'être fils de Zeus ou d'Héphaïstos, ils ont été ceux d'un dieu local nommé *Hadranos* ou *Adranos*, maître de l'Etna et de ses entrailles tumultueuses, dieu des enfers, selon Hésychius (*s. v. Palikoi*) (Delcourt, 1957, 189 ; Meurant, 1998, 19-20).

224. Grimal, 1979, 338.

matin, la serpente désenfle de moitié et Maugis peut s'extraire et « voir le jour ». Cette expérience est pour lui l'équivalent symbolique d'une seconde naissance hors des entrailles de la Terre (et quasiment du ventre de la serpente Oriande-Morgue).

Ceci est encore plus patent quand on compare cette « (re)naissance » à celle du cheval Bayart. Tout comme Pégase était figurativement « enfermé » dans le cou de sa mère et délivré par Persée, Bayart est littéralement enfermé dans le sein de sa mère (la caverne utérine) et délivré par son jumeau Maugis. En libérant le cheval des entrailles de la terre où il est retenu et en le ramenant à la lumière du jour en le tenant par une bride en or, Maugis lui accorde une seconde naissance, non biologique mais mythique, celle qui lui permet de manifester sa nature de cheval solaire[225]. Bayart le remercie d'ailleurs en s'agenouillant devant lui. En cela, Maugis se conforme aussi aux actions d'Amirami, géant caucasien apparenté à Jean de l'Ours, qui dans certaines variantes du mythe, libère le soleil en tuant sous terre (= dans l'Autre Monde) un dragon qui l'avalait et le recrachait tous les jours[226].

Bayart, cheval cosmique

Fragmentée entre les deux bornes textuelles que sont *Md'A* et *RdM*, la geste du cheval lumineux reproduit la course mythique de l'astre solaire. Cette course est faite d'apparitions glorieuses et de disparitions mystérieuses. Guide et emblème de l'astre diurne et nocturne, Bayart semble disparaître dans les eaux après un dernier rougeoiement, mais c'est pour traverser les eaux et resurgir sur l'autre rive, hennissant chaque année au soleil de la *feste sainct Jehan*. C'est ce qui explique que Bayart – feu dans l'eau – semble naître (renaître) du fleuve. Outre le fait déterminant de sa naissance sur une île volcanique, plusieurs autres traits adjacents confirment la nature et la vocation solaire et ignée du cheval Bayart. On a vu qu'il est associé à la foudre dans la tradition populaire. Ajoutons que dans les traditions populaires d'Europe, le tonnerre qui accompagne l'orage est assimilé au galop d'un cheval. On dit aussi en cas de tonnerre que « Le diable ferre son cheval. » L'épopée connaît aussi ces métaphores : dans *RdM*, lors du combat entre Roland et Renaud, Bayart « a levez les piez bruiant comme tanpeste » (v. 8722) ;

---

225. La chanson de geste médiévale ignore en revanche le schéma cyclique qui voit l'alternance saisonnière entre Apollon et Puthôn (ou Dionysos). Le « meurtre » d'Apollon par Puthôn en hiver (Porphyre) ou le départ de Delphes du dieu pour trois mois en Hyperborée signale le début de la saison sombre ; le meurtre du dragon par le dieu lumineux à chaque début de printemps signifie la reconquête de son domaine et le début de la saison claire (Sergent 2004 : 352).

226. Sergent, 2009, 162.

dans *Md'A*, Bayart se dirige vers un cheval païen « com foudre qui descent » (v. 1425, 3882). Sur le champ de bataille, il est rapide, percutant et « foudroyant » comme l'éclair. Bayart est donc animé d'un feu céleste ou au service de celui-ci, à l'instar de Pégase qui, à sa naissance, s'était envolé vers l'Olympe afin d'apporter sa foudre à Zeus. Ceci ne l'empêche pas, en tant que fils de Poséidon, de faire jaillir du roc la source *Hippocrène* (« Source du cheval ») sous ses sabots et d'être associé à la source *Pirène* de Corinthe (non loin d'un temple d'Apollon).

Ce double caractère igné et aquatique du cheval merveilleux trouve un correspondant dans le domaine rituel précisément dans une ancienne ville phare de Lug en Gaule. À Lyon, ancienne *Lugdunum* dont l'un des deux fondateurs (jumeau de Mômoros ?) s'appelait *Atepomaros*, nom qui signifie « Le Grand Cheval » ou « Au Grand Cheval » (nom que l'on retrouve en épiclèse d'Apollon à Mauvières dans l'Indre et du Mercure gaulois à Rennes), on célébrait au xvᵉ siècle une *Fête du Cheval Fol*. Le jour de la Pentecôte (entre le 10 mai et le 15 juin) connu pour sa descente du feu (Saint-Esprit sous la forme de langues de feu), ce Cheval Fol apparaissait en face de la chapelle du Saint-Esprit située sur le pont du Rhône. C'était un personnage « en forme de cheval de la ceinture en bas et en costume de roi de la ceinture jusqu'à la tête ». « Le sceptre en main, il prenait la tête d'un cortège burlesque parcourant la ville au son des instruments. Revenu au point de départ il sortait de son caparaçon de toile bleue semée de fleurs de lys pour aider à jeter dans le Rhône un mannequin bourré de paille et monté sur un cheval de bois auquel on avait préalablement mis le feu » Ce rite déjà semi-burlesque est interprété comme le sacrifice du roi en sa forme chevaline[227].

Combinant dans son origine l'eau et le feu, Bayart est aussi aérien à travers ses bonds dans l'espace. Mais ce trait s'exprime indirectement à travers la comparaison avec l'oiseau : il file comme l'oiseau. On dit qu'il est « plus rapide qu'un faucon », qu'il peut galoper « plus vite qu'une alouette » (*RdM*, ms. La Vallière, v. 15331) ou qu'une hirondelle (*Md'A*, v. 1251). Ces comparaisons peuvent certes paraître banales dans l'épopée, mais vu que Bayart a pour parents des dragons (monstres pouvant voler), elles revêtent une autre résonance. D'ailleurs, dans le lai breton de *Doon* (apr. 1200), le héros éponyme possède un bon cheval très rapide justement nommé *Baiart* (Bayart) qu'il n'aurait pas donné en échange de deux châteaux (v. 72-73). Or, une demoiselle orgueilleuse (ce qui rappelle la fée *Orguellouse*, variante d'Oriande dans le ms. *C* de *RdM*) met au défi Doon d'aller aussi vite avec son cheval qu'un cygne peut voler en une seule journée (v. 134ss). Doon réussit l'épreuve : Bayart galope, sans s'exténuer, plus vite que le cygne (v. 145ss)[228].

---

227. Audin, 1927, 161 ; Alford, 1978, 91.
228. Micha, 1992, 294-311.

La tradition populaire connaît aussi ce cheval aérien d'allure aviaire à travers une légende locale christianisée. Avant toutefois de la donner, il convient de rappeler qu'Henri Dontenville a montré que certains noms en *Belin* (et var.) étaient à rattacher à Belenos / Belinos, équivalent de Lugh et d'Apollon. Dans le Bas-Maine, on raconte qu'un certain *Monsieur de Belin*, « seigneur impétueux et redoutable », poursuivi au Mans s'était réfugié en son château d'Othe. Il montait un cheval blanc merveilleux nommé *L'Oiseau* en raison de sa rapidité. On ajoute que ce cheval qui faisait un bond à quatre lieues de là, à Averton (Mayenne), était le démon en personne. Il laissa la marque de son talon sur la roche : c'est la *Pierre talonnée*, située à 2 km de la chapelle N.-D. du Chêne. Sa femme, Madame de Belin, était une damnée. Elle revient encore toutes les nuits dans un char de feu traîné par des coursiers vomisant le feu de leurs naseaux (Dontenville 1950 : 6)[229]. On tient ici, dans un contexte christianisé, la version diabolisée de Belenos / Lugh chevalin et aviaire.

Côté mythologie celtique, la comparaison aviaire du cheval est bien connue aussi. Selon la *Táin Bó Cuailnge*, les chevaux du char de Cúchulainn, fils de Lugh, vont « plus vite que le vent, que les oiseaux en vol »[230]. Le cheval et l'oiseau peuvent même fusionner : la numismatique gauloise connaît des chevaux à tête d'oiseau et de nombreuses représentations d'un oiseau cavalier (en zone danubienne aussi)[231]. On sait par ailleurs que Lugh est associé au corbeau, à l'aigle (pourrissant), au roitelet, à la grue, au cygne et au coq. Apollon est associé à ces mêmes oiseaux (à ceci près que le vautour / épervier remplace l'aigle)[232].

Plongé dans les entrailles de la terre sur l'île de Bocan, inscrivant profondément les marques de son sabot sur la roche, le Bayart épique et le Bayart populaire entretiennent des rapports étroits avec l'élément Terre, aussi bien en sa surface qu'en sa profondeur. C'est ainsi que dans la tradition épique tardive, il peut résider sous terre. Un remaniement de *RdM* du début du XVe siècle (ms. BnF 764, fol. 82) nous renseigne sur l'une de ses résidences : « A La Roche en Ardenne, delez ung soubsterin, / La avoit son repaire au soir et au matin ». En son souvenir, marchands et pèlerins appellent cet endroit *La Roche Baiart*. Selon Maurice Piron, il pourrait s'agir de La Roche des bords de l'Ourthe, dite traditonnellement « en Ardenne », en Belgique[233]. De toute façon, ce renseignement nous révèle un aspect chthonien du cheval Bayart. Et en matière de religion, qui dit chthonien dit

---

229. La suite raconte les déboires et la soumission du seigneur de Belin à la Vierge (christianisation), sa femme restant insoumise.
230. Sergent, 1999, 154.
231. Sergent, 2004, 247.
232. *Id.*, 194-212.
233. Piron, 1951, VI, 2, tandis que Marquet, 1996, 40 est plus affirmatif.

relation à la mort. À plusieurs reprises dans *RdM*, Bayart prend personnellement part aux combats ou aux rixes des fils Aymon ; il blesse ou frappe à mort leurs adversaires, y compris les chevaux. Ce pouvoir létal revêt même une dimension pivotale quand, à la fin de *Md'A*, Bayart blesse par mégarde le nain Espiet au talon, lui fendant même le soulier et le blessant au pied (v. 9037-9039) ; ce dernier fâché le frappe et l'injurie. Bayart l'entend et le tue sur-le-champ en l'étranglant. Cet événement tragique qui transforme Espiet en « boiteux » asphyxié a des conséquences primordiales, car c'est cette mort qui décide Maugis à donner son cheval magique à son cousin Renaud, ainsi que l'épée Froberge. Le contexte narratif est désormais prêt pour *RdM* (qui est, rappelons-le, antérieur à *Md'A*). Ce caractère à l'occasion chthonien, mortifère, « varunien » de Bayart n'entre pas en contradiction avec le fait qu'il est par ailleurs, comme on l'a vu, associé à des rituels magiques de guérison : qui peut donner la mort peut donner la vie.

Le roi et le cheval ; le roi-cheval, le cheval-roi

On a vu que la conquête d'un cheval merveilleux tend à conférer à son vainqueur un statut royal. À un certain point, visuellement, rituellement et mythologiquement parlant, le roi monté sur le cheval tend à s'identifier avec ce dernier : roi et cheval ne font plus qu'un (*cf.* centaure, cheval-jupon, etc.). Maugis et Bayart, son jumeau équin, sont inséparables, du moins jusqu'à ce que le cheval ayant frappé mortellement Espiet fasse l'objet d'un don à Renaud. Lugh chevauche quelquefois un cheval enchanté qui s'appelle *Énbarr* ou *Aonbárr* (« Écume »)[234]. Mais le cheval de Lugh ne lui appartient pas vraiment : il l'emprunte en effet à Manannán, le dieu de l'Autre Monde marin, équivalent de Neptune / Poséidon, son père adoptif. Ce qui signale, une fois de plus, non seulement le rapport entre le cheval et l'eau, mais plus essentiellement son origine marine, aquatique[235]. De façon similiaire, Bayart n'a pas d'abord appartenu à Renaud ; il lui a été donné par Charlemagne (*RdM*) ou par Maugis (*Md'A*) et on a vu qu'il était avant cela originaire de pays situés en bordure atlantique ou en provenance d'une île, donc marin ou ultramarin. Bayart ne peut être lié entièrement et définitivement à un être humain, si proche soit-il, et retourne *in fine* dans les eaux du fleuve et dans la solitude profonde des forêts. On sait que Lugh, Apollon et les dieux ou héros qui leur sont apparentés sont en relation étroite avec les équidés : ils peuvent prendre une forme chevaline ou être associés au cheval ou à l'âne. Sur une inscription d'Espagne celtibérique (Peñalba de Villastar), Lugus est dit *equeisos* « L'Équestre ». Lugh équin est aussi très présent sur le monnayage et les bas-reliefs celtes et gallo-romains, notamment

234. MacKillop, 1998, 182.
235. Sergent, 2004, 258.

avec le motif du char héliaque, avec parfois un aurige au visage rayonnant ou aviforme, à main ou bras surdimensionné (Gricourt et Hollard 2002 et *passim* : 122-123). Lugh et Apollon sont aussi crédités de la création de jeux qui comprennent des courses de chevaux (à Lughnasad en Irlande), tandis que l'on attribue à Lugh l'invention de la cavalerie (monte à cheval)[236]. Ils peuvent aussi devenir partiellement ou complètement hippomorphes. Le motif du « roi aux oreilles de cheval » bien connu dans toute l'aire celtique est là pour le rappeler. On le trouve d'abord dans le conte irlandais du roi Eochaid aux oreilles de cheval (ms. irl. du xᵉ s.), ainsi qu'avec March ap Meirchion (gall. *march* « cheval »). La légende de *Tristan et Iseut* dans la version de Béroul incorpore aussi le motif du roi Marc de Cornouaille aux oreilles de cheval (*marc'h* « cheval »). Une variante de ce conte reparaît dans le *Livre jaune de Lecan* (xivᵉ s.) : le roi chevalin s'appelle cette fois Labraid Loingsech[237]. Si le roi celtique peut avoir des oreilles de cheval, Apollon pour sa part peut attribuer des oreilles d'âne à qui s'oppose à sa précellence artistique : c'est ce qui est arrivé au roi Midas, juge de sa rivalité musicale avec le silène Marsyas[238].

La maîtrise des liens : comment s'en libérer pour aller combattre

La parfaite maîtrise de la magie des liens implique de savoir lier et délier. Côté Bayart populaire, on a vu par les conjurations des entorses et des coliques que ce cheval merveilleux était invoqué dans les guérisons par le secret. Or, qu'est-ce qu'une entorse pour l'homme et une *mépasure* pour le cheval, sinon un « lien » qui entrave les mouvements du corps. Le *secret* du guérisseur – paroles « magiques marmottées – vise donc à « dénouer » le pied (ou le bras, la main, etc.). De même, la colique qui tord et noue les boyaux doit être dénouée. On a vu qu'en outre, pour les chevaux, les crins doivent être dénoués avant le rituel conjuratoire pour que celui-ci réussisse. Les maîtres des liens ont tendance à graviter autour des chevaux. Ainsi, saint Léonard de Noblat qui préside « par calembour » (*Lién-art*) à la délivrance des prisonniers mis aux fers, puis à celle des femmes enceintes et

---

236. Gricourt et Hollard, 2002, 140 ; Sergent, 2004, 45, 52, 246-247.

237. *Cf.* Gaël Milin, *Le roi Marc aux oreilles de cheval*, Genève, Droz, 1991, version béroulienne du conte AT 782 (« Le conte de Midas »).

238. La relation entre le roi et le cheval peut aussi prendre des voies plus détournées, mais plus profondes sur le plan fonctionnel. Dans le *Mabinogi de Math*, Math est un roi magicien ; pour conserver l'aspect de troisième fonction de son pouvoir, il doit faire reposer ses pieds dans le sein d'une vierge, réservoir de fertilité. En tant que roi celtique, Math participe donc du cheval. Or, cette configuration mythologique « roi-cheval-vierge » se retrouve dans le mythe de la licorne, cheval blanc à corne qui est irrésistiblement attiré par le giron des vierges (ce qui permet aux chasseurs de la tuer dans son sommeil).

qui guérit les « fous à lier » assure aussi la protection des chevaux. Du fer à lier le prisonnier, on est passé au fer à cheval. Le dépôt de fer à cheval dans les écuries protège les chevaux des maladies et assure la fécondité des juments contre les maléfices des démons. Sa fête tombant le 6 novembre, près de Samain, il empiète sur les prérogatives de saint Éloi (25 octobre)[239].

Côté mythologie celtique, et dans le prolongement de la ligature-déligature du pied de Bayart et des techniques de cordonnerie qui impliquent de coudre avec du fil plusieurs morceaux de cuir ensemble, on peut noter que Lugh apparaît comme un maître des liens, maîtrise qui a été implicitement reconnue par le choix du christianisme de recouvrir le jour même de Lugnasad (1er août) par la Saint-Pierre-aux-Liens[240]. Les maîtres savetiers ne s'y étaient pas trompés, eux qui choisirent cette date pour célébrer leur fête patronale[241]. Si, comme on l'a vu, le cheval est un aspect du roi (et donc de Lugh), il est intéressant de noter qu'avant même que Maugis ne parvienne à le libérer complètement (*Md'A*, v. 1043), Bayart enchaîné par ses géniteurs avait réussi, en se secouant, à se débarrasser de trois des quatre chaînes qui le retenaient à des piliers de pierre dans une caverne de l'île (v. 1031) : il croyait en effet que Maugis déguisé en ours cornu était un diable ! Cette libération du Bayart se place juste en prélude au grand affrontement qui va opposer les forces chrétiennes de la fée Oriande menées par les magiciens Baudri et Espiet contre ces « démons » à la peau foncé que sont les Sarrasins d'Antenor, roi d'Esclavonie et roi des Arabes, qui assaillent le château de la fée au clair visage. Si je pouvais risquer une étymologie « populaire » du nom *Antenor*, je lirais volontiers ce nom comme celui qui est « Antérieur à l'or » par opposition à *Oriande*, la génitrice du cheval solaire. Par ailleurs, du point de vue de la séquenciation narrative, il convient de noter que le couple gémellaire Maugis-Bayart qui apportera une contribution décisive en tuant Antenor en combat singulier arrive de l'île *un peu après* le début de la gigantesque bataille (*Md'A*, laisse XLIII, v. 1184 ; la bataille a commencé à la laisse XLII). La gigantesque bataille des forces sombres de la nuit contre les forces claires du jour se rejoue à chaque

---

239. Merceron, 2002, 631-647 ; Wagner, 2005, 535-538.

240. Jacques de Voragine explique dans la *Légende dorée* que la Saint-Pierre-aux-Liens a été instituée aux calendes d'août pour commémorer quatre événements miraculeux : la délivrance de l'apôtre jeté dans la prison Mamertine de Rome par un ange sous Hérode ; pour commémorer la déposition des carcans de Pierre dans une église bâtie spécialement au vocable de Saint-Pierre-aux-Liens ; pour commémorer la réunion miraculeuse des deux chaînes de son emprisonnement sous Hérode avec la chaîne qui l'avait lié sous Néron ; pour commémorer enfin le don que l'apôtre de Rome avait reçu du Seigneur de lier et délier du péché (« pouvoir des clés »).

241. Sébillot, 1895, 23-24.

matin du monde, bataille transmuée en affrontement religieux et civilisationnel par l'épopée médiévale.

Or, cette même séquence d'événements – libération de chaînes et piliers suivie d'une bataille gigantesque contre des « démons » pour laquelle le protagoniste principal arrive *peu après* son début – correspond quasi exactement dans la *Seconde Bataille de Mag Tured* à la propre libération de Lugh enchaîné par les siens[242] à des piliers de pierre. Cette libération précède le gigantesque affrontement des Tuatha Dé Danann contre les démoniaques Fomóire, mais lui fait rater le tout début de la bataille. On constate aussi que structurellement dans cet affrontement colossal, Maugis (sur Bayart) correspond à Lugh, tandis que la fée Oriande-Morgane, égérie des chrétiens, correspond à la grande déesse irlandaise Ana (ou Dana / Danu ; gall. Dôn), égérie des Tuatha Dé Danaan, les Sarrasins médiévaux correspondant pour leur part aux démons Fomóires celtiques.

Conclusion

Me voici parvenu au terme d'un parcours plutôt insolite et sinueux qui m'a mené des premières conjurations thérapeutiques impliquant le cheval Bayart, aux traditions populaires sur Bayart mettant en avant à la fois la fermeté inébranlable de son pied (*Pas et Sauts Bayard*), des contextes de boiterie (chanson du Bayart déferré, conte du « Forgeron de Fumel », mascarades avec cheval déferré et ferré), ainsi que l'extensibilité de sa croupe en rapport avec des zones aquatiques. Puis de nouvelles perspectives se sont ouvertes avec la constation que certains milieux artisanaux, tels que les métiers du fer (forgerons, maréchaux-ferrants) et plus encore ceux du cuir (cordonniers, peaussiers, etc.) avaient conservé vivant le souvenir du cheval Bayart dans leurs pratiques et traditions (*os Bayard, dent Bayard*). Cette liaison des cordonniers et de Bayart, qui avait été amorcée par A. Dudant, a permis de faire le pont entre les chansons de geste de *RdM* et de *Md'A* et la mythologie celto-hellénique. Dès lors un certain nombre de correspondances entre ces deux ensembles (et la tradition populaire) sont apparues, notamment des correspondances entre Maugis, le cheval Bayart et les dieux Lugh (Lleu) et Apollon, dieux Fils de leurs panthéons respectifs. Or, si l'on veut bien, comme je le crois, ne pas attribuer au pur hasard toutes les correspondances de schèmes

---

242. On sait que Lugh, avant d'être attaché, fut enivré de bière par les siens. Or, il est curieux de noter qu'Oriande se méprenant sur l'identité de Maugis au loin qui a revêtu l'armure d'un Sarrasin s'émerveille de ses prouesses et déclare à ses suivantes : « Onques tex chevaliers ne but, ce cuit [« je pense »], de vin. » (v. 1223). Autres détails parallèles : quand Lugh se lance dans la bataille, ses chaînes et les piliers qu'il traîne après lui produisent des étincelles (§ 25) ; plus modestement, mais significativement, l'auteur décrit ainsi l'arme de Maugis entrant en bataille : « Et tint l'espee el poing, qui luist et estencele » (v. 1252).

et motifs entourant ces personnages, on est bien alors obligé d'en tirer quelques conclusions qui font sortir ces chansons de geste des sentiers battus par la médiévistique traditionnelle. Correspondances ou proximités, mais non bien sûr équivalences dans le contexte de sociétés en grande partie différentes. Ce n'est pas à dire non plus que l'ensemble des « aventures », les combats à rebondissements de *Md'A*, ainsi que les fuites perpétuelles des frères Aymon face à Charlemagne relatées dans *RdM* aient toutes un rapport avec le schéma narratif des récits de la mythologie grecque et des contes celtiques.

Alors que ma démarche avait eu pour point de départ le cheval Bayart et l'enchanteur Maugis, il se trouve que la clé interprétative de ces personnages pour *Md'A* m'a été fournie par le réexamen de la mythologie et du légendaire de la Sicile et notamment de son secteur oriental lié à l'Etna et au détroit de Messine. La présence confirmée de la fée Morgue (Morgane) et de son frère Arthur dans cette zone a permis de mettre en lumière l'équivalence entre la fée Oriande et Morgue, tout en mettant en évidence l'empreinte de la « matière de Bretagne » dans la geste. Par-delà cette matière et par le biais du parallèle de la légende du combat à Delphes d'Apollon contre la dragonne Delphunê / Draikaina, j'ai pu montrer que la serpente (dragonne) de l'île de Bocan, mère du cheval Bayart était aussi la fée Oriande-Morgue, cette dernière se rattachant aux anciennes grandes déesses chthonniennes synthétisées en Grèce par Gaia, au Pays de Galles par Dôn et en Irlande par Ana ou Tailtiu (nourrice de Lugh).

Par la légende de Méduse-Pégase-Chrysaor (Homme à l'Épée d'Or)[243], j'ai pu montrer que le cheval Bayart et Maugis à l'épée étincelante Froberge sont en fait des « jumeaux » (autant qu'on peut l'être dans une chanson de geste). Cette gémellité humaine-équine a permis d'établir un parallèle avec le *Mabinogi de Pwyll* qui raconte l'apparition concomitante d'un poulain et d'un enfant. Enfin, j'ai pu montrer que la séquence durant laquelle Maugis enlève son costume d'ours et révèle à Bayart pour l'apaiser ses cheveux blonds et son visage clair, est un prédécesseur médiéval d'une séquence similaire du conte-type n° 316 « Le Petit Teigneux aux cheveux d'Or ». Cette découverte est l'occasion de rappeler avec plus de force que si Bayart tire son nom de *bai* « brun rouge », cet adjectif en est venu aussi à désigner des chevaux ayant une tache claire sur le front. Maugis et Bayart sont donc des « jumeaux » solaires, « apolliniens » ou « lughiens ».

L'examen de *Md'A* a permis aussi de montrer que par la multiplicité de ses talents (manuels, musicaux, etc.) et par ses qualités de « druide »-guerrier, Maugis déborde

---

243. Cette démonstration particulière a été facilitée, après coup, par la démonstration parallèle faite par Ph. Walter (2013) pour Gauvain et son cheval Gringalet à partir du trio Méduse-Pégase-Chrysaor.

de tous côtés la figure courante de l'enchanteur larron épique, tout en le rapprochant de Lugh polytechnicien et maître des autres fonctions. Seule la fonction royale de ce dernier lui fait ouvertement défaut, mais le contexte médiéval (carolingien dans le texte, capétien dans le réel historique) l'interdisait. Même si cette voie royale lui échappe sur le plan épique, la conquête d'un cheval merveilleux dans une île permet d'en entrevoir l'arrière-plan mythologique sur la base des vieux schémas indo-européens. Trace certes gauchie mais qui exclut une création de pure fantaisie de la part de l'auteur de la chanson. On peut en effet concevoir la conquête de Bayart, cheval *faé*, enlevé de haute lutte, comme une épreuve qualifiante de nature héroïque, voire royale, comme en connaissaient plusieurs peuples indo-européens. Quant à Bayart lui-même, ses qualités merveilleuses peuvent le faire considérer comme un aspect chevalin du roi ou du héros. Dès lors, le possesseur de la monture royale en acquiert le statut. Cette proximité gémellaire de Bayart et de Maugis était d'ailleurs contenue, bien que voilée, dans la triade mythique « homme-cheval féerique-épée magique » dont l'expression ostensible est la naissance de Pégase et de Chrysaor, l'Homme à l'Épée d'Or. Dans la dynamique narrative de *Md'A*, la gémellité de Bayart et Maugis ne pouvait toutefois se résumer à une simple équivalence. En effet, j'avais aussi noté que si le dragon mâle était le père biologique de Bayart, c'était Maugis qui en l'extrayant des entrailles de la Terre Mère et le portant à la lumière se trouvait symboliquement, à ce moment, en position d'« accoucheur » du Bayart lumineux, tout comme Gwydion, oncle ou père de Lleu, lui avait servi de nouveau géniteur / protecteur. Le positionnement du Maugis de *Md'A* est donc multiple et variable : « enfant » et jeune amant de la fée Oriande-Morgue ; « accoucheur » et conquérant « royal » de son jumeau équin et solaire sur l'île de Bocan ; enchanteur-guerrier dans les combats, etc. Cependant la fin de *Md'A* effectue un geste crucial quant au statut et au positionnement respectif des protagonistes : Maugis se sépare de Bayart qui a tué le nain Espiet et en fait don à Renaud. Il en use de même avec son épée Froberge[244] (v. 9037-9057). Ainsi était expliqué (rétrospectivement) le fait que dans *RdM* Bayart fût la monture de Renaud et non celle de Maugis[245].

Les choses avaient été quelque peu différentes dans *RdM* qui avait posé les bases du Cycle des Aymonides. Maugis y était d'emblée en position fixe de

---

244. Froberge sera ensuite donnée à Aymon ou Aymonet, le fils de Renaud et de Clarisse (*RdM*, v. 13662). Aymon (de Dordone) étant le nom du père de Renaud, on voit que la geste tend à effectuer un mouvement de circularité tant par ces dons successifs de l'objet que par l'attribution du nom Aymon du grand-père au petit-fils.

245. Encore avons-nous vu que cette chanson de geste en ses divers manuscrits connaissait diverses origines géographiques et diverses lignées de transmissions du Bayart avant qu'il ne devienne la propriété unique et incontestée de Renaud.

guide et de protecteur d'un Renaud promu au rang de figure centrale de la contestation royale. Dans cette chanson, l'enchanteur aidait en effet Renaud à conquérir (symboliquement et temporairement) la couronne de Charlemagne en transformant initialement Bayart en pseudo-boiteux avec du fil de cordonnier. En cela, il rappelait davantage le Gwydion gallois « père jupitérien », selon Cl. Sterckx[246], qui élevait le jeune Lleu (Lugh), puis lui permettait d'acquérir un nom en se déguisant en cordonnier dans l'épisode du roitelet blessé à la jambe.

Dans les deux chansons de geste et dans les traditions populaires ultérieures, c'est autour de la figure imposante du cheval Bayart – sa conquête et son engagement dans une course à valeur d'épreuve royale – que se situent les épisodes qui, à mon avis, ont gardé la trace de très anciens schémas relevant des mythologies celto-helléniques et siciliennes. Ce n'est pas un hasard non plus, si au-delà même de Maugis, de Renaud et de ses frères, la tradition populaire a précieusement conservé le souvenir du cheval Bayart. Ses traces de pas dans la roche peuvent être enregistrées en dehors de toute mention de Maugis ou des frères Aymon. C'est qu'en amont de sa brillante incarnation épique se profile la grande figure du cheval (ou de la jument) cosmique, animal psychopompe, solaire et aquatique, à la fois chéri et craint des populations des anciennes cultures polythéistes. Par sa force vitale, par son rayonnement solaire, par ses bonds prodigieux dans l'espace et ses profondes retombées dans la roche, il avait mérité de s'inscrire durablement dans la mémoire collective des peuples de l'Occident indo-européen.

Abréviations

DLF   = *Dictionnaire des Lettres Françaises. Le Moyen Âge*, Geneviève Hasenohr et Michel Zink, dir., Paris, Le Livre de Poche, 1992.
DMA   = *Dictionnaire du Moyen Âge*, Claude Gauvard, Alain de Libera et Michel Zink, dir., Paris, P.U.F., 2002.
FEW   = *Französisches Etymologisches Wörterbuch*
MF   = *Mythologie Française (Bulletin de la Société de Mythologie Française)*
TLF   = Textes littéraires français (coll.)
TLFi   = *Trésor de la Langue française informatisé* (en ligne)
Varron (*Men.*) = *Satires Ménipées*

Références

Alford, Violet, 1978 : *The Hobby Horse and Other Animal Masks*, London, The Merlin Press.
Arnold, Ivor D. O. et Pelan, Margaret M., 1962 : *La Partie arthurienne du Roman de Brut*, Paris, Librairie C. Klincksieck.

---

246. *Apud* Sergent, 2004, 288.

Audin, A., 1927 : « Les rites solsticiaux et la légende de saint Pothin », *Revue de l'Histoire des Religions*, 96, 147-174.

Badel, Pierre-Yves, éd.-trad., 1995 : *Adam de la Halle. Œuvres complètes*, Paris, Le Livre de Poche, « Lettres gothique », n° 4543.

Baroja, Julio Caro, 1979 : *Le Carnaval*, Paris, Gallimard.

Belot, Jean-Marc, 2004 : « Atlas mythologique de la France : inventaire et cartes du département de l'Aisne (2ᵉ partie) », *Mythologie Française (BSMF)*, 214, 41-56.

Bernard, Daniel, 2001 : « Bestiaire fantastique et apparitions surnaturelles en Berry », dans Daniel Loddo et Jean-Noël Pelen, dir., *Êtres fantastiques des régions de France*, Cordes-Paris, CORDAE-La Talvera-L'Harmatan, 249-268.

Berthelot, Anne, 1995 : « Maugis d'Aigremont, magicien ou amuseur public », dans Bernard Guidot, dir., *Burlesque et dérision dans les épopées de l'Occident médiéval*, Paris, Annales littéraires de l'Université de Besançon, 558, 321-331.

Bladé, Jean-François, 1886 : *Contes populaires de la Gascogne. t. III. Contes familiers et récits*, Paris, Maisonneuve Frères et Ch. Leclerc.

Bosquet, Amélie, 1841 : « Traditions populaires de la Normandie », *Revue de Rouen et de la Normandie*, 9, 346-357.

Cartraud, J. et Edeine, Bernard, 1966 : « Carte mythologique du Loir-et-Cher (arrondissement de Romorantin) », *Mythologie Française (BSMF)*, 63, 105-113.

Castets, Ferdinand, 1901 : « Description d'un manuscrit des Quatre fils Aymon et la légende de saint Renaud », *Revue des Langues Romanes*, 44, 32-53.

— 1906 : « *Les quatre fils Aymon* », *Revue des Langues Romanes*, 49, 97-219 et 369-426.

— 1909 : *La Chanson des quatre fils Aymon d'après le manuscrit La Vallière…*, Montpellier, Coulet (Publications de la Société pour l'Étude des Langues romanes, 23) (rééd. Genève, Slatkine Reprints, 1974).

Coirault, Patrice, 1957 : « Le cheval déferré », *Arts et Traditions Populaires*, 5, n° 2-4, 114-133.

Colin, Édouard, 1992 : *Légendes de Basse Normandie*, Condé-sur-Noireau, Charles Corlet Éditions.

Combes, Annie et Trachsler, Richard, éd.-trad., 2003 : *Floriant et Florete*, Paris, Honoré Champion.

Coussée, Bernard, 1987 : *La Saint-Jean, la canicule et les moissons*, Lille, chez l'auteur.

— 1996 : « Le cheval dont l'échine s'allonge et le bestiaire fantastique de l'Artois », *Mythologie Française (BSMF)*, 184, 1-4.

Delarue, Paul, 1976 : *Le Conte populaire français*, Paris, G.-P. Maisonneuve et Larose, t. I (nouv. éd.).

Delcourt, Marie, 1957 : *Héphaistos ou légende du magicien*, Paris, Les Belles Lettres.

Dontenville, Henri, 1950 : « L'Apollon gaulois et le Prince Belin », *Mythologie Française (BSMF)*, 1, 5-8.

— 1951 : « Les chevaux magiques : le Bayart », *Mythologie Française (BSMF)* 5, p. 1-3 (notes p. 6).

— 1963 : « Cheval Bayard : ses bonds dans la Marche ; la danse d'Esquièze ; les places fortes

et empreintes de la basse Dordogne », *Mythologie Française* (*BSMF*), 52, 111-121.
— dir., 1966 : *La France mythologique. Travaux de la Société de Mythologie Française*, Paris, Tchou Éditeur.
— 1973 : *Histoire et géographie mythiques de la France*, Paris, G.-P. Maisonneuve et Larose.
— 1973 : *Mythologie Française*, Paris, Payot (1ʳᵉ éd., 1948).
Duchesne, Anne, trad., 1992 : *Gervais de Tilbury. Le Livre des Merveilles*, Paris, Les Belles Lettres.
Dudant, Anne, 2010 : « Bayard, le chien et le coucou », dans *Mythologie de la chasse au pays d'Arduina et des Quatre fils Aymon*, Ornans, Société de Mythologie Française, 33-49.
— 2014 : « Bayard : une chevauchée à travers le temps », dans Yves Vadé, dir., *Traditions en devenir. Coutumes et croyances d'Europe et d'Asie face au monde moderne*, Paris, L'Harmattan, 75-87.
Dumézil, Georges, 1994 : *Le Roman des jumeaux. Esquisses de mythologie*, Paris, Gallimard.
Duvivier de Fortemps, Jean-Luc, 2008 : *L'Ardenne des 4 fils Aymon*, Neufchâteau, Weyrich Éditions.
Estienne, Charles et Liebault, Jean (Maistres), 1680 : *L'Agriculture et Maison rustique...*, Lyon, Chez Laurent Meton, nouv. éd. revue, corrigée, augmentée.
Fromage, Henri, 2000 : *Beauvais 2000. Deux mille ans de plan d'occupation sacrée des sols. Essai d'étude de géo-mythologie*, Amiens, Centre d'Études Picardes de l'Université Jules Verne.
Gabet, Philippe, 1987 : « Saints équestres », *Mythologie Française* (*BSMF*), 144, 3-14.
Gaidoz, Henri, 1886 : *Études de mythologie gauloise. t. I. Le dieu gaulois du soleil et le symbolisme de la roue*, Paris, Ernest Leroux (extraits de la *Revue Archéologique*, 1884 et 1885).
Ginzburg, Carlo, 1992 : *Le Sabbat des sorcières*, Paris, Gallimard.
Giraudon, Daniel, 2000 : *Traditions populaires de Bretagne. Du coq à l'âne*, Douarnenez, Le Chasse-Marée / ArMen.
Gordon, Pierre, 1998 : *Le géant Gargantua*, La Bégude-de-Mazenc, Arma Artis.
Greimas, A. J., 1980 : *Dictionnaire de l'ancien français jusqu'au milieu du XIVᵉ siècle*, Paris, Larousse.
Gricourt, Daniel et Hollard, Dominique, 2002 : « Lugus et le cheval », *Dialogues d'Histoire Ancienne*, 28, n° 2, 121-166.
— 2005 : « Lugus, dieu aux liens : à propos d'une pendeloque du Vᵉ siècle avant J.-C. trouvée à Vasseny (Aisne) », *Dialogues d'Histoire Ancienne*, 31, n° 1, 51-78.
Grimal, Pierre, 1979 : *Dictionnaire de la mythologie grecque et romaine*, Paris, P.U.F., 6ᵉ éd.
Grisward, Joël H., 1984 : « Aymonides et Pāndava : l'idéologie des trois fonctions dans *Les quatre fils Aymon* et le *Mahābhārata* », *Essor et fortune de la chanson de geste dans l'Europe et l'Orient latin...*, Modena, Mucchi, I, 77-85.
Guériff, Fernand, 1984 : « La chanson populaire et la mythologie française », *Mythologie Française* (*BSMF*), 135, 25-34.

Guy, Henri, 1898 : *Essai sur la vie et les œuvres littéraires du trouvère Adan de le Hale*, Paris, Librairie Hachette & Cie.

Hans, Jean-Michel, 1986 : « Les céphalophores leuquois, St Elophe et Ste Libaire, enfants de Baccius (département des Vosges) », *Mythologie Française (BSMF)*, 143, 11-34.

Harf-Lancner, Laurence, 1984 : *Les fées au Moyen Âge : Morgane et Mélusine. La Naissance des fées*, Paris, Honoré Champion.

Heude, Bernard, 2011 : « Prières de guérison des bestiaux en Sologne. Oraisons contre les nuisibles, remèdes populaires (en Blésois, à Dhuizon et à Pierrefitte-sur-Sauldre », *Bulletin du Groupe de Recherches Archéologiques et Historiques de Sologne*, 33, n° 49, 11-32.

Hily, Gaël, 2012 : « Avenches, sa géographie et les Lugoves », *Ollodagos*, 26, 175-208.

— 2007 : *Le dieu celtique Lugus*, Paris, Theatrum Belli, (en ligne : http://en.calameo.com/books/000009779d83e6b50da59).

Joanne, Adolphe, 1862 : *Itinéraire général de la France. t. III. Les Pyrénées*, Paris, Librairie de L. Hachette et Cie.

Jubinal, Achille, 1837 : *Mystères inédits du Quinzième siècle*, Paris, Téchener, t. I.

Kibler, William K., 1987: « Three Old French Magicians: Maugis, Basin, and Auberon », dans Hans-Erich Keller, ed., *Romance Epic. Essays on a Medieval Literary Genre*, Kalamazoo (MI), Medieval Institute Publications, 173-187.

Lajoye, Patrice, 2012 : *Fils de l'Orage. Un modèle eurasiatique de héros. Essai de mythologie comparée*, s. l. [Raleigh, USA], Lulu Com.

Lambert, Pierre-Yves, trad., 1993 : *Les Quatre Branches du Mabinogi et autres contes gallois du Moyen Âge*, Paris, Gallimard.

Lavaud, René et Nelli, René, 1960 : *Les Troubadours. Jaufré, Flamenca, Barlaam et Josaphat*, Paris, Desclée de Brouwer.

Lecouteux, Claude, 1988 : *Les Nains et les elfes au Moyen Âge*, Paris, Imago.

— 2005 : *Dictionnaire de mythologie germanique*, Paris, Imago.

Lefèvre, André, 1892 : « Prières populaires en Seine-et-Marne », *Revue des Traditions Populaires*, 7, n° 4, 243-247.

Le Roux, Françoise, 1955 : « Le cheval divin et le zoomorphisme chez les Celtes », *Ogam*, 7, fasc. 2, n° 38, 101-122.

Le Quellec, Jean-Loïc, 1996 : *La Vendée mythologique et légendaire*, Mougon, Geste éditions.

MacKillop, James, 1998: *Dictionary of Celtic Mythology*, Oxford, Oxford University Press.

Marquet, Léon, 1996 : « Les chemins de Saint-Jacques à travers l'Ardenne et la geste de Renaut de Montauban », *Mythologie Française (BSMF)*, 183, 33-45.

Maudhuy, Roger, 2007 : *Le Limousin des légendes*, Saint-Paul, Lucien Souny.

Méla, Charles, éd-trad., 1990 : *Chrétien de Troyes. Le Conte du Graal ou le Roman de Perceval*, Paris, Le Livre de Poche, 4525.

Melchionne, Jacques, 2010 : « Paroles d'âmes damnées et montures du diable en Corse du Sud, Ille-et-Vilaine et dans la tradition populaire française », *Mythologie Française (BSMF)*, 240, 36-44.

Merceron, Jacques E., 1986 : « Le pied médiateur de l'Au-delà », *Mythologie Française (BSMF)*, 143, 70-73.

— 1990 : « Le pied, le boiteux et l'Au-delà », *Mythologie Française (BSMF)*, 1990, 157, 63-67.

— 2002 : *Dictionnaire des saints imaginaires et facétieux...*, Paris, Seuil.

Meurant, Alain, 1998 : *Les Paliques, dieux jumeaux siciliens*, Louvain-la-Neuve, Peeters.

Meyrac, Albert, 1896 : *La Forêt des Ardennes (Légendes, coutumes, souvenirs)*, Charleville, Imprimerie du Petit Ardennais.

Monnier, Désiré et Vingtrinier, Aimé, 1874 : *Croyances et traditions populaires recueillies dans la Franche-Comté, le Lyonnais, la Bresse et le Bugey*, Lyon, Henri Georg, 2ᵉ éd.

Micha, Alexandre, 1992 : *Les lais féeriques des XIIᵉ et XIIIᵉ siècles*, Paris, GF-Flammarion, 672.

Mourgues, Marcelle, 1998 : « La procession de la Fête-Dieu d'Aix-en-Provence », *Mythologie Française (BSMF)*, 190-191, 86-110.

Muller, Sylvie, 2003 : « Brigitte et Patrick d'Irlande : sainte / saint, campagne / ville, polythéisme / monothéisme », dans Michel Mazoyer, dir., *La Campagne antique. Espace sauvage, terre domestiquée*, Paris, L'Harmattan, Cahiers Kubaba 5, 185-195.

Nisard, Charles, 1854 : *Histoire des livres populaires ou de la littérature du colportage...*, Paris, Librairie d'Amyot, t. I.

Pauvert, Dominique, 2007 : « Sa Majesté des cornes », *Mythologie Française (BSMF)*, 229, 52-66.

— 2010 : *La Religion carnavalesque*, Meuzac, Lo chamin de sent Jaume.

— 2014 : « Le rituel de l'ours des Pyrénées aux steppes », dans Yves Vadé, dir., *Traditions en devenir. Coutumes et croyances d'Europe et d'Asie face au monde moderne*, Paris, L'Harmattan, 17-51.

Pfaff, Fridrich, 1885: *Reinolt von Montelban oder die Heimonskinder*, Tübingen, Gedrückt für den litterarischen Verein in Stuttgart.

Pinon, Roger, 1955 : « La chanson de Bayard déferré ou de la littérature au folklore », *Arts et Traditions Populaires*, 3, nº 1, 45-52.

Piron, Maurice, 1946 : « La Légende des Quatre fils Aymon », *Enquêtes du Musée de la Vie Wallonne*, 4, nº 43-44, 181-212

— 1951 : « La Légende des Quatre fils Aymon », *Enquêtes du Musée de la Vie Wallonne*, 6, nº 61-64, 1-66.

Pognon, P., 1891 : *Le Paysan lorrain. Histoire authentique d'une famille de laboureurs au XVIIIᵉ siècle*, Neufchâteau, Imprimerie typographique et lithographique de Gontier-Kienné.

Régnier-Bohler, Danielle, dir., 1989 : *La Légende arthurienne. Le Graal et la Table Ronde*, Paris, Robert Laffont.

Rejhon, A. C., 1983: « Hu Gadarn : Folklore and Fabrication », dans Patrick K. Ford, ed., *Celtic Folklore and Christianity. Studies in Memory of William W. Heist*, Santa Barbara, McNally and Loftin, Publishers, 201-212.

Ribémont, Bernard, 2004 : « Le volcan médiéval, entre tradition 'scientifique' et imaginaire », dans Dominique Bertrand, dir., *Mythologies de l'Etna*, Clermont-Ferrand, Presses Universitaires Blaise Pascal, 65-76.

Robreau, Bernard 2011 : « Mythe et rite : les survivances médiévales du cheval celtique », *Mythologie Française (BSMF)*, 244, 23-35.

Savignac, Jean-Paul, 2004 : *Dictionnaire Français-Gaulois*, Paris, La Différence.

Scheler, August, 1879 : *Trouvères belges (nouvelle série)...*, Louvain, Imprimerie de P. et J. Lefever, t. II.

Sébillot, Paul, 1895 : *Légendes et curiosités des métiers*, Paris, Ernest Flammarion.

Seignolle, Claude, 1986 : *Histoires et légendes de la Gascogne et de la Guyenne mystérieuses*, Paris, Sand.

— 1998 : *Les Évangiles du Diable selon la croyance populaire. Le Grand et le Petit Albert*, Paris, Robert Laffont.

Sergent, Bernard, 1999 : *Celtes et Grecs. t. I. Le Livre des héros*, Paris, Payot.

— 2004 : *Le Livre des dieux. Celtes et Grecs*, t. II, Paris, Payot.

— 2008 : *Athéna et la grande déesse indienne*, Paris, Les Belles Lettres.

— 2009 : *Jean de l'Ours, Gargantua et le Dénicheur d'oiseaux*, La Bégude de Mazenc, Arma Artis.

Sterckx, Claude, 2009 : *Mythologie du monde celte*, Paris, Hachette Livre-Marabout.

Suard, François, 1987 : « Le développement de la *Geste de Montauban* en France jusqu'à la fin du Moyen Âge », dans Hans-Erich Keller, ed., *Romance Epic. Essays on a Medieval Literary Genre*, Kalamazoo (MI), Medieval Institute Publications, 141-161.

Tamine, Michel, 2000 : « Quelques remarques onomastiques sur l'épisode ardennais de *Renaut de Montauban* », dans Danielle Quéruel, dir., *Entre épopée et légende : Les Quatre fils Aymon* ou *Renaut de Montauban*, Langres, Dominique Guénot, t. II, 71-100.

Thomas, Jacques, Verelst, Philippe et Piron, Maurice, 1981 : *Études sur 'Renaut de Montauban'*, Gent, Romanica Gandensia, 18.

Tonon, Michaël, 2007 : « Le noyé, le pendu... et le brûlé : Toutatis, Esus et Taranis », *Mythologie Française (BSMF)*, 227, 34-62.

Trachsler, Richard, 1992 : « *Qui a donné le Gringalet à Gauvain ? À propos d'un épisode d'Escanor de Girart d'Amiens* », dans *Le Cheval dans le monde médiéval* [en ligne]. Aix-en-Provence : Presses universitaires de Provence, (généré le 15 avril 2016). Disponible sur Internet : <http://books.openedition.org/pup/3346>. ISBN : 9782821836068.

Tsavdaris, Jean-Claude, 2005 : *La Puisaye des guérisseurs*, Clamecy, Éd. Ces gens de Puisaye.

Van Heurk, Henri et Guibert, Victor, 1864 : *Flore médicale belge*, Louvain-Bruxelles, C.-J. Fonteyn-Tircher-Manceaux.

Vaux Phalipau (M. de), 1939 : *Les Chevaux merveilleux dans l'histoire, la légende, les contes populaires*, Paris, J. Peyronnet & Cie, Éditeurs.

Verelst, Philippe, 1995 : « L'art de Tolède ou le huitième des arts libéraux : une approche du merveilleux épique », dans Hans van Dijk et Willem Noomen, dir., *Aspects de l'épopée romane. Mentalités, idéologie, intertextualités*, Groningen, Egbert Forsten, 3-41.

— 2006 : « L'*Ommegang* de Termonde. Une survie folklorique du cheval Bayard », dans Catherine Bel, Pascale Dumont et Frank Willaert, dir., *Contez me tout. Mélanges de langue et de littérature médiévale offerts à Herman Braet*, Louvain-Paris, Éditions Peeters, 675-684.

Vernay, Philippe, 1980 : *Maugis d'Aigremont, chanson de geste. Édition critique avec introduction, notes et glossaire*, Bern, Éditions Francke, Romanica Helvetica, 93.

Vian, Francis, 1952 : *La Guerre des Géants. Le Mythe avant l'époque hellénistique*, Paris, Librairie C. Klincksieck.

Wagner, Marc-André, 2005 : *Le cheval dans les croyances germaniques. Paganisme, christianisme et traditions*, Paris, Honoré Champion.

Walter, Philippe, 2013 : *Gauvain le chevalier solaire*, Paris, Imago.

Würzbach, Natascha and Salz, Simone M., 1995: *Motif Index of the Child Corpus. The English and Scottish Popular Ballad*, Berlin-New-York, Walter de Gruyter.

Sommaire / Summary